私の家族であるロイス、
ディラン、アウレリア、フェニックスへ

監修者のことば

私自身がビジネスの世界で、数社の立ち上げと経営、そして中小企業から大企業、老舗企業など数多くのコンサルティングを行ってきた経験から、市場があっという間に変化していく現代において、意思決定や組織作りにおけるスピードが非常に重要になっていることを痛感しています。

そんな時代でも、組織を長く存続させていくための戦略は、重大なテーマとなっています。例えば、トップの成長と組織の成長スピードが合わないケースが増えています。その中で、組織改革をどんなに頑張っても、結果がついてこなかった経験もしています。そこで、時には自分が代表を退くことで、会社の成長の加速につなげたこともあります。

つまり、組織のコアであるミッションを実現することが絶対条件であり、そのためには社長も含めて適材適所の選択をしていくことこそが優先されるのです。

本書で紹介される組織のコアを守る戦略や文化形成は、あらゆるチームに当てはまります。チームとは、すなわちコミュニティです。そのコミュニティの円滑な運営のためには、メンバーが一緒に食事をする、ワンオンワンを行うなど、小さな積み重ねが必要になってきます。ただし、その目的を見失ってはいけません。あくまでもチームメンバーの自発的なクリエイティビティを高め、ミッションを達成することが重要であり、トップダウンのコミュニケーションとは異なるのです。

人材の育成に関しても、会社に入ってから新入社員を育成するのでは、間に合わなくなってきています。必要とされるスキルが非常に高度化・専門化してきている中で、より事業やその組織の使命に対してモチベーションを持ってくれる人材を獲得するために、幼少期の子供たちにアプローチするNASAなどの取り組みは、非常に参考になると思います。

まして、日本は深刻な少子化が進行しています。手の打ち方として参考になる事例が豊富に書かれていますので、ぜひ行動に移していただきたいと思います。


ご存じのとおり、世界で最も長寿企業が多いのは日本です。長寿企業がイノベーションの連続により存続し続けているのと同様に、市場の変化に対応するには、組織も変化し続ける必要があります。ところが正しく変化するためには、一見無駄に思えるような投資に耐えなければなりません。

一方で、国内でも短絡的な利益追求思考が浸透してしまい、組織のコアを見失いがちになっていないでしょうか。そうした、今日にまで影響を及ぼしている欧米追従型の成長戦略に、新たな視点を投じてくれるのが本書になります。

改革と伝統のバランスをいかにとるべきか。その具体的な答えが12の習慣それぞれに詰まっています。各章の要約や巻末にそのポイントがまとまっていますので、忙しい方はまずそこから目を通していただき、興味のあるところから、具体的な事例について各章に当たっていただくのも良いかと思います。

また、さらにチームの円滑な運営のヒントとしては、コミュニティをゼロから構築し発展させる方法として、私が監修した『影響力の科学』（ジョン・レヴィ著、KADOKAWA）に、各サイズのコミュニティ・ビルディングの秘訣が書かれています。コミュニティは未来の人材プールでもあり、潜在顧客のプールにもなります。こちらも併せてお読みいただくことでより理解が深まるかと思います。

皆さんのチームのコアを見出すには、創業後、人材を組織化してからしばらく時間がかかるかもしれません。しかし、長い目でみると、これからあなた自身やチームメンバーの歩んでいく過程、ときには先代から引き継がれてきた時間そのものが醸成され、組織のコアとなっていきます。

組織のコアを守りながら、時代にあわせて進化していく組織運営を目指していきましょう。混沌とした時代ではありますが、日本から素晴らしい組織運営の見本を数多く輩出し、世界に発信していこうではありませんか。

ぜひ読後の感想や、経験談をお寄せいただければと思います。皆さんの旅路が素晴らしいものになりますよう心から願っています。

小山　竜央

装幀／三森健太（JUNGLE）
DTP／エヴリ・シンク
校正／パーソルメディアスイッチ

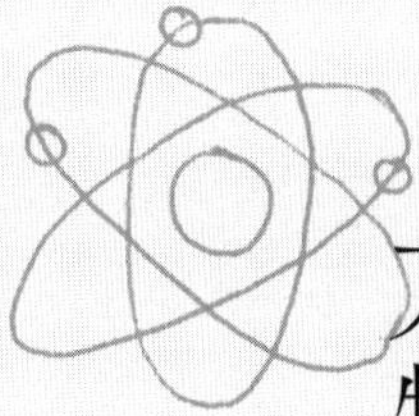

プロローグ

万物の理論

――揺るぎないコア、周辺部分の破壊

Prologue

The theory of everything

1

　ＴＩグループのエンジニア兼マネージャーとしてキャリアをスタートさせて10年目、私は、オックスフォード大学の研究者兼教員に転職したが、すぐに、２つの組織の考え方が根本的に異なることに衝撃を受けた。

　ＴＩでは短期的な目標が重要だった。毎日の売上目標を達成し、毎月の予算を達成することがすべてだった。一方オックスフォードでは、長期的な視点に立ち、数年にわたる研究を進め、何年も経ってからしか実を結ばないようなテーマに取り組み、学生を将来に備えさせることが重視された。

　ＴＩにいた頃は、短期的なアプローチは理にかなっているように思われた。短期的に生き残れない組織が、長期的に生き延びるはずがないからだ。しかし、オックスフォードでの経験から、私はこの見解が、本当に賢明なのかを疑い始めた。

　やがて時間が経つにつれ、短期的な目標を原動力にすると、長期的な視点が損なわれ、それ自体が組織の存続を脅《おびや》かす危険性があると気づくに至った。重要なものから定量的で可視化しやすいものへと注意が逸《そ》れていき、売上は前倒しに計画され、未来への投資は削減されていく。全ては短期の目的を達成するという名目で行われる。

短期目標は必要かもしれないが、それは最終的な生存を保証するものではないと、私は結論づけた。ＴＩのその後の運命は、むしろ私の洞察が正しかったことを証明した。ＴＩは失敗し、スミス・グループに買収されたのだ。

10年後の２０１２年、私は英国オリンピックチームの資金提供機関であるＵＫスポーツと仕事をすることになった。英国オリンピックチームは、その夏に過去最高の成績を収め（65個のメダルを獲得して3位）、この成功をさらに発展させようとしていた。

ＵＫスポーツがさまざまな芸術団体からヒントを得ていることを知り、私は、英国王立音楽院、ロイヤル・カレッジ・オブ・アート（英国王立美術大学）、ロイヤル・シェイクスピア・カンパニーに問い合わせた。すると彼らもまた、私がオックスフォードで出会ったような長期的な成功観を持っていることがわかった。オックスフォード同様に、彼らも長く生き残っている。

興味をそそられた私は、他の４人の研究者と連携し、長い伝統を持つ組織を調べ始めた。ケンブリッジ大学（１２０９年創立）やイートン校（１４４０年創立）といった教育機関から、ニュージーランドのオールブラックス（１８８４年）やローンテニス協会（１８８８年）などのスポーツ組織、また、モーガン・カーズ（１９０９年）やロールス・ロイス航空機エンジン（１９０４年）のようなメーカー、ムーアフィールズ眼科医院（１８０５年）、英国海兵隊（１６６４年）、ＢＢＣ（１９２２年）などだ。

すぐに、これらすべての組織が同じ考え方をしていることに気づいた。私はこのような組織を「センテニアルズ（百年組織）」と呼ぶことにした。彼らは野心的な長期目標を掲げ、それを追求する過程で、短期的な利益に屈することを拒絶する。彼らの哲学は、目の前の状況を常に注視しつつも、地平線上を常に見据えるというものである。

2

ここには、原子の発見との類似性があると私は考えた。

紀元前5世紀、ギリシャの哲学者デモクリトスによって初めて提唱された原子論は、その秘密を解明するという目標を共有する、傑出した科学者の連続した重要な研究テーマとなった。[1]英国の化学者ジョン・ドルトンは、さまざまな原子の重さを計算する方法と初期の周期表によって、１８０８年に近代原子論の基礎を築いた。[2]

同じく物理化学者であるマイケル・ファラデーは、原子が最小の粒子ではないことを偶然発見したが、後に電子と呼ばれるようになる物質を特定するには、60年後の英国物理学者ジョン・トムソンの研究が必要だった。[3]

19世紀末、マリ・キュリーとピエール・キュリー夫妻は、アンリ・ベクレルとともに放射線を発見し、この概念をさらに洗練させた。[4]さらに、ジョン・トムソンの教え子で後に共同研究者となるアーネスト・ラザフォードは重要な発見をした。彼はドイツの物理学者ハンス・ガイガーとともに、長年の苦労の末、原子の中心に強い正の電荷（後に原子核と呼ばれる）が存在することを突き止めたのである。これにより、今日私たちが知る原子のモデルが生み出された。[5]言い換えれば、これらの科学者たちは皆、共通の目的に導かれ、その実現のために生涯をかけて尽力した。その共同作業は最終的に何世紀にもわたって続けられたのである。

センテニアルズとの類似性はさらに続く。

ラザフォードは原子が異なる状態で存在することを発見した。原子は大きすぎたり小さすぎたりすると不安定になり、他の原子と結合したり、放射性を帯びて崩壊を始めるとされていた。しかし、ラザフォードによる「古典的原子模型」は、それとは対照的に、中心に安定した原子核があり、惑星が太陽の周りを公転するように、その周りを電子が動いている。言い換えれば、その一部は変わらず安定しており、一部は常に動いているのだ。

こうして、私はセンテニアルズも同じであると発見したのである。

センテニアルズとともに、あるいはセンテニアルズのために働く人々は、常に動き回り、新たな発見をし、アイデアを交換している。彼らは組織の電子だ。しかし、各センテニアルズの中心には、時間をかけて構築され、長年受け継がれてきた価値観の安定したコア（核）がある。それは、常に変わらない揺るぎない目標や、過去を大切にしつつ未来を見据える文化である。変化が必要となれば、このコアはそれを受け入れるが、それは慎重にゆっくりと行われる。

つまり、センテニアルズは安定したコアと破壊的なエッジの両方を持ち、両者のバランスを注意深く保っている。ロイヤル・カレッジ・オブ・アートの副学長であるポール・トンプソンの言葉を借りれば、彼らは「革新的な伝統主義者」[6]なのだ。

このバランスにより、彼らを前進させるエネルギーと、各センテニアルズが達成すべき目標を見失わず、また、過去の成功につながる過程を忘れないことによる安定性が生まれる。

残念ながら、今日の多くの非センテニアル組織にはこのバランスが欠けている。

非センテニアルは、今この瞬間、短期的な結果、そして目先の株主価値への執着が、戦略的思考を支配し、他のあらゆるものを排除するようになった。このような執着は代償を伴うものだった。基本的に、企業の短期視点が強まるにつれ、その寿命は短くなっている。

スタンダード＆プアーズ・インデックスが１９５７年に作成された際、つまり、米国証券取引所で最も価値の高い上位５００社（Ｓ＆Ｐ５００）の財務実績を追跡するためにこの指数が導入された当時、ほとんどの組織の寿命は数十年単位で測られていた。しかし、株主価値が支配的な「合言葉」となった１９８０年代以降、企業の存続期間は5分の1まで短くなった。現在、Ｓ＆Ｐ企業の平均寿命はわずか15年となっている。

事業のライフサイクルが短いのは良いことだと主張する人もいる。人気を失った企業が消滅すれば、その経営資源は他の企業により効率的に活用されるようになる、という主張だ。
この見解の問題点は、企業の消滅に伴う摩擦や無駄が軽視されていることだ。[7]また、経済や社会の長期的な成功は、その中核となる組織や制度の安定性に依存していることが認識されていない。もし、誰もが目の前のことだけに焦点を合わせていると、気候変動、貧困、移民、健康、教育など、社会が直面する長期的な問題や課題は解決されにくくなる。[8]
あらゆるものが常に繁栄と崩壊を繰り返しているのであれば、持続するものは何もなくなり、最終的にはすべてが崩壊してしまう。

3

長年にわたり、長期的な成功を生み出す要因を突き止めようとする数多くの研究が行われてきた。
『エクセレント・カンパニー』（1982年）、『ビジョナリー・カンパニー』（1994年）、『ビジョナリー・カンパニー2　飛躍の法則』（2001年）など、成功している企業の行動を分析し、そこから広く応用できる一般的な本質を抽出することで、企業の成功を探究した研究がある。[9]
『エクセレント・カンパニー』は、「自分の得意分野に専念すべし」と主張したし、『ビジョナリー・カンパニー』は、利益に集中しすぎることの危険性を警告した。『ビジョナリー・カンパニー2』は、レベル5のリーダーという概念を提唱した。
その他の研究、例えば『ヨーロッパ企業の興亡に学ぶグレートカンパニーの条件』（2007年）や『真に偉大な企業が実践するシンプルな法則』（2013年）といった他の研究は、さまざまな組織に関する膨大なデータを分析し、一般的な真実を抽出している。[10]

成功企業の行動分析と組織のデータ分析の、どちらの方法論にも批判はあった。『エクセレント・カンパニー』に懐疑的な人々は、模範とされた企業（ヒューレット・パッカード、コダック、モトローラなど）がその後衰退したことが、この方法論の欠陥を表しており、これら先端分野で業績を維持することがいかに難しいかを示していると主張する。[11]『ヨーロッパ企業の興亡に学ぶグレートカンパニーの条件』や『真に偉大な企業が実践するシンプルな法則』を批判する人々は、彼らが推進するビジネスの真理（例えば、『ヨーロッパ企業の興亡に学ぶグレートカンパニーの条件』の「既存の強みを活かしその後に新しい機会を探究する」や『真に偉大な企業が実践するシンプルな法則』の「コストダウンよりまず価値を提供することで顧客の期待を超えること」）は、あまりにも一般的で漠然としているため、実際に応用できないと主張する。

あるCEOが私に言ってきた通りである。「経営者は誰でも皆、安売りよりも高価値を重視したいと思っていますが、それをどうやって実現できるのでしょうか。同時にまた、私たちは皆、既存の強みを活《い》かして新しいチャンスを探究したいと思っていますが、実際にはそれはどういうことなのでしょうか。どうやって行うべきでしょうか。いつどう切り替えるべきでしょうか」と。

企業のケーススタディに問題があることから、企業の存続という難問を研究してきた人々の中には、ビジネスから完全に目をそらし、他の分野での成功事例から学ぼうとする傾向もみられる。『マネー・ボール』（2003年）、『天才！ 成功する人々の法則』（2008年）、『多様性の科学』（2019年）は、芸術、教育、科学、スポーツといった活動領域にインスピレーションを求めようとした書籍の一例である。[12]

しかし、このアプローチにも問題がある。分析的というより、逸話的なものになりがちなのだ。比較分析ができず、それゆえ、その成功が一度限りの減少なのか、それとも他の場所でも再現可能なプロセスなのかを、判断するのが難しいのだ。

本書では、それぞれのアプローチの疑いようのない長所を残しつつ、私が長年にわたって研究してきたセンテニアルズの7組織に焦点を合わせることで、新たな視点を提供したいと考えている。これらの組織はそれぞれ100年以上前から存在し（現在が必ずしも元の形ではないにせよ）、100年の間に定期的に競合組織を凌駕《りょうが》する業績を上げている。[13]

イートン校（1440年創立）は、過去300年間にわたり、20人の首相を含む英国を代表

する多くの著名人を教育してきた。

王立音楽院（1822年）は、英国で最も優れた音楽家を多数輩出している。

ロイヤル・カレッジ・オブ・アート（1837年）は、世界的なアーティストやデザイナーを創出する役割を担っている。

ロイヤル・シェイクスピア・カンパニー（1879年）は、間違いなく世界で最も卓越した劇団であろう。

ブリティッシュ・サイクリング（1878年）は、過去4回のオリンピックで50個のメダルを獲得している。

オールブラックス（1884年）は、間違いなく史上最も成功したスポーツチームと言えるだろう。

そして、NASA（1915年）は、1960年代から宇宙開発の主役だった。


私と研究仲間らは、それぞれのセンテニアルを詳細に研究した。可能な場合はセンテニアルズで1年間過ごし、内部からその機能を体験した。そして、7つすべてのセンテニアルズが、共通して体現していると思われる一連の一般原則を定式化した。

その後、私たちは5年かけて、世界中の何十もの組織と何千人もの人々にこの原則を共有し、テストし、批評し、再テストするよう呼びかけた。そして、成功した組織と失敗した組織を含む幅広い事例をもとに、さらなる洞察を深め、それぞれの経緯が、私たちの考えを明確にするのを手助けした。

読者の中には、センテニアルズは、自分たちが直面している差し迫った課題とは無縁ではないかと反論する人もいるかもしれない。センテニアルズには、株主を満足させる必要はなく、中小企業やＦＴＳＥ（フィナンシャル・タイムズ株価指数）１００に名を連ねる大企業のように、利益目標を達成する必要もない。その点で、彼らが培ってきた戦略やスキルは、読む分には面白いかもしれないが、一般的なビジネスには適用できないと考えるかもしれない。

しかし、こうした反論は、すべての組織が生き残るために達成しなければならない、根本的な目標を無視している。

王立音楽院は、経済的に行き詰まったり、学生という新しい「顧客」を獲得できなかったりすれば、２００年も存続することはできなかったはずだ。ロイヤル・シェイクスピア・カンパニーも同様に、財政が健全でなかったり、消費者とのつながりがなかったりすれば、崩壊するしかない。ＮＡＳＡは米国の連邦予算から資金を得ているかもしれないが、目標を達成し、技術的なブレークスルーを提供できなければ、この先資金は得られないだろう。

つまり、センテニアルズは私たち全員に多くのことを教えてくれるのだ。

Part 1

揺るぎないコア

Stable core

Purpose

習慣 1

あなたの北極星をつくる

——一時だけの成功ではなく
持続可能な成長を

Habit 1 Build your North Star

1

1981年7月25日(土)。ニュージーランド、ハミルトン。ラグビー・パーク(現ワイカト・スタジアム)では、ニュージーランド遠征中の南アフリカのラグビーチームが2試合目の開始を待っていた。対戦したチームの1つであるワイカトのキャプテン、パット・ベネットはこう振り返る。「あれはビッグゲームだった。ニュージーランドの地域チームの試合が世界に生中継されるのは、それが初めてだったんだ。だから、勝たなければならなかった」[1]

一方、スタジアムの外には、ニュージーランドのチームらが、未《いま》だにアパルトヘイト下にある南アフリカ代表と対戦することに、強い不満を抱いている300人もの抗議者が集まっていた。

試合が始まると、抗議者たちはフェンスを蹴《け》破《やぶ》ってピッチに侵入してきた。スタジアムのファンらは侵入してきた抗議者たちに瓶を投げつけ、警察も彼らを排除しようとした。しかし、抗議者たちは、「世界中が見ているぞ」と繰り返しながら、スクラムを組んでその場から動こうとしない。さらに抗議者が増えることを懸念した警察は、最終的に試合の中止を決定した。[2]

その後数週間にわたり、南アフリカチームの遠征に対する抗議は続き、予定されていた試合はことごとく混乱した。抗議者たちは政府の建物の前に集まり、道路を封鎖した。

「ニュージーランド史上最大の蜂起《ほうき》だった」と、抗議者の1人であるジョン・ミントは回想する。「自国が信じるもののために立ち上がり、世界の舞台で自分たちの居場所を得た運命の瞬間だ。当時、両親が口論してこう言っていたのを覚えている。『何を大騒ぎしているのか理解できない、ただの試合じゃないか』とパパが言うと、ママは『そういうことじゃない。私たちの国技は、私たちの価値観、信念を表しているのよ。私たちニュージーランド人は、アパルトヘイトを正しいとは思っていないわ』とね」[3]

賛否両論が飛び交い、議論が白熱するなか、ニュージーランド代表のオールブラックスは人々の声に真摯《しんし》に耳を傾けた。

ツアー終了時、チームは、アパルトヘイト体制政権が解体されるまで、南アフリカと再び対戦しないという決断を下した。実のところ、抗議行動に参加した人々は全国民の5％に過ぎず、また、参加者はラグビーファンでさえなかったのだが、禁止令は11年間続いた。

1995年、南アフリカの新大統領に選出されたネルソン・マンデラがニュージーランドを訪れ、人々の姿勢に感謝の意を表した。「あなた方は勇敢にも警棒に立ち向かい、合法化された残酷な人種支配制度の下に他国の人が置かれている限り、ニュージーランドは本当に自由とは言えないと宣言してくれた」[4]と。

抗議者たちがハミルトンでの試合を止めたときのことを、マンデラはこう振り返る。「私たちは歓声を上げ、刑務所のドアをガタガタと鳴らして祝った。太陽が顔を出し、新しい時代の夜明けのようだった」と。

ニュージーランドの人々は、１９０５年に代表チームが2度目の海外遠征を行って以来、ラグビーと特別な関係を築いてきた。ラグビーを通じて、ニュージーランドの社会や価値観、信念を、世界の舞台で表現してきたのである。その後、ニュージーランドが英国領直轄植民地から自治領への移行を果たす中で、ニュージーランド首相はオールブラックスに、自国の価値観と貿易関係を海外に広めることを目的のひとつにするよう要請した。[5]

おそらく、国とゲームの結びつきはそれよりもずっと以前にさかのぼる。

１６４２年に最初のヨーロッパ入植者がやってくる前、先住民マオリの人々はキ・オ・ラヒと呼ばれるラグビーに似たゲームをしていた。１８８８年に最初のニュージーランドチームが英国に遠征したとき、26人の選手のうち21人がマオリだった。[6]

１９１５年、ニュージーランド・ラグビーの歴史に女性が加わった（ただし、最初の公式女子リーグが設立されたのは１９８０年）。ラグビーはまさに彼らにとって国民的スポーツなのである。

多くの人が、国民性と代表戦での成功との間に、直接的な関連性を感じている。オールブラックスの元キャプテンであるリッチー・マコウは言う。「ラグビーをプレーするというのは、どこに行くのかもわからない舟に乗って、自分で海路を切り拓《ひら》くようなものなんだ。タフにもなるし、こうした考え方は子や孫にも受け継がれていくのだろう」[7]

ジャーナリストのピーター・ビルズは、平均的なニュージーランド人の特徴として、「負けを認めたくない気持ち」、「逆境にあっても深く掘り下げ冷静でいる能力」、「周りが混沌《こんとん》としている中で首尾一貫した決断を下す才能」を挙げる。加えて、これらの資質によって「仲間を助ける」という信念の下、個人の利益を犠牲にすると指摘している。[8] さらに、各試合の前に披露される伝統的なマオリのハカ（踊り）は、チームワークと達成への意欲を育《はぐく》む。[9]

過去100年以上にわたり、オールブラックスが620試合の77%に勝利し、対戦相手の2倍の得点を挙げるなど、驚異的な成功を収めてきただけでなく、より多くのニュージーランド人がこのスポーツを始めるのも不思議ではない。[10] それは、彼らが何者であるか、そして何になりたいかを表現するものだ。

だからこそ、アパルトヘイト抗議デモ後の1981年にオールブラックスが下した決断は、今にして思えば当然のものだったのだろう。ニュージーランドらしさの価値観を体現し、世界に伝える大使として、オールブラックスは立ち向かわなければならないと感じていた。彼らは自分たちを、単にスポーツチームとして、あるいはナショナル・スポーツチームとしてすら見ていなかった。

彼らは自分たちを、自分たちが代表する社会の一部とみなし、その世界観に伴う義務を受け入れたのである。

2

ほとんどの企業にとっては、売上高と利益がすべてである。しかし、百年組織――センテニアルズはこのように考えない。社会全体とあらゆる可能性に目を向け、自問するのだ。今後20年、30年にわたり、社会がどのように思考し、どのように行動するかに影響を与え、社会の思想を形作るにはどうすれば良いのか。また、次の世代、そしてその次の世代に、私たちと一緒に働きたいと思ってもらうにはどうすればよいだろうかと、自問するのだ。

ロイヤル・シェイクスピア・カンパニーのエグゼクティブ・ディレクター、キャサリン・マリオンは私にこう言った。「社会にポジティブな影響を与えなければ、いずれ社会はあなたを支持しなくなるでしょう。やがて、あなたと一緒に働きたいとも思わなくなるでしょう。ふと気づくと、あなたのお金も才能も、別のところへ流出してしまうでしょう[11]」

この考え方は、年月の試練に堪えた組織には、あらゆる活動や目標を導く、より高次の目的や価値観が常に存在することを明らかにしている。

例えば、オールブラックスはもちろん試合に勝ちたいが、より高い目的はニュージーランドの国としての知名度を上げることである。ブリティッシュ・サイクリングは、世界トップクラスの競技者を生み出すことを望んでいるが、より崇高な目的として、英国の健康増進を掲げている。NASAの活動は単なる宇宙ミッションではなく、宇宙や宇宙の一部である私たちの存在に関する、人々の理解を深めるという野心を抱いている。ロイヤル・カレッジ・オブ・アートの究極の目的は、アートとデザインを通じて世界を変革することである。[12]

これらすべてを支えているのは、長期的な哲学である。

理想論に聞こえるかもしれないが、これには現実的な理由がある。これらのセンテニアルズ組織はすべて、社会の未来にポジティブな影響を与えるという高次元の目的を持たなければ、いつかはすべての資金と才能が他へ行ってしまうことを知っている。それは一見、現実を無視しているように聞こえるため、ほとんどの従来の会社や、純粋に短期的な目的に重点を置く企業はいずれも、抵抗する考え方である。

あるCEOは私にこう言った。「社会のニーズに応《こた》える公共団体であれば、社会に影響を与えるのは簡単だろうね。しかし、我々は慈善事業ではなくビジネスを行っているんだ。我々の世界は彼らの世界よりもはるかに競争が激しい。従業員や顧客を狙う競合他社や、明日ではなく今日利益を上げることを求める投資家がいる。私たちには時間の余裕はなく、今日解決しなければならない問題がある以上、20年先を見通すことは不可能だ」

しかし、そのCEOが持っている世界観の問題は、今日を越えて生き延びられる保証がないことだ。

現代の多くの企業が短命である事実と、企業が短期的な利益やキャッシュフローを優先するショートターミズムの問題点は、しばしば言及されてきた。[13] 例えば、米国の大企業500社（S&P500）は、過去40年間で市場価値は5倍になったが、その平均寿命はたった15年と、以前の企業の約半分になってしまった。[14] これは、現在のビジネス商環境の不安定さと熾烈《しれつ》な競争を反映しているというのが一般的な推測だ。

一方で、コルゲート、コン・エジソン、コーニング、ハートフォード、リーバイ・ストラウス、ケロッグ、ノードストローム、ステート・ストリートなど、そのルーツが100年以上前にさかのぼる企業もある。歯科医療からエネルギー、保険から衣料品、光ファイバーから食品、小売から金融サービスまで、業種は幅広い。

彼らに共通しているのは、過去100年以上にわたって彼らを支えてきた指針となる目的、つまり北極星があることだ。

コルゲートは、「人々とペットがより健康的な未来を創造する」手助けをしたいと考え、コン・エジソンは「よりクリーンで弾力性のある社会を発展させる」手助けをしたいと考えている。リーバイ・ストラウスは「より長く着られるより良い服」を作ることを目指し、ケロッグは「世界を養い育てる」手助けをしようとしている。[15]

どの企業も、その野心をさらに高めるための事業を立ち上げている。例えばコルゲートは、

１８９０年にニューヨークのコルゲート大学、１９７５年にコルゲート女子競技大会、１９９０年にスターライト児童基金に資金提供している。１９５２年に設立されたリーバイ・ストラウス財団は、「より良い服をより長く着る」という長期的な目的を達成するために、毎年１０００万ドル以上を環境・社会プロジェクトに投資している。例えば、「水の削減」や「より良いコットン」に取り組み、自社およびサプライヤーの工場における継続的な教育・健康プログラムを提供している。

リーバイ・ストラウスＣＥＯのチップ・バーグは、「これらは企業として重要な柱です」と説明する。「イノベーションの観点からも重要な柱ですが、企業としての価値観にも深く関わっています。この会社は１６２年の歴史があり、創業者であるリーバイ・ストラウスにさかのぼります。私たちは約１４２年前にブルージーンズを発明しました。彼は起業家でした。私は弊社をシリコンバレーのスタートアップの元祖だと思っています。彼は最初から、恩返しをすること、そして会社が常に原則を守り正しいことをすることに、とても熱心でした。その結果、環境的な持続可能性だけでなく、社会的な持続可能性など、広い意味での持続可能性がこの会社の基盤の一部となっています。例えば、リーバイ・ストラウスは毎年、利益の一部を財団に寄付しています。企業として成功すればするほど、収益や利益が出れば出るほど、リーバイ・ストラウス財団に寄付することができ、地域社会に還元することができます。それが私たちの企業としての大きな役割です。それは私たちが本当に誇りに思っていることなのです。これこそが私たちの理念の一部です。そしてそれが、人材を惹《ひ》きつけ、確保するのに役立つことは間違いありません。特に今日では、若者は自分の価値観に合う企業を求めています。ただ、私たちは、シンプルにそういう会社なのです。ミレニアル世代を惹きつけるために変えたのではなく、創業以来、ずっとそうやってきました」[16]

同様に、1930年に設立されたW・K・ケロッグ財団は、歯科医、医師、看護師のフェローシップ、農業研究、「世界を養い育てる」未来の科学者や指導者の育成を目指す世界中のさまざまな学校や大学への継続的な支援など、教育・保健プログラムに毎年1億ドル以上を投資している（例えば、同財団は、米国のカリフォルニア州立大学、ミシガン州立大学、ノースウェスタン大学、英国のオックスフォード大学ケロッグ・カレッジへの最大の寄付者のひとつである）。

「私たちの中心テーマは行動です」と、25年にわたって財団のCEOを務めるラッセル・モービーは説明する。「複数の学問分野から最良の知識を組み合わせて、社会的な課題に取り組むことが重要です」[17]。また、私たちの財団はケロッグ社の筆頭株主でもあり、株式の35％を保有しているため、会社行動を管理・指導することもできるわけです」

同様に、コン・エジソンとステート・ストリート財団は、「よりクリーンで、より強靭《きょうじん》な社会を発展させる」「世界の投資家と、彼らがサービスを提供する人々のために、より良い成果を生み出す」という大義の達成を支援してくれる他の組織に対し、毎年1000万ドル以上の助成金を提供している。[18]

短期的には、これらの企業全てが、社会的プロジェクトに流用した資金を利益目標を達成するために使ったほうがよいのかもしれない。だが長期的に見れば、より高い目的を犠牲にすることで、企業文化は変容し、企業自体が弱体化し、崩壊する可能性さえあるのだ。

ここにはある種のトレードオフがある。100年以上の歴史を持つ企業のほとんどは、年間売上高が100億ドルに満たず、毎年の利益も5〜15%にとどまっている。これらの企業は、50年未満の200社よりも平均して10%規模が小さく、20%収益性が低い。そのため、若い企業が経験するような好景気を享受することはない[19]。しかしその代わりに、不況や不況がもたらすひどい損失に苦しむこともない。

マッキンゼー・グローバル・インスティテュートの研究員であるドミニク・バートンは、2001年から2015年までの米国上場企業615社の長期財務実績を分析した結果、ショートターミズムのコストを正確に測定するのは難しいと認めている。

しかし、長期的視点がもたらす利益を評価することになると、彼はこう結論づける。「もし米国のすべての上場企業が、今回のサンプルに含まれる長期的視点に立った組織と同規模の雇用を創出していれば、2001年から2015年にかけて、少なくとも500万人以上の雇用が創出され、さらに1兆ドルのGDP成長（年平均0・8%のGDP成長に相当）がもたらされただろう[20]」

3

長年にわたるソニーの複雑な運命は、より高い目的を持つことで得られる利益と、それを見失うことの危険性を示している。

1946年、ソニー創業者である日本人エンジニアの井深《いぶか》大《まさる》と盛田《もりた》昭夫《あきお》は、大胆な野望を抱いていた。[21]日本は第二次世界大戦の敗戦から立ち直ったばかりで、盛田は後にこう述懐している。「私たちの世界は大きく変わった。これまで国民に直接話しかけられたことのなかった天皇陛下が、『今後帝国の受くべき苦難はもとより尋常にあらず』と、当面の未来の厳しさを訴えられた。しかし、私たちは『堪え難きを堪え、忍び難きを忍び以て万世の為に太平を開かん』、つまり来るべきすべての世代のために壮大な平和への道を切り開かなければならない、とおっしゃられた。陛下は日本に先を見るよう促し、『総力を将来の建設に傾け……世界の進運に後れざらん』と、世界とともに未来に向かって進むことを国民に求めたのだ。そこで私たちの任務は、自分の持ち場に戻り、求められることをすることだと自覚した[22]」

盛田と井深は、焼け野原と化した東京郊外に最初の工場を開設したとき、従業員たちにこう宣言した。「本日、私たちの会社は最初のスタートを切った。大きな会社と同じことをやったのでは、我々はかなわない。しかし、技術の隙間はいくらでもある。我々は大会社ではできないことをやり、技術の力でもって祖国復興に役立とうではないか」

ソニーという社名の選択は、慎重に計算されたものだった。英語の「ｓｏｕｎｄ」に日本的なひねりを加えることで、日本製品を世界中で販売するという野心を示そうとしたのだ。彼らは同時に、国民としての誇りを取り戻す決意を表明した。さらにまた、従業員を自社の野心に組み込むことで、組織一体となって取り組もうとしたのである。人を重視することは本物でなければならないし、時には非常に大胆でなければならない。

しかし、長い目で見れば――私はこれを強調したいが――経営者がどれほど優秀で成功していようと、どれほど賢く狡猾《こうかつ》であろうと、あなたのビジネスとその未来は、経営者が雇った人材が握っているのだ。もう少し大げさに言えば、ビジネスの運命は、実はスタッフの中で一番若い新入社員が握っている。「君たちは徴兵されてここに来たわけではない」と、新入社員が入社するときに井深は語った。「ここは軍隊ではない。だから、君たちは自発的にソニーを選んだということだ。これは君たちの責任であり、この会社に入ったからには、この先20年、30年と働いてくれることを期待している」[23]

創業者たちは毎晩、社内のさまざまなグループと夕食を共にし、彼らがどのようなアイデアを持っているのか、どのように世界を変えることができると考えているのかを探っていた。また、2～3年ごとに職を異動させ、新しい仕事を与え、新しいチャレンジを提供した。その結果、1950年代のTR－63ラジオ、1960年代のトリニトロン・テレビ、1970年代のウォークマン、1980年代のCDP－101コンパクトディスク・プレーヤーなど、数年ごとに人々の世界観を変える新製品を世に送り出した。

新製品が成功するたびに、日本のプライドは高まり、先進的で最先端の社会となった。そして経済規模は30倍に成長し、世界第9位から米国に次ぐ世界第2位の経済大国に躍進した。[24]

ところが、1994年、ソニーの創業者2人が退任し、会社のビジョンと野心が変わった。技術者ではなく経済学部出身者である新リーダー、出井《いでい》伸之《のぶゆき》の下、その焦点はイノベーションと人々の生活を向上させるというビジョン願望から、収益の最大化とコストの最小化に移行したのである。当初、この作戦はうまくいったように見えた。3年間で3万人（従業員の6分の1）が解雇され、収益は25％増加し、利益は6倍に増加した。

しかし、その後、衰退が始まる。

ジャーナリストのブレント・シュレンダーは以下のように説明している。「問題は、その成長のほとんどが、古い製品を新しい市場、特にヨーロッパに売ることによってもたらされたことだ。しかし、主力市場ではほとんどイノベーションが起こっておらず、そのため、アップルのiPodやサムスンの薄型テレビが登場した時、対抗するのに苦労したのだ[25]」

売上が下がり続けたため、出井は退任し、アメリカ人のハワード・ストリンガーが後任となった。さらに1万人の雇用を削減し、ソニーの既存製品をアジアの新市場に売り込むことに注た。2008年には過去最高の売上高を計上し、純益も過去最高の3600億円を達成した。

だが、それは一時的なものだった。

２００９年５月14日、ソニーは60年の歴史で最大の最終損益赤字を発表した。その後４年間で失われた純益はさらに９６００億円にも上る。会社は目的意識を失い、その結果もたらされたイノベーションの欠如は、やがて大きな打撃を与えた。

4

より広域のビジョンを犠牲にし、短期的な利益をひたすら追求することは、現在の組織の大半のＤＮＡに刻み込まれている。
しかし、常にそうだったわけではない。18世紀、19世紀、そして20世紀の大半を通じて成功した企業は、長期的な同族経営を基礎とする、まったく異なる哲学を持っていた。
ピーター・テミンは、ニューイングランドの経済史の中で、一族が銀行からお金を借りるのは、会社が世代を超えて存続するために必要な時だけだったと述べている。その会社で働いていた人々のほとんどは、その後40年、50年とその会社で仕事を継続した。[26]
この時代、経済的に大きく発展したのは、企業の立ち上げや拡大を支援するための追加資本を供給できる株式市場の台頭だった。中世のヴェネツィアに起源を持つイノベーションが、デューク家、デュポン家、フォード家、ロックフェラー家のような一族により、今日まで発展を続けてきたのである。[27]

株式市場は不安定で、時には大暴落したこともあった（1929年の世界大恐慌はその代表的なものである）。しかし、ほとんどの個人企業は生き延び、存続し続けた。

その後、1970年代初頭にナスダックが登場し、突然すべてが変わった。歴史上初めて、会社の株式が電子的に取引されるようになった。短期的な投機がはるかに容易になったのだ。投機はより魅力的になり、株式ブローカーの数は飛躍的に増加し、株式を保有する人の数も増加した。

1990年代初頭には、米国の人口の20%が株主となり、米国の証券取引所では毎日1億株以上が取引されていた。株式の平均保有期間は2年未満に短縮した（2020年までには6カ月未満に）[28]。

株式取引が盛んになるにつれ、株主価値という概念が生まれた。この概念は1950年代に初めて登場し、1970年代には経済学者ミルトン・フリードマンの「企業の社会的責任とは、利益を増大させることであり、それ以外の何ものでもない[29]」という主張に後押しされて、次第に広く浸透していった。

その概念はある側面では大成功を収めた。その後30年間、企業は株主を満足させるためにますます金儲《かねもう》けに集中するようになり、その市場価値は14倍になった。

しかし同時に、企業の平均寿命は半減した。[30]

ソニーの例が示すように、他のすべてを犠牲にして売上と利益を追求することの代償は大きい。短期的には、収益を最大化することが功を奏するかもしれない。その方が株主も満足するだろう。しかし、中長期的には、コスト削減や新市場への旧製品の投入といった戦略は、イノベーションを阻害し、陳腐化を招く。

実際、企業の成長スピードが速ければ速いほど、その運命をコントロールできなくなる可能性が高まるという法則があるように思える。潰《つぶ》れる直前に最高の業績を上げた企業の長いリストをみてみよう。ブラックベリー、ゼネラルモーターズ、ヒューレット・パッカード、ルーセントはすべて、破綻《はたん》する2年前に過去最高の売上高と利益を計上した。ノキアの場合は3年前、モトローラは4年前、クライスラーは5年前、テキサコは6年前だった。

事例は他にも事欠かない。最終的な崩壊に至る前の短期的な成功は、彼らを崩壊させたのは市場環境ではなかったことを示している。

そうではなく、彼らが下した決断が招いたのだ。

5

そう考えると、もうひとつのソニー型企業の経緯を考えるのは興味深い。アップルである。両者には多くの類似点がある。アップルはソニーのように、テクノロジーの可能性に取り憑《つ》かれた人々によってスタートした。井深大と盛田昭夫もエンジニアだった。

１９７６年にアップルを創業したスティーブ・ジョブズ、スティーブ・ウォズニアック、ロナルド・ウェインの３人は、テクノロジーをこよなく愛し、以前はアタリやヒューレット・パッカードで一緒に働いていた友人だった。

井深と盛田は新しい未来を築き、世界における日本の地位を変えようとした。ジョブズ、ウォズニアック、ウェインの３人は、コンピューティングの民主化を目指した。ジョブズの言葉を借りれば、「誰もが使えるシンプルなコンピューターを作りたかった」[31]のだ。

ソニーは創業以来、絶え間ない技術革新を続けてきた。アップルは１９７６年にアップルⅠを、１９７７年にはアップルⅡを発表し、新しいパーソナル・コンピューター市場を創造した。

ソニーは技術革新を止め、財務に強い出井を社長に抜擢《ばってき》した。アップルは、事実上、既存製品の微調整版を製造していただけの５年間を経て、市場シェアが４分の１の６％以下に落ち込むと、ジョン・スカリーというマーケティングの専門家を雇い事態を好転させようとした。その結果、ソニーは低迷、アップルは不況に見舞われた。[32]

ジャーナリストのオーウェン・リンツマイヤーはこのように述べている。「当時、スカリーはペプシで働いており、『ペプシ・チャレンジ』を考案したことで有名になった。テレビでコカ・コーラとペプシを試飲してもらい、どちらが好きかを答えてもらう企画である。もちろん参加者が選ぶのは、いつもペプシだ！[33]」

ジョブズは彼を口説いた。「残りの人生、砂糖水を売りたいのか？　それとも私と一緒に世界を変えたいのか」

「世界を変えたいんだ！」と、スカリーはジョブズに答えた。しかしそれは、スカリーの本当の野心ではなかった。彼の焦点はお金にあったのだ。

彼は昇給してアップルに入社し、3年以内にシリコンバレーで最も高給取りのCEOになった。それができた理由は、将来の戦略をめぐる根本的な意見の相違から、なんとジョブズを追い出したからだ。

ジョブズの伝記を書いたウォルター・アイザックソンは、「ジョブズは、過去の製品に依存するのではなく、前進するためにマッキントッシュに集中すべきだと考えた」と説明している。「しかし、スカリーは、既存の製品からできる限り多くの金を稼ごうと考えた」[34]

ソニーの新社長と同様、スカリーはコスト削減の方法を模索し始め、見事に成功を収めた（その後8年間で売上高は4倍、利益は8倍に増加）。1993年就任の後任者マイケル・スピンドラーは、彼のアプローチを継続し、3年間で売上をさらに50％伸ばした。

しかしその後、ソニーと同様に、アップルも転落を避けることができなかった。売上高は1995年から1997年にかけて突然落ち込み、約10億ドルの損失を出した。アップルは必死で生き残りを図る中で、解雇された後にジョブズが設立したNeXT社を買収し、その後ジョブズを再雇用した。

ジョブズのアップルへの復帰は、アップルの運命を一変させたという神話が生まれたが、実際はそうではない。事実はジョブズが型破りではなく、伝統的な企業に近い戦略を導入したことがその主な要因で、初期の数年間は地味なものだった。彼は製品ラインを15から3へとスリム化した。また、彼がｉＭａｃを発売し、マルチカラーのバリエーションを用意したのは事実だが、これは最先端のイノベーションというよりは、間違いなく「いつものビジネス」だった。

ジョブズが２００１年にｉＰｏｄを発売してから、アップルは文化的な大変革を経験し始めた。新しいデバイスが普及するまでには２～３年かかったかもしれないが、一旦《いったん》普及すると売れ行きは急上昇した。２００７年には年間５０００万台のｉＰｏｄを出荷するまでになった。

この文脈において、同じ年にスティーブ・ジョブズが新製品を発表した際に、満員のサンフランシスコの劇場で行ったスピーチの言葉を見直す価値はあるだろう。

まれに、すべてを変化させる革命的な製品が登場します。アップルは非常に幸運でした。このような製品をいくつか世に送り出すことができました。１９８４年、私たちはマッキントッシュを発表し、コンピューター業界全体に変化をもたらしました。２００１年、私たちは最初のｉＰｏｄを発表しました。これにより、音楽業界全体のあり方が変化しました。

さて本日は、この２つと同じくらい革命的な製品を、３つ紹介しましょう。

1つ目は、タッチコントロールを備えたワイドスクリーンのｉＰｏｄ。２つ目は革命的な携帯電話。そして３つ目は、画期的なインターネット通信機器です。

これらは、３つの別々のデバイスではありません。これは１つのデバイスなのです。私たちはそれをｉＰｈｏｎｅと名づけます。[35]

「革命的」が3回、「変化」が3回使われている。アップルの成功は、単に革新的な能力から生まれたと考えたくなるかもしれない。しかし、それは物語の半分しか語っていないことになる。人々の体験する世界を変えたいというジョブズの野心こそが、革新的な変化を生み出す原動力だったのだ。

ｉＰｈｏｎｅとｉＰａｄの開発を率いたソフトウェア・エンジニアのスコット・フォーストールは、「私たちは革新し続けなければならないと思っていた」と説明する。[36]「前進を続け、古い製品が廃れる前に新しい製品を出すことが必須《ひっす》だ。ｉＰｏｄが発売される前から、私たちは次のｉＰｏｄを探し、さまざまなアイデアを練っていた。通常、製品の開発には4年、人々に気に入ってもらうまでに2年、そして運が良ければ、さらに4～8年売れるかもしれないということがわかっていたからだ。だから、10年から15年の猶予の間に新製品を出さなければならない。既存の製品が市場から消える前にね」

その結果、２０２１年までに稼働中のｉＰｈｏｎｅは、全世界で10億台を超えた。[37]

6

『フォーチュン』誌は過去20年間、毎年3000人以上を対象に、どの企業を評価するか、その理由について調査を行っている。彼らが発見したのは、最も高い評価を得ているのは、売上高が最も大きい大企業でも、最も利益を上げている大企業でもないということだ。そうではなく、社会に良い影響を与え、長期にわたってその力を証明してきた組織が評価されているのである。[38]

「もし、最も利益を上げている企業が、人びとが最も尊敬する企業であれば、VISAとマスターカードは常にリストのトップにいるはずだ。毎年50％近い営業利益率を出しているのだから。しかし、そうではない」と研究者の1人は説明した。「そして、もし売上で比較するなら、ウォルマートもリストのトップにいるはずだ。毎年5000億ドル以上の売上があるのだから」

だが、ウォルマートもリストにはない。その代わりに、常に上位を占め過去10年間毎年トップ10入りしているのが、以下の4社だ。商品の売買方法を変えたアマゾン、世界との関わり方を変えたアップル、情報の探し方と活用のしかたを変えたグーグル、そして人々の交流の形を変えたスターバックスである。

いずれの場合も、これらの企業の究極の目的は、それを実現するためのさまざまな目標によって支えられている。つまり、アマゾンの信条は手頃な価格、利便性、選択肢であり、アップルの信条はデザイン、革新性、シンプルさ。グーグルの信条は役に立つこと、民主性、使いやすさ。スターバックスの信条は帰属意識、つながり、コミュニティである。

しかも、それだけで終わらない。自分たちの価値観を確立した後、その価値観をいかに具体的な行動やプロセスに落とし込むかを、彼らは考えている。[39]

一例としてスターバックスを見てみよう。シンプルなビジネスモデルととても簡単に提供できる商品だ。コーヒーというベーシックで平凡なものを、いかにして特別なものにできるだろうか。

1983年、北イタリアのエスプレッソ・バーを訪れて帰国したハワード・シュルツの頭にあったのは、まさにこの問いだった。強い帰属意識、つながり、コミュニティといった現地のカフェ文化を、いかにして北米で再現するか。これは、過去2年間働いてきたシアトルの6軒しかない小さなコーヒーショップグループを、世界的なベンチャー企業に変える方法を模索していた彼の、答えだった。

シュルツは、「私は当初から、スターバックスを他とは異なる種類の会社にしようと考えていた」と説明している。「コーヒーと豊かな伝統を称《たた》えるだけでなく、人と人とのつながりを感じさせたかった。私たちの使命は、人間の精神を鼓舞し、育むことだ。一人ひとりの顧客に、一杯のコーヒーを通して、それぞれの地域で、継続的に」[40]

スターバックスの名前は、『白鯨』に登場する、理性と善良さを擬人化した登場人物に由来している。[41]

シュルツが金のためだけにやってきたわけではないことは明らかだ。彼はコミュニティ全体を変革し、後世まで残るようなビジネスを構築したかったのだ。

「1988年1月、父が肺がんで亡くなった日は、私の人生で最も悲しい日だった」と彼は振り返る。「父には貯金も年金もなかった。もっと重要なことは、彼は、意義があると思っている仕事からですら、充実感や尊厳を得たことがなかったことだ。子供のころは、自分が会社のトップに立つなんて想像もしていなかった。でも、もし自分が変化を起こせる立場になったら、人々を決して置き去りにはしないと、ずっと心の中で思い続けていたんだ」[42]

この崇高な目的意識は、シュルツの指揮のもとでスターバックスが行ったすべてのこと――サプライヤーや店舗スタッフへの接し方から、顧客や店舗がある近隣地域に対する体験の提供まで――を導いた。

「スターバックスの感覚は、商品の品質だけでなく、コーヒーを購入するときの雰囲気全体によって左右される」と、コーポレート・デザイン・ファウンデーションの、ある研究者は説明する。「店舗スペースの開放感、パッケージの美しさ、フレンドリーで知識豊富なサービス、興味深いメニューボード、カウンターの形、照明の質、壁の質感、床板の清潔さ等々。スターバックスが他社に先駆けて認識していたのは、コーヒーの小売業で売るものは商品だけではないということだ。トータルな経験における細部が重要だったのだ」[43] 2005年にオーリン・スミスの後任としてスターバックスのCEOに就任したジム・ドナルドは、こう説明した。「毎日、毎日、我々は、一貫して細部を実行しなければならない」[44]

しかし、シュルツにとって重要なのは顧客だけではなかった。彼は、スターバックスがより広い社会に良い影響を与えるようにしたいと考えていた。「私の探求は決して勝利や金儲けだけではなかった。それはまた、偉大で永続的な会社を築くことでもあり、常に利益と社会的良心のバランスを取ろうとしてきた」[45]

これが、彼が１９９７年にスターバックス財団を設立した理由である。

当初は、コーヒーの残りカスを堆肥《たいひ》にすることで、コーヒーチェーンが環境に与える影響を軽減することを目的としていたが、現在では「世界中のコミュニティを強化する」ことを目指している。２００８年に再利用可能なコーヒーカップが登場したのもそのためだ。２０００年にフェアトレード製品を導入し、メキシコからインドネシアまで、コーヒーを栽培する地域社会に投資したのもその目的による。[46]

スターバックスのより大きな目的意識が人々に愛され、それに応じて事業も拡大し、１９８７年には６店舗だったローカルビジネスから、１９９７年には１４００店舗のナショナルビジネスに、そして２００７年には世界43カ国に１万５０００店舗を展開するインターナショナルビジネスに成長した。

しかし、その後、道を踏み外した。「成長に執着するあまり、経営から目を離し、事業の核心から遠ざかってしまった」とシュルツは説明した。圧倒的な帰属意識、つながり、コミュニティが失われてしまったのだ。「何かしら悪い決断を下したわけでも、戦術ミスがあったわけでもない。誰かが間違ったわけでもない」とシュルツは続けた。「ダメージはゆっくりと静かに、少しずつ広がっていった。まるで毛糸がほつれて少しずつほどけていくセーターのように」。売上が落ち始めて米国内の１００以上の店舗を閉鎖しなければならなかった。「私たちは魂を失ったのだ」とシュルツは認めた。[47]

２００8年2月26日午後5時30分、スターバックスは米国内の７１００店舗をすべて休業にし、３時間かけてスタッフの再教育を行い、大逆転を開始した（この休業による売上、損失は６００万ドルを超える）。

スターバックスの各フロントドアには、こんな看板が掲げられた。「エスプレッソを完璧《かんぺき》にするために時間をかけています。素晴らしいエスプレッソを提供するには訓練が必要です。だからこそ、私たちは技術を磨くことに専念しています」

シュルツは研修の冒頭の短いビデオで従業員に語った。「これは、会社のためでもブランドのためでもない。君のためだ。自分自身でエスプレッソの出来を判断してほしい。私は君たちを全面的に支持するし、最も重要なことだが、私は、君たちに信念と信頼をおいている。１杯の完璧なエスプレッソによって我々の行動を評価していこう」と。

シュルツは後にこう回想している。「あれは、スタッフの心をひとつにする出来事だった。急成長だけに夢中になっていた数年間に失ってしまった、感情的なつながりと信頼を再びとり戻すための、重要な転換点となった」[48]

スターバックスが経験したような運命の逆転に直面した企業の中には、非中核事業への投資を削減することで、コスト削減を図るところもあるだろう。だが、スターバックスはそうしなかった。スターバックスは努力を倍加させた。財団も閉鎖しなかった。２０１０年からはフードバンクに定期的に寄付を行っている。

その他の新たな取り組みとしては、スタッフへのオンライン大学学位の無料提供（２０１４年から）、ジム会員割引（２０１８年）、使い捨てプラスチックストローの禁止（２０２０年）、１億ドル基金の設立、地元企業の発展を支援するために年間１０００万ドル、コーヒー生産地域の支援のために年間２００万ドルの寄付（２０２０年）などがある。[49]

２０１３年、スターバックスは史上初の赤字を計上した。しかし、こうした戦略が功を奏し始めた。消費者はスターバックスの目的を再認識し、スターバックスの商品に再び惚《ほ》れ込んだ。スターバックスの売上はその後8年間で倍増し、２０２１年には、世界84カ国の3万３０００店舗から２９０億ドルの売上と50億ドルの利益を計上したのである。

7

企業の包括的な目標を設定するだけでは十分ではないことを、肝に銘じておく必要がある。

多くの企業が、ミッション・ステートメントの作成に多大な労力を費やし、その結果、ミッション・ステートメントを実現できないでいる。

そうではなく、ビジョンが、組織のＤＮＡ（何を考え、どのように行動するか）の不可欠な一部となったとき、初めて変革が起こる。それは、シュルツがスターバックスで行ってきたことの核心にある考え方だ。そしてそれは、各センテニアルのコアをなしている。

例えば、オールブラックスは平等、謙虚さ、粘り強さを、ＮＡＳＡは野心、探査、安全性を。ロイヤル・カレッジ・オブ・アートは芸術性、コミュニティ、創造性を、ロイヤル・シェイクスピア・カンパニーは野心、包容力、誠実さを体現しようとしている。

「社会に影響を与え、社会の考え方や行動を変えたいのであれば、まず自分の考え方や行動を変える必要がある」と、オールブラックスの元ＣＥＯ、スティーブ・テューは私に語った。「つまり、作ろうとしている信念や行動を自ら実践するのだ。そして、そのための最良の方法は、日常生活の儀式やルーティンの中にそれらを組み込む方法を見つけることだ」[50]

オールブラックスとニュージーランド・ラグビーがその理想的な例である。

例えば、平等の目標を達成するために、オールブラックスは人種と性別の多様性を高めることに注力することを決め、マオリや太平洋《たいへいよう》諸島の先住民の血を引く選手を多く招集し（２０１１年ワールドカップのメンバーの半数）、女子チームへの支援を強化した（２０１８年、初めて女性が年間最優秀選手になった）。また、謙虚さを育《はぐく》む実践として、メンバーは交代で更衣室を掃除してきた。

さらに、粘り強さを達成するために、すべてのトレーニングセッションと試合を科学的に検証し、そこから学び、つねに上を目指して努力を続けている。[51]

同様に、ロイヤル・カレッジ・オブ・アートでは、芸術性、コミュニティ、創造性に貢献するため、学生は学科を超えたプロジェクトに取り組むよう求められる。ロイヤル・シェイクスピア・カンパニーでは、野心、包容力、誠実さを育むため、視覚障害者や身体障害者のための役作りを行っている。[52]

結局のところ、組織がより広範なコミュニティに対して行う活動や貢献が、その組織のビジョンに沿ったものであることが重要なのだ。コミュニティとの関係を築くことで、組織は自らの目標を達成し、同時にコミュニティの発展にも寄与することができる。

例えばテスラは、世界のエネルギー源をより持続可能なものに変えていくという目標を掲げている。もちろん、一足飛びにそれを達成できるわけではない。しかし、バッテリー、充電器、ソーラーパネル、トラック、自動車など、テスラが提供する要素のひとつひとつが、その方向への一歩なのだ。[53]

テスラの自動車生産の歴史は、同社が究極の目的に向かいつつあり、着実に前進していることを物語っている。当初のテスラが世界を変えることはなかった。ほとんどの人にとって高すぎた（利益率も低かった）。しかし、テスラがその開発と生産から学んだ教訓は、非常に貴重なものだ。同社は、より多くの人々が購入できるような小型で安価な車を開発し、最終的には誰もが購入できるような、非常に小型で非常に安価な車を開発するという道を歩むことになるだろう（と期待されている）。

つまり、最初のテスラを購入した富裕層は、結果的に新たなビジネスモデルを推し進める手助けをしたのである。その目的は、元々の高級車路線よりも民主的なアプローチであり、最終的に到達しようとしている大衆市場から利益を得ることだった。

そして、テスラがそのビジョンに忠実であったからこそ、信頼と支持を勝ち得たのである。人々はテスラが何を標榜《ひょうぼう》しているのかを知っていて、そのメッセージを理解し、テスラが真摯にそれに応えようとしていることを信じている。そのサポートは、テスラがそれに応える限り、ずっと続くだろう。その過程で、将来の成功が保証されるのである。[54]

掲げた目標と実際の製品がミスマッチする危険性は、フェイスブックの経験がよく表している。この巨大ハイテク企業は、次のような野心を抱いていると主張している。フェイスブック、インスタグラム、ワッツアップを通じて、「コミュニティづくりを応援し、人と人がより身近になって、アイデアを共有し、支え合い、変化をもたらす世界を実現します」[55]と。

その一方で、金儲けに主眼を置いており、特にインターネット上での憎悪の拡散という問題に何ら取り組んでいないのではないかと、その目標に疑問が投げかけられている。本当に社会をポジティブにしようとしているのだろうか。それとも、利益を上げることだけに関心があるのだろうか。そして、もし自分たちがもたらす「変化」がポジティブなものではなく、自分たちが広める思考や行動が、社会にネガティブな影響を与えてしまった場合に、直面する可能性のある潜在的な問題を無視できるだろうか。

短期間であれば、組織は、この不協和音のなかでも生き残ることができる。ソニーやアップルが創業時の目標を見失った後でも、数年間は繁栄することができたように。

２０１０年から２０２０年までの10年間で、フェイスブックの収益と利益は40倍に増加し、毎年30％から40％の利益率を上げている。この実績は、フェイスブックがＶＩＳＡやマスターカードとともに、世界で最も成功している企業のひとつであることを示している。利益率に限れば、毎年の利益率が20％前後のアップルやグーグルをはるかに上回っている。

しかし、アップルやグーグルは健康や教育などの分野で多くの新製品に再投資している。[56] フェイスブックは過去の成功に依存している。同様の状況に陥った他社の経験を考えれば、フェイスブックの方法や戦略は、フェイスブックにとっての懸念材料となるはずだ。

テスラのアプローチが示すように、踏み出す一歩一歩が最終的な目標に貢献するものでなければならないが、その一歩一歩が世界を変えるものである必要はない。

例えば、リーバイ・ストラウス。リーバイ・ストラウスは、「より良い服をより長く愛用できるようにする」という大きな目的を掲げているが、これまでも（そしてこれからも）、より小規模で、より地域に根ざしたさまざまな取り組みを行っている。

同社は１８５３年に最初の利益の一部を孤児院に寄付し、１９８３年にはＨＩＶ／エイズに感染した労働者を歓迎し支援する方針を導入し、２０１０年には工場の環境改善のためにＣＡＲＥカンボジアと協働を開始し、２０２０年には修理・リサイクルサービスを開始した。

同様に、コルゲートは大きな目標を達成するために商品を販売しつつ、補完的な小規模事業を展開することで支援を続けている。例えば、歯科診療車を通じて毎年何千人もの子供たちに無料の歯科治療を提供したり、学校でのワークショップを運営したりしている。

また、リーバイ・ストラウスとコルゲートの両社は、社員が自ら選んだ非営利団体に寄付する際に、２０００ドルを上限に同額を上乗せしている。[57]

目標、価値観、成果が一致すれば、革新的な結果を生み出す。その結果は明確である。私が調査したセンテニアルズで、あるいはセンテニアルズとともに働いていた人たちはみな、彼らが何を達成しようとしているのか、そしてそこに到達するためにどのような計画を立てているのかを正確に理解しており、それに関わる志を列挙することができた。

また、俳優、アーティスト、宇宙飛行士、アスリート、コーチ、デザイナー、監督、エンジニア、科学者、学生、教師などとしてセンテニアルズで働く時間は、人生の重要な瞬間であり、真のインパクトを生み出し、社会に影響を与える瞬間でもある。

それとは対照的に、言葉と実際の行動が一致しない会社は、職場の意欲が失われる可能性がある。

「正直言って、辞めてからずっと苦労している」と、ある元センテニアルズ社員は私に言った。

「私が今一緒に働いている人たちは、社会に影響を与えることよりも金儲けに夢中だ。私が彼らに、目の前の顧客だけでなく社会全体を見渡して、今後何年にもわたり、どのように顧客に影響を与えていくかを考える必要があると言っても、彼らは関心を示そうとしない。彼らは今あるものから今日のお金を稼ぐことに集中しすぎていて、将来のことなど気にしていないんだ」

優れた組織の真の証《あかし》は、社外の人々がその組織の動きを知りたがることだ。あるCEOは私にこんな話をしてくれた。「私はずっとNASAが大好きだ。NASAが体現するものも、NASAがやっていることも。映画『ドリーム』で描かれた時代、つまり人類初の月面着陸に向けて不可能を可能にした時代から、彼らは数学者の人種やジェンダー・ダイバーシティを乗り越えてきた。彼らはいつも私を魅了し、インスピレーションを与えてくれる。だから、我が家ではみんなNASAのTシャツを着て、どれだけNASAを愛しているかを誇らしげに示しているんだ」

別のCEOは、興奮もあらわに私に言った。「君がブリティッシュ・サイクリングのメンバーと会ったなんて信じられないよ。誰と話したんだい？ どんな人たちだった？ 彼らは何をしていたの？」と質問攻めにされた。

オールブラックス、NASA、イートン校、ロイヤル・シェイクスピア・カンパニーなど、センテニアルズ組織がメディアに攻撃されたこともあった。しかし、結局のところ、人々は彼らを本当に愛しており、もっと知りたいと願っているのだ。

8

要約すれば、センテニアルズは以下のような方法で社会にポジティブな影響を与えようとしている。

□組織の目的（北極星）を設定し、明確に示す。この目的は、社会で創造したい信念や行動を体現するものである
□組織は、みずからの目的を育み、持続させるために、サプライヤー、従業員、顧客、地域社会に協力を求める
□組織は、みずからの行動とその方法を分析し、目的に合致しているか、目的達成に貢献しているかを確認する
□組織が存続し、目的を果たすために十分な利益を出す必要があるが、利益そのものに執着しない
□組織は、定期的にみずからの目的に立ち返り、それが正しいか、軌道から外れていないかを確認する
□組織は、短期的な目標を達成するために、長期的な目的から外れることがあってはならない

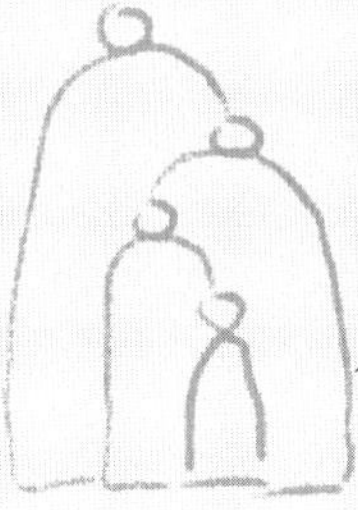

習慣 2

子供とその子供のために

——あなたの孫の孫は、
あなたと一緒に働きたいと
思うだろうか

Habit 2

Do it for the kids' kids

1

２００９年10月18日午後（曇天）、カリフォルニア州ＮＡＳＡ研究センター。４人のエンジニア（男性２人、女性２人）がコンピューター画面をにらみながら、次に何をすべきかを考えていた。

「何が起こっているんだ？」１人のエンジニアが聞いた。

「よく見えないなあ」

「砂が詰まったんだ」もう１人が答えた。

スクリーンには細かい砂でいっぱいの穴が映っていた。穴の上には、時代遅れのロボットのような機械が置かれている。上部にバケツ、下部にキャタピラー式の車輪、側面にベルトコンベアがついていた。

理論的には、砂をベルトコンベアで運んでバケツに入れ、キャタピラーで別の場所に移動するはずだった。しかし残念ながら、車輪は動かず、マシンは立ち往生してしまった。

故障した機器と格闘していたのは、このエンジニアたちだけではなかった。彼らのマシンは、全米の大学生が毎年参加するＮＡＳＡ主催の技術大会「月面掘削ロボットコンテスト」に出場した多くのマシンのひとつに過ぎない。賞金50万ドルのこの大会には、毎年何百人もの選手が挑戦している。[1]

「これは困難な挑戦です」とNASAのあるエンジニアは説明する。「各チームは、幅1・2メートル以下、重さ90キログラム以下の、月へ送ることができるサイズの機械を作らなければならない。加えて30分以内に136キログラムの砂を移動できる速さであること。また、月で使用することを想定しているため、リモコンカメラを使用した遠隔操作、操作と機械の実働の間には2秒のタイムラグがある」

こうした複合的な条件のせいで、3年以上にわたってこの課題を克服しようとしたチームは、いずれもあきらめざるを得なかった。

最新の挑戦は、かつてNASAのエンジニアも経験した泥沼にはまっていた。砂が車輪につまってしまったのだ。この砂を取り除くには、学生のロボットが前後に細かく動く必要がある。しかし、彼らのロボットにそれができるようには見えなかった。

だが、学生たちは深呼吸をして、もう一度トライした。今度はロボットが動いた。その後の20分間で、270キログラムの砂を運ぶことができた。この学生たちは50万ドルの賞金を手にしたのである。

毎年開催されるNASAのコンテストは、遊びのように聞こえるかもしれない。しかし、これには2つの重大な目的がある。

ひとつには、クラウドソーシングを効果的に活用して優秀な頭脳を集め、課題を解決することだ。過去20年間にNASAは、二酸化炭素を糖分に変換する装置の製造から、わずか1ガロンの燃料で、2時間で320キロメートルを飛行できる環境負荷の低い航空機、摂氏マイナス

２００度の月面で作動可能な太陽電池まで、さまざまな課題解決に成功した者に、最高２００万ドルの賞金を提供してきた。

同じく重要な２つ目の目的は、学生が卒業後にイノベーションに携わりたいと思うように刺激を与えることである。

ＮＡＳＡが対象としているのは大学生にとどまらない。

「このコンテストは、子供たちにインスピレーションを与え、成長させるためでもある」とエンジニアは言う。「幼いころに科学に夢中になり、学校で科学の勉強を続け、私たちの問題解決の手助けをしてくれるようになり、やがては私たちと一緒に働きたいと思うようになってほしい」

それゆえ、ＮＡＳＡは生徒や保護者向けにオンライン資料を提供し、学校に研究室を設置し、科学実習やインターンシップに資金を提供し、科学ロードショーを開催し、その他多くのことを行うことにしたのである。[2]

結果が物語っている。宇宙飛行士への応募者数は、２０００年の３０００人から２０２０年には1万２０００人以上と、過去20年間で4倍に増加している。それだけでなく、人材プールも多様化している。ＮＡＳＡは１９６０年代に初の非軍人宇宙飛行士を採用した。

１９７０年代には初の女性宇宙飛行士が、１９８０年代には初の非白人宇宙飛行士が誕生した。過去10年間に参加した20人の宇宙飛行士のうち、半分は女性であり、３分の１は軍出身者ではなく、5分の1は白人ではなかった。[3]

2

ほとんどの組織は、未来の同僚と関わることはない。社会で働くための準備は、すべて学校や大学で行われ、そして、必要なときに必要な人材がきちんと用意されていると考えられている。

しかし、それは百年組織センテニアルズのやり方ではない。若い世代の興味を引き、情熱を引き出し、適切なスキルを身につける手助けをしなければ、彼らがいざ仕事を選ぼうとしたときに、人材が育っていなかったり、他へ流出したりすることをセンテニアルズは知っているのだ。

ロイヤル・シェイクスピア・カンパニーのエグゼクティブ・ディレクター、キャサリン・マリオンは私にこう説明した。「次世代の育成が私たちに活力を与え、世界との関連性を保つのです。子供たちが芸術の仕事をしたがらず、私たちと一緒に仕事をしたがらなくなれば、私たちが死に絶えるのは時間の問題です[4]」

それゆえに、ロイヤル・シェイクスピア・カンパニーもNASAと同様、学校や大学とのアウトリーチ・プログラムを実施しているのである。

当然のことながら、組織は自らの活動を外部に発信し、より広い範囲での影響を目指している。しかし、学生や教師のためのサマー・プログラム、オンラインでの演技、演出、プロダクションのワークショップ、実習やインターンシップへの資金援助といった取り組みも、優秀な次世代を惹《ひ》きつけ、芸術分野でのキャリアを検討するよう説得するために欠かせないのだ[5]。同じように、オールブラックスは4歳からプレーできるリッパ・ラグビーを開発し、ブリティッシュ・サイクリングは、そのスポーツの普及のために毎年多くの大会を開催している[6]。

このような事例では、組織が未来の人材に対して理想的なビジョンや目標を持っているのは明らかだ。一方で、実際的で現実的なアプローチも重要である。将来の人材について長期的な視点に立っていない組織では、必要なときに必要な人材がいないということが起こりがちである。

元ブリティッシュ・サイクリング・パフォーマンス・ディレクターのデーブ・ブレイルスフォードはこう言う。「子供は、いつも飽きやすい。もし、あなたがその才能を伸ばし、導く手助けをしなければ、才能はいつの間にかどこかに行ってしまう[7]」

クリケットの世界は、その典型的な例を示している。1975年から1995年にかけて、西インド諸島代表のテスト・クリケットチームは、38試合中34試合に勝利した。だが、2005年11月6日、ブリスベンで行われたオーストラリアとのテストマッチでは、400ラン近い大差で敗れ、史上最悪の敗北を喫した。

一見すれば、その10年間は選手運に恵まれず、才能ある選手がいなかったと片づけられそうだ。しかし、より深く検証すれば、もっと根本的な問題があることが明らかになる。新しい選手を創出するエコシステムが崩れ、それに伴ってチームの命運も傾いていったのだ。

西インド諸島は、多くの島々でクリケット競技の長い伝統がある。１９７４年に代表入りしたヴィヴ・リチャーズは、歩き始めるや否や、２人の兄とクリケットを始めたことを語っている。「父とやり合うのが大好きだった」とリチャーズは回想する。「父は私のスポーツのヒーローだった。父はアンティグアで多くの試合に出場する地元のスターだった。時々、私たちと遊ぶためにバットを持って帰ってくれたよ[8]」

やがて、リチャーズは地元のチームでクリケットをするようになる。馬の蹄《ひづめ》の跡が残るでこぼこのピッチでプレーしたり、ビーチの濡《ぬ》れた砂の上で、友人たちとテニスボールでプレーしたりした。「当時は気づかなかったが、それが最高のトレーニングになっていたんだ」

19歳でスタートしたリチャーズのクリケット選手のキャリアは、好成績を収めることもあれば不調に苦しむこともあった。彼が技術的にも精神的にも十分なスキルを身につけたのは、イングランドに長期滞在した間のことである。最初はアルフ・ゴーバー・クリケット・スクールで学び、その後はカウンティプレーヤーとして、ゴードン・グリニッジ（１９７４年から１９９１年の間に７０００ラン）、デズモンド・ヘインズ（１９７８年から１９９４年の間に７０００ラン）、マルコム・マーシャル（１９７８年から１９９１年の間に３００ウィケット）らとともにプレーした。[9] 彼らはいずれも西インド諸島出身で、同じようにゲームを通じて出世していった。言い換えれば、リチャーズには幼少期からクリケットに親しみ、成長の過程で技術を磨くための機会が与えられるという、整った環境が用意されていたのである。

そこから状況が変わった。イングランドのクリケット協会は、イングランドの代表チームが西インド諸島に勝てないことに不満を抱き、国内のカウンティチームでプレーできる海外選手の数を2人から1人に減らす決定を下す。時期を同じくして、他の国々が、西インド諸島の優秀な才能を自国のスポーツに獲得しようと動き出した。米国の野球チームが同地域の優れた打者のスカウトを開始し、米国のバスケットボールチームは長身のボウラー（投手）を獲得し始めた。当初クリケットを考えていた多くのアスリートは、他のスポーツに移った。パトリック・ユーイングはNBAに入り、ウサイン・ボルトはスプリンターになった。[10]長年にわたって西インド諸島に貢献してきた才能のパイプラインが、ほとんど一挙に断ち切られたのである。

対照的に成功を収めたのは、ジャマイカの陸上競技チームである。長年、ジャマイカのアスリートで将来性のある選手は、陸上競技の奨学金を求めて海外、特に米国に向かう傾向があった。しかし、1990年代後半から2000年代前半にかけて、ジャマイカのコーチたちが地元のランニングクラブを2つ設立したことで、その状況は変わり始めた。1999年にはマキシマイジング・ベロシティ＆パワー、2004年にはレーサーズ・トラック・クラブが設立された。[11]その突破口となったのが、アサファ・パウエルだ。それまで米国の大学が欲しがるほどの成績は残していなかったが、ジャマイカのコーチ陣が大きな可能性を見出《みいだ》した選手の登場だった。そして2005年、パウエルは男子100メートルの世界記録を樹立した。ジャマイカ同胞の信頼を証明した瞬間である。

２００４年のオリンピックでは、ジャマイカでトレーニングを受けた選手はわずか5人だったが２００８年には12人になった。女子１００メートル決勝でジャマイカ選手が１位、２位、3位を独占し、メダル獲得数は5個から11個に増えた。

13年後の２０２１年、ジャマイカ女子チームはオリンピックで金、銀、銅を2つずつ獲得するという快挙を成し遂げた。

3

私たちは、多くの人がキャリアを決めるのは比較的遅い時期、つまり中学や大学在学中だと思いがちだ。だが、実際には、キャリア選択のルーツは、私たちの幼少期にまでさかのぼる。

１９８０年当時、シカゴ大学の研究者たちは、１２０人の成功者、つまりそれぞれ大きな展覧会に作品を出品したり、大きなイベントに出場したり、大きな賞を受賞したことのある、40人の芸術家、40人のスポーツ選手、40人の科学者の成長を研究することに決めた。本人や彼らの両親、教師をじっくりと観察し、彼らがどのように成長したのか、彼らにとって決定的な瞬間があったとすればそれは何だったのかを理解しようとした。[12]

主席研究員のベンジャミン・ブルームは、「パターンがあることは予想していたが、これほどはっきりするとは思っていなかった」と後に説明した。

背景や生まれつきの能力に関係なく、人は生来、ライフスキルの習得において4つの段階を経ることを研究者たちは発見したのである。

最初の段階である「目的を持った遊び」は、通常、子供が4歳から5歳のときに始まる。「熱心な親」(あるいは兄弟や祖父母)が一緒に遊び、スポーツや音楽、お絵画《えか》きなど、さまざまな活動を「やってごらん」とうながすことで、子供は活動を始める。大人の観点からすれば、子供たちが遊びを通じて学び、その成長をうながすという目的がある。しかし、遊びで最優先されるべきは楽しむことだ。要するに、子供はいろいろなことを試す機会を与えられ、どれが魅力的かを判断できるようになるのだ。心理学者はよく、これを「サンプリング期間」[13]と呼ぶ。

3年から5年後、もし子供がまだ以前に試した活動を楽しんで続けているなら、子供の発達は次の「遊びを通じた実践」の段階に進む。この時点で「熱心な親」は、おそらく週に2、3時間、「子供○○教室の先生」を見つけて子供に正式なトレーニングを受けさせる。子供たちの活動には、より体系的なものが導入されるようになったが、楽しむことに重点が置かれている(あるいは、置かれるべき)ことに変わりはない。

第3段階である「真剣な練習」は、さらに3年から5年後、子供が10歳から15歳のときに始まる。この時に、「子供○○教室の先生」は「ジュニア○○クラブのコーチ」に道を譲り、コーチは生徒を基礎から鍛え始める。トレーニングセッションはより激しく、より長くなる(週に5時間~10時間)。そして、生徒はトレーニングセッションを離れ、自分で練習することが期待されるようになる。しかし、この段階であっても、自分のコアとなる情熱に集中しながらも、さまざまな活動に挑戦したり、楽しみながら新しいスキルや知識を探求したりする生徒も珍しくない。

このコアとなる情熱が持続していると仮定すれば、生徒は13歳から20歳の間に第4の最終段階である「真剣なパフォーマンス」に進むことになる。トレーニングは週10〜20時間程度に倍増している。その生徒はおそらく大会で他の生徒と競うことになるだろう。彼または彼女には他の趣味があるかもしれないが、その趣味も主要な取り組みに比べれば、取るに足りないものだろう。16歳から20歳になる頃には、かつては遊びだったものが職業となり、ライフスタイルになっていく。[14]

これらの段階は偶然ではない。実際に、知性がどのように発達するかを正確に反映している。[15] 神経科学者によれば、私たちの脳は生後4年の間に4倍の大きさになり、その後学習が始まると、新しい結節や結合が作られるにつれて、脳内の血流は3倍になるという。その後6年間は比較的横ばいで、10歳になるとほぼ3分の1に減少する。しかし、10歳から16歳までの脳の発育速度は、それ以降のどの時期よりも2倍速い。

情熱が燃えやすく、能力も発達しやすい。脳が急速に発達する時期、つまり4歳から16歳までは、早くから熱意を植え付け、能力を身につけるべき時期なのである。

もしその時期に、情熱の芽を刺激せず、育てなければ、子供はその能力を伸ばせないか、あるいは興味を別のものに向けてしまうだろう。

これは、情熱やスキルが人生の後半に開発されることはないという意味ではない。脳は筋肉のようなもので、新しい刺激や頭の体操に反応する。しかし、未来の才能を獲得する最も確実な方法は、早い段階で才能を見出し、励まし、育てることであることに変わりはない。

もし、組織が「誰かがやってくれるはず」と考えているなら、大きなリスクを背負うことになる。運よく成長してくれるかもしれない。しかし、必要な時に求める人材が流出していたり、そもそも存在すらしていないかもしれない。[16]

4

早期の介入や奨励を他者に任せ、他者が必要な人材を供給してくれると思い込むことの危険性は、コンピューターサイエンスの分野ではっきりと示されている。現在、コンピューターサイエンスの卒業生は、需要に対して不足している。特にこの格差が大きいのは、女性の卒業生だ。[17] 卒業生の総数が不足していることも、女性卒業生の不足も、深刻な影響を及ぼしている。

卒業生総数の不足は、技術革新や新しい課題への対応能力に、将来的に影響を与える可能性がある。女性卒業生が少ないと、男性によって男性のために作られた環境になってしまうため、技術の世界に歪《ゆが》みが生じる。例えば、携帯電話は女性には大きすぎて持ちにくく、アレクサは女性の声を理解するのに苦労し、医薬品や無人運転車の開発に使われるＡＩは、女性を考慮に入れて設計されていないため、人口の半数にとって危険な可能性がある。[18]

以前はこうではなかった。１９４０年代にはブレッチリー・パークで女性の暗号解読者がいたし、１９６０年代にはＮＡＳＡの女性科学者がいた。１９８５年まで、米国の大学でコンピューターサイエンスの学位を取得して卒業する学生の半数は、女性だった。しかし、パーソナル・コンピューターの登場は、激変をもたらした。

「転機は１９８４年に訪れた」とＵＣＬＡの教育研究者、ジェーン・マーゴリスは説明する。「娘ではなく息子にパソコンを買い与え、息子の部屋に置いてしまい、娘がパソコンに触れられなくなったのです[19]」

少年たちは家でコンピューターを楽しんでいたので、学校でもコンピューターで遊べるようにクラブを作った。突然、コンピューターは女子のものではなく男子のものとなり、女子の才能はすべて他へ行ってしまった。マーゴリスが指摘するように、初期のパソコンゲームや映画の多くが、明らかに少年向けだったことも原因だ。[20]

１９８５年から１９９０年にかけて、米国では女性のコンピューターサイエンス卒業生の数が１万５０００人から７０００人に半減した。それ以来、状況は改善されていない。科学を学ぶ女性の絶対数は増えたかもしれないが、相対的な数では男性に大きく後れをとっている。例えば、コンピューターよりも医療に携わる女性の方が多い。[21]

コンピューター業界にとって重要なのは、次世代のコンピューターサイエンティストと関わるのは、その人材が学部生レベルになってからでは遅すぎるということだ。南ユタ大学の研究者、シャリニ・ケサルによれば、「転機は13歳のときに訪れる」らしい。それより若い時は、半数がコンピューター関係の仕事に就きたいと答えている。5年後、大学でコンピューターサイエンスを学ぶことを決めた学生は、その10分の1しかいない。[22]

こうした風潮が定着しているからこそ、NASAなどは若い女性たちに早くから関心と熱意を持たせようと努力しているのだ。NASA全体で、宇宙飛行士の3分の1、エンジニアと科学者の4分の1しか女性がいないという事実[23]が、この戦略が長期にわたって維持されなければならないことを示している。過去10年間にNASAが採用した宇宙飛行士の50％、過去5年間にNASAが採用したエンジニアや科学者の50％は女性である。それに比べて、米国全土のエンジニアと科学者のうち、女性は5分の1しかいない。20年前と変わらない状況だ。[24]

将来の才能について考えるとき、その才能に接触するためには、単に既存の枠組みに合わせて人材を育てるだけでなく、より広い視野が重要だ。事実、人生の多くの分野で、例えば20年後の世界がどうなっているかはわからない。経済協力開発機構（OECD）と世界経済フォーラムは最近、今後20年間で6分の1の仕事が現在の形態のままではなくなり、半分は大きく変化すると予測している。[25]

もしそれが非現実的で心配過剰だと思うなら、1980年から2000年の間に米国の農業従事者数が半減したことを思い出そう。次の20年間で製造業の雇用数は4分の1に減少した。

製造部門の海外移転や、自動化の進展がその原因である。[26] 今度はサービス業の番だ。近い将来にはテクノロジー分野が同様の影響を受けるはずだ。つまり、これからの時代に必要なのは、現在の職務をこなすことができる人ではなく、スキルの多様性を備えた人材である。加えて、古い問題や新しい問題に対し、新しい解決策を見つけるための精神的な機敏さも求められている。[27]

　これが意味するのは、どのような分野の企業であれ、現在の業務に直接関連するスキルだけでなく、将来的にどのようなスキルが求められるかを考える必要があるということだ。

　こうした考え方は、センテニアルズにとって極めて自然なものだ。

　オールブラックスにはトレーナーが必要だが、同時に「最先端の栄養士」やスポーツカウンセラーも必要だ。ブリティッシュ・サイクリングは、競技者の成績向上に必要なスキルの中に「睡眠の専門家」が含まれていることを認識している。ＮＡＳＡは地質学者や医師を採用している。ロイヤル・カレッジ・オブ・アートは、データサイエンティストと医療専門家を募集した。中核的な仕事を担う将来の才能を見極めることは不可欠だ。しかし、現在のメンバーだけでなく、将来的に活躍する可能性のある新しい才能を見つけることも同様に重要である。

　今、未来のスタッフを探す理由はもうひとつある。さまざまな業界において、「類は友を呼ぶ」傾向、すなわち似たような特性を持つ者を求める傾向が存在する。しかし、研究では一貫して、イノベーションと集団思考は相容《あいい》れないことが明らかになっている。

　最高のアイデアは、異なる視点を持ち、異なる質問をし、互いに異なる方法で物事を見るチームから生まれる。豊かな可能性を持つ人材の集団と接触し、今から意識的に育成し、多様性を確保することが、創造的な成果を生むために不可欠である。ここでもまた、センテニアルズが道を示している。アウトリーチ・プログラムのおかげで、オールブラックスの選手の半数はマオリ系かポリネシア系になった。また、NASAの宇宙飛行士の5分の2は軍出身者ではなく、ロイヤル・カレッジ・オブ・アートの学生の3分の2は海外出身者である。[28]

5

センテニアルズではない企業でも、このような適切な人材育成の必要性と、その作業を教育機関だけに任せることのリスクに気づいているところがある。

アップルやマイクロソフトは、学生向けにレッスンやガイド、アプリを開発している。BBCは毎年作文コンクールを開催している。ペンギン・ランダムハウスは、子供たちが必要なスキルを身につけられるよう、学校に図書館を設置し、将来の才能のためのプログラムを用意している。[29] また、ケロッグ、ノードストローム、スターバックスは、インターン制度を設けている。

今すぐ行動を起こさなければ、いつかは人材が枯渇してしまうことは誰もがわかっている。[30]

このような活動を、時間とお金の無駄と考える人たちがいるのは無理もない。特に、今年いかに利益を上げるかといった、より差し迫った問題に取り組む必要がある場合はなおさらだ。

しかし、コンピューターサイエンスの問題が示すように、これは非常に近視眼的な見方であり、短期的な利益を優先することは、長期的な成長や持続可能性を損なう可能性がある。

また、若者とつながる努力をすることで、次の世代の顧客やスタッフがどのように動くかを学んだり、新製品や新しいアイデアについてコメントをもらったり、世代ごとに起こる文化的な変化をいち早く察知したりといった、直接的なメリットも無視されている。[31]

機敏な中小企業の多くが、早期のアウトリーチの利点を理解している。彼らにとっては、優秀な人材を獲得するための戦略やアプローチなのである。優秀な人材は、通常であれば有名な大企業への就職を選ぶ可能性が高いのだから。また、間違った人材を採用するリスクを減らすと同時に、組織の知名度も上げることができる。[32]

ある小規模住宅建設会社の取締役は言う。「学校の生徒に職場体験をさせることで、地域社会での当社の知名度が上がっただけでなく、当社で働きたいという子も増えました。職場で素晴らしい仕事をすれば、そのまま雇用することも珍しくありません[33]」

小さなレストランのオーナーは、地元の学校2校で無料給食を提供したことが、企業にとって有益な宣伝になっただけでなく、安定したアルバイト確保の流れを生み出したと説明する。[34]

効果的なアウトリーチ・プログラムを作るのに、さほど時間はかからない。職場体験やコンテストの企画、賞品は効果的であり、組織化も容易である。実習や新卒研修、インターンシップなど、アイデアやプロジェクトは小規模でも、有意義な結果を出すことができる。このような制度はすべて、双方向に作用する。プログラムを通じて若者は何が必要かを学び、企業は若者が何を望み、何を期待しているかを知ることができる。

なかでもコンピューター業界は、早期にコミュニケーションを確立することがいかに重要であるか、そしてそれを怠った場合のリスクがどれほど大きいかがあきらかに示されている。調査によると、高い資質と才能を持つ女性の多くが、「暗い部屋で長時間働く」のが嫌で、「仕事の後に飲みに行く」のが嫌で、「上級職に就いている他の女性をあまり見かけないので、誰に相談すればいいのか、どうすれば昇進できるのかわからない」という理由で、コンピューターサイエンスの分野でのキャリアを断念している。[35]

言い換えれば、組織の上層部が、自社の潜在的な人材がどのようなモチベーションを抱いているのか、理解を深められていない、またはその必要性を感じていないのである。その結果、組織にとって恐ろしいほどの無駄が生じる。「Girls Who Code」のCEO、タリカ・バレットは次のように語る。「女性が大学でコンピューターサイエンスを学ぶことを決心したとしても、実際にテクノロジー業界で働くことを選ぶ卒業生は3分の1に過ぎないし、さらに、入社後1年以上そこにとどまるのは、そのうちの半数だけです」[36]

5年前、アップル、フェイスブック、グーグルのエンジニアのうち女性は5分の1しかいなかった。現在でも4分の1に過ぎない。[37] そのため、コンピューター部門が利用しているのは、才能ある人材の一部であり、すべてではない。

早期のアウトリーチは、このような悪しき不均衡の是正に役立つだろう。将来の専門家やリーダーの創出の面でも、早期のアウトリーチがより広範な影響力を持つのである。

6

要約すれば、センテニアルズが世界に生き続け、古びない存在であり続けるためには、次世代を巻き込む必要がある。

□今後20〜30年間に直面すると思われる問題と、その解決に必要なスキルを考える
□学校を訪問したり、オンラインを活用し、子供たちや学生がどのような問題に直面し、どのようなスキルが必要かを示す
□4歳から15歳までの子供たちには「楽しい」課題を、10歳から25歳までの若者たちには「真剣な」課題を提供する
□夏期講習やオンラインゲーム、チュートリアルを利用して、子供たちが必要なスキルを学び、教師が教える
□職業体験、見習い制度、インターンシップ、卒業制作を利用し、従業員とともに働くことを奨励する
□子供たちや学生に、職場の再設計を手伝ってもらう
□できるだけ多くの子供たちと協力し、必要なスキルを身につけさせる

習慣 3

強固な基盤を持つ

——一度きりの機会を最大限に活かす

Habit 3　Have strong roots

1

新入生がイートン校に到着すると、ハウス（寮）が割り当てられる。

これから5年間、彼らはさまざまな授業や活動、集会に行くために校内を縦横無尽に走り回るが、このハウスは常に彼らの存在の中心となる「ホーム」であり、彼らと同寮の50人の少年たちは毎日、食べたり、飲んだり、たむろしたりするために必ずハウスに戻ってくる。彼らは毎学期の5分の1を授業に費やし、勉強する。しかし、残りのほとんどの時間はハウスの中で過ごし、気分転換したり、友達とつきあったり、周囲の人々から学んだりする。[1]

ハウスは三頭制によって管理運営されている。ハウスマスター（舎監）、生徒の健康管理をする寮母、そして生徒の学業成績に目を光らせるチューター（個人指導教師）である。しかし、最終的な責任を負うのはハウスマスターである。生徒に宿題をやらせ、生徒にふさわしいソサエティ（グループ）を薦め、人生を豊かにするような趣味をアドバイスするのも彼だ。つまり、寮生にとって非常に重要な、精神的・感情的・社会的な成長をうながす、ケアと支援を監督しているのである。

だからこそ、ハウスマスターの役割は重要であり、ハウスマスターになることは並大抵のことではない。この職務に選ばれた人は、家族とともにフルタイムでハウスに住み、何かあればすぐ対応できるように常時待機している。しかも、その役目は13年に及ぶ。入寮した新入生が高校課程を修了し、4～5年後に大学を卒業した時にも、同じハウスマスターがいる可能性があるのだ。

「ある面で、非現実的だとおもわれるかもしれません」イートン校の教育・学習ディレクター、ジョニー・ノークスは私にこう説明した。「ハウスマスターは若い人には務まりません。ある程度、経験を積んでいなければなりませんから。求められているのが13年間であっても、その期間はハウスマスターとしてのキャリアの半《なか》ばでしかありません。というのも、ハウスシステムが、社会的スキルや人格教育などの面で、生徒が受ける教育の中心的な要素だからです。ハウスは価値観が伝えられる場所であり、その教育はスタッフだけでなく、上級生によっても行われます。そして、ハウスマスターがそのプロセスの監督者なのです。だからこそ、ハウスマスターを担う人物は、単に次のキャリアへの通過点としてではなく、自分たちが働く環境をよく理解し、そのコミュニティの価値観に完全に同意し、進んでそれを引き継ぐ意志を持った人であることが絶対に不可欠なのです。彼らはコミュニティの価値観を監督し、守る人々なのですから[2]」

イートン校は長年にわたり、その社会的エリート主義が批判されてきた。卒業生の中には、物議を醸すような経歴や人生を歩んだ人物もいる。しかし、過去600年の間に、俳優、スポーツ選手、宗教指導者、科学者、小説家など、思想や行動の面で社会に大きな影響を与えた人々を、数多く輩出してきたことも忘れてはならない[3]。

イートン校はまた、多くの人が考えているより、多様性のあるコミュニティでもある。イートン校の入学者の多くは、確かに社会的に裕福な層の出身者である。だが、生徒の4分の1は、学校から経済的支援を受けており、学校が負担するコストは年間200万ポンドを超える。同校は、将来的に「ニーズ・ブラインド」として、経済的に困難な状況にある家庭に対して、教育を無償で提供しようと計画している[4]。

あるイートン校の生徒が、こんな話をしてくれた。「イートン校では本当に、いろんな人に出会います。出身地も、やっていることも、みんな違います。友達にはレバノンからの元難民がいるし、貴族もいます。イングランドのラグビー選手も友達だし、コンサートピアニストもいます。でも、みんな仲がいいし、一緒に遊びます。だって、バックグラウンドや才能って、上下をつけられるものではないですからね[5]」

イートン校の目標は、単に政府の発表する学校ランキングで上位に入るということをはるかに超越している。同校の前校長トニー・リトルによれば、重要なのは可能な限り幅広い教育を提供することであり、点数や順位ではないという。だからこそ、多様な学生を集めることが重要な目標なのである。同校は、さまざまなバックグラウンドを持つ子供らを受け入れており、幅広い興味を追究するのを期待している（同校のカリキュラムには、40の教科と50のクラブやソサエティが用意されている）。

その中心にいるのがハウスマスターである。ハウスマスターは、学校の理念を体現し、生徒が勉学に励み、自信にあふれ、熱意と寛容の精神を持つよう働きかける。そして、生徒たちは卒業後、社会にポジティブな影響を与えられる人材となるのだ。

ハウスマスターの仕事は長期にわたる。各ハウスマスターは、その役割を担う前に少なくとも20年の経験を積んでいなければならない。さらに、その後は10年以上にわたり、その役割を果たさなければならない。長期にわたる従事という面で、子育てや医療といった、長期のケアを伴う経験と、驚くほど似通っているといえる。養育したり、価値観を育《はぐく》んだり、次世代を教育したりすることは、すべてが時間がかかるとともに、時間をかける必要があるプロセスなのである。

2

多くの組織は、1人の人間が長期間、同じ職にとどまる戦略は賢明ではないと考えるだろう。在職が長い人は、継続性を提供するかもしれないが、安定を重視するあまり、変化を受け入れられず、敵視するリスクがある、と反対する人もいる。

その考えには一理ある。「革新を受け入れるか、受け入れずに死を選ぶのか」は、すべての組織にとって重要な信条である。前進し続け、変化する世界に適応していかなければ、取り残されてしまう。だからこそ、どの組織にも、反抗期の10代のように指示されたことすべてに疑問を持ち、挑戦する「破壊的イノベーター」が必要なのだ。

しかし、彼らが「破壊的」であるという事実そのものが、彼らにも指導が必要だということを意味している。革新的な思考は、しばしば文脈や意味の理解を犠牲にすることがある。破壊は革新につながるかもしれない。しかし、指導がなければ、組織から自分たちが何者なのか、なぜ、どのようにして成功したのかという記憶が抜け落ちてしまい、最悪の場合には崩壊につながりかねない。

エンロンのCEOジェフリー・スキリングは、間違いなく究極の破壊者であった。スキリングは、ハーバード大学MBA（首席）とマッキンゼーの経歴（マッキンゼー史上最年少のパートナー）を持ち、創業からわずか5年目のエンロンに入社した。

着任早々、彼は会社に激震をもたらした。最初に行ったのは「タレントマネジメント・プログラム」の立ち上げである。これは、マッキンゼーのモデルに基づいて、毎年何百人ものMBA学生を新卒で採用し、既存のエンロンのビジネスモデルを全面的に再検討させた。

続いて彼は「ランク・アンド・ヤンク」という管理プロセスを導入した。これは、顧客、部下、マネージャー、同僚からのフィードバックを基に、毎年上位10％の社員を昇進させ、下位25％の社員を解雇するというものだった。[6] スキリングはこう説明する。「同じ場所に座って、退屈してほしくない。流動的な動きは、わが社にとって非常に重要なことだ。その流動的な動きを加速させるような人々を私たちは雇いたい」[7]

スキリングはさらに、企業が異なるビジネス部門間での競争を促進するために、「人材争奪戦」

を導入した。これもまたマッキンゼーのアイデアで、個人の能力に基づいた報酬制度や引き抜きの奨励を導入することで、優秀な人材を確保しようとする戦略である（エンロンが２０００年に新しいブロードバンド事業を立ち上げたとき、トップ１００のパフォーマーのうち50人以上を１週間足らずで他の事業所から移籍させた）[8]。

新規事業の立ち上げを奨励するため、ボーナスは株価と収益に連動していた。スキリング自身の役割は数年ごとに変わった。このような社内の変化の中で、スキリングは同社を絶えず新製品を発表し、新市場に進出するエキサイティングな新事業へと変貌《へんぼう》させた。

しばらくの間、この方式はうまくいっているように見えた。売上高は、スキリングが社長に就任してからの5年間で倍増し、その後の5年間で10倍になった。[9] マスコミはスキリングに夢中になった。『ビジネスウィーク』誌はスキリングを米国の「トップマネージャーの１人」と評価した。『フォーチュン』誌は、「エンロンはこの国で最も革新的な企業」だと賞賛した。当時、ある記者は次のように書いている。「大企業主催のパーティーのディナーダンスを想像してほしい。ガイ・ロンバルドと正装したオーケストラの退屈な音楽に合わせて、老人とその妻たちが、生気なく、足を引きずるように踊っている。そこに突然、若いエルビスが、ゴールドラメのスーツ、ピカピカのギターで、腰をくねらせ、天窓を突き破って降臨してくるところを。堅実で保守的、規制でがんじがらめの公共事業やエネルギー業界の世界に、エンロンはエルビスさながらに登場したのだ[10]」

しかし、この混乱には代償が必要だった。後に、取締役の１人はこう説明する。「カオスの文化が生まれた。ボーナスをもらって昇進すると、次のステップに進むために、６カ月で具体的な成果の出ないようなプロジェクトに取り組もうとしなくなった」[11]。長く勤めてきた信頼できるスタッフに敬意が払われることはなく、むしろ、そのようなスタッフは嫌われていた。新しい人々や新しいアイデアを導く集合的な記憶もなかった。そして、古いビジネスのやり方が捨て去られ、個人の野心が支配するようになると、エンロンの舵《かじ》を取る者はいなくなり、間違った方向にどんどん進み始めた。

スキリングが同社に入社してから12年後の２００２年、同社が疑わしい事業や投資に手を出した挙句に崩壊したことは、広く知られることとなった。エンロンが採用していた将来の利益を現在の収益として計上するという手法は、巨大な石油やガスプロジェクトでは標準的な手法ではあったが、エンロンのような企業にとっては高リスクな戦略だった。その結果、かつてビジネス界の寵児《ちょうじ》であったスキリングは、４５００万ドルの罰金と、ホワイトカラー犯罪者に下された刑としては史上２番目に重い、懲役24年を言い渡され失脚した。

3

百年組織センテニアルズは、２つの異なる役割の間で慎重なバランスを取っている。イノベーションと変化に不可欠な「破壊的イノベーター」(常に疑問を投げかけ、挑戦し、物事を前に進めようとする人々)と、組織の文化の最良の部分を保持し、軌道を外れないようにする「安定したスチュワード」(組織の保護者)という役割である。

組織の3分の1から3分の2を占めるのが、「破壊的イノベーター」である。組織は彼らが最高の成果を発揮できるよう、さまざまな役割を持たせたり、異なるプロジェクトに参加させたりする。

例えば、ブリティッシュ・サイクリングの栄養士、心理学者、科学者は、他の2つのオリンピックチームと同時に仕事をしている。NASAの生物学者、エンジニア、気象学者は皆、同時に少なくとも3つのプログラムに取り組んでおり、そのうちのいくつかは外部の組織と協力している場合もある(これについては習慣7で後述する)。

「安定したスチュワード」は一般的に、チームが50人から70人で構成されるような大きな組織の4分の1を占める(残りの10分の1から2分の1は、物事を成し遂げる「有能な実行者」である)。彼らはフルタイムで組織のために働き、組織全体に広がっている。オールブラックスのCEOが長期間にわたってその役割を果たしているように、コーチの在任も長期に及ぶだろうし、おそらく長期間在籍している選手もいるだろう。

王立音楽院では、校長、学科長、音楽講師など、長年にわたってこの教育機関に貢献してくれる人材を求めていた。そのような安定したスチュワードは、きまって控えめで謙虚、自分が成し遂げたことよりも、見逃してしまったかもしれないことを気にしている。彼らの関心は今ここにあるものよりも、後に残るものにある。

ロイヤル・シェイクスピア・カンパニーのエグゼクティブ・ディレクター、キャサリン・マリオンは、彼女の立場を私にこう説明した。「この役を引き受けるのは、大切な花瓶を手渡され、それを手に持ってスケートリンクを歩くように言われるに等しいものでした。私の仕事は、それを大切に運び、安全に保管し、次の人にそっと渡すことです。そして、それは決して忘れられない感覚でした[12]」

近年、企業はこのような人材の重要性を軽視してきた。特にCEOをはじめとする経営層は、常に「新しいもの」を追い求める傾向がある。20年前には、米国のトップ500企業の平均的なCEOの在任期間は少なくとも10年だったが、現在では5年に過ぎない。この変化の背景には、利益と株主価値の向上が重視されてきたことがある。その結果、CEOの給与は過去40年間で20倍になり、毎年平均1900万ドルになった。これは、彼らが管理する従業員の平均給与の300倍に相当する。[13]

しかし、彼らに課されるプレッシャーも指数関数的に大きくなっている。多くのCEOは与えられた野心的な目標を達成できず、在職期間もそれに応じて短くなるのだ。2019年に失職した米国のCEOは1600人を超え、この数字も過去20年間で倍増している。[14]

こうした状況を擁護する人々は、このようなCEOが率いる企業の市場価値が過去40年間で20倍になったと指摘する。目的は手段を正当化すると言いたいのだ。[15] しかし、もう少し詳しく見てみると、高い報酬を受け取る経営者の目まぐるしい交代と、利益と株主価値との間にそこまで大きな相関関係があるかどうかは、見かけほど確かなものではない。

ハーバード大学は毎年、世界の大企業1200社のCEOの業績を調査している。利益、顧客サービス、二酸化炭素排出量など、あらゆる尺度で企業がどのような業績を上げたかを綿密に調査する。[16] もし通説を信じるなら、最も高い業績を上げている企業は、イノベーションを最大化し、自己満足や業績不振に陥らないようにするために、CEOを常に入れ替えたり、辞めさせたりしている企業になるだろう。しかし、ハーバード大学はその逆を実証している。ハーバード大学が毎年選出するトップ100人のCEOのうち、80%が組織内出身者であり、また80%が少なくとも10年以上現職に就いていることが判明している。

さらに、過去6年にわたって、「最も成功したCEO」リストに名を連ねている6人に着目すると、まず驚くべきは、彼らの平均在任期間が10年をはるかに超えていることだ。そして第2に、1人をのぞく全員が、創業者か、または社内で昇進した経営者であることだ。確かに、再校経営者層には一定の流動性があり、ハーバード大学が毎年発表するトップリーダーの約3分の1は、引退や辞任、あるいは業績不振により交代しているが、それでもなお、組織における驚くべき「継続性」が明確に見て取れる。以下に述べる名前と数字を見れば、そのことは明らかだろう。アマゾンのジェフ・ベゾス（在任26年）、コンセッソンエス・ロドビアリアのレナート・アウヴェス・ヴァーレ（同23年）、テナリスのパオロ・ロッカ（同20年）、アメリカン・タワーのジェームズ・テイクレット（同19年）、インディテックスのパブロ・イスラ（同17年）などだ。

逆に、データが示すのは、個々のCEOの在任期間が短ければ短いほど、彼らが率いる企業の寿命も短いことである。[17] 確かに、成功していない企業ほど業績不振のCEOを排除する必要があるからだという見方もできる（実際、苦境にある企業の多くは、最終的に没落するまでに少なくとも3人のCEOを経験する）。しかし現実には、CEOがしばしば退任した場合、交代による「継続性の欠如」こそが、問題を引き起こす。そして、複数のCEOが代わる代わる在任することにより、彼らの多くは企業の利益や長期的な成功よりも、自身のキャリアや報酬に重きを置くことになる。結果として、彼らは企業の基盤を弱体化させることになるのだ。

こういうCEOらはみずからの役割を、前進し続ける破壊的イノベーターだと考えている。必要に応じて変化を導くが、根本的には継続性を確保する安定したスチュワードとはみなさないのだ。

スポーツの世界にも興味深い類似点がある。２００７年10月6日、ラグビーワールドカップ準々決勝で、ニュージーランド代表はフランスを相手に20－18で敗退した。この敗戦は、ニュージーランド代表がワールドカップで準決勝に進出できなかった唯一の試合となり、ワールドカップ史上最悪の成績となった。[18]

事後分析では、なぜチームがあれほどひどい結果に終わったのか、諸説が入り乱れた。傲慢《ごうまん》で自己満足的で、フランスにはその年にすでに2度勝っているのだから簡単に勝てるだろうと安易に考えすぎたという意見もあった。選手選考を誤り、試合前に休ませすぎたため、試合には十分に対応できていない選手を当日に編成してしまったという見方もある。また、トライを取ることにこだわりすぎ、相手のペナルティの機会を活《い》かせなかったと、戦術の誤りを主張する者もいた。

しかし、2カ月にわたる議論と話し合いの末、オールブラックスは異なる結論に達した。敗因は、チームを導き、プレッシャーがかかったときに何をすべきかを知る、安定したスチュワードシップ(チームを保護し監督する技量)が欠けていたからだと彼らは判断した。

それ以前の20年間は、他国の出場チームと同様、４年ごとのワールドカップが終わるたび、ヘッドコーチが交代していた。また、アシスタントコーチが機能していないと感じれば、わずか2年で交代させることもあった。だが、議論の結果、彼らはこの戦略自体が機能していないことに気づいたのである。４年ごとにリーダーが替われば、チーム全体で共有する集合的記憶が構築できない。ワールドカップで学んだ教訓を、次のワールドカップで生かすことができなくなり、必要な学びを蓄積する時間も不足する。

フランス戦の惨状を見れば、オールブラックスは、ヘッドコーチを解任したくなったに違いない。だが、彼らはそうしなかった。彼らはこのヘッドコーチに忠誠心を持ち続けた。そしてその結果、ニュージーランド・ラグビーは黄金時代を迎えた。

２００７年ワールドカップ以前の10年間、オールブラックスの勝率は80%だった。しかし、その後の10年間で、彼らの勝率は90%に上り、対戦相手の2倍の得点をあげ、２０１１年と

2015年で優勝。ワールドカップで連覇した最初の国になった。グレアム・ヘンリーヘッドコーチは2003年から2011年まで8年間在任した。その後、ヘンリーはアシスタントコーチのスティーブ・ハンセンにその席を譲った。ハンセンは2012年から2019年まで、さらに7年間ヘッドコーチとして在任した。[19]

ニュージーランドモデルは、他のナショナルチームに広く採用されているわけではない。しかし、そのモデルを採用している国が成功する傾向が高いことも確かだ。ラグビーの世界では、その実例をいくつも目にすることができる。

コーチ陣が少なくとも6年以上チームを指導している場合、そのチームがワールドカップで勝つ可能性が高い。そして、成功したチームの特徴として、選手の約4分の1が少なくとも8年間チームに在籍していることが挙げられる。当然の結果として、安定したスチュワードシップと安定したメンバー構成が相互に関連しているのだ。新しい才能は常に必要だが、世界で成功を収めるためには継続性も求められる。[20]

4

スチュワードシップを安定させたい組織は、3つの重要な質問に取り組む必要がある。安定したスチュワードになるための知識と影響力を持つ人物は誰か。その人たちをどのように維持するか。そして、どうすれば明日のスチュワードを生み出すことができるのか。

ここで最も重要なことは、すべてのスチュワードが、組織のトップに座るわけではないということだ。実際、重要なスチュワードは、おそらく組織の上層部から、2ないし3階層下の位置にいることが多い。彼らは必ずしも管理職や上級専門職ではない。その代わり、組織の業務内容や運営方法、基本的な信条や行動様式を深く理解した、非常に有能な人材だろう。彼らは昇進を切望しない人たちである可能性が高い。なぜなら、彼らはやりたい仕事をしており、必要な影響力をすでに持っていることを知っているからだ。

イートン校のハウスマスター、オールブラックスやブリティッシュ・サイクリングのコーチや上級選手、NASAやロイヤル・シェイクスピア・カンパニーのディレクターや上級専門職、王立音楽院やロイヤル・カレッジ・オブ・アートの学科長などが、その好例である。企業の中のスチュワードは、ひとつの部署に長く勤めているメンバーかもしれないし、フロントの受付係かもしれない。従業員を毎朝迎える彼らが、毎日の雰囲気を決める役割を担っているのだ。

あらゆるデータから、組織のスタッフの約4分の1がスチュワードになる必要があると示唆されている。彼らはその組織の親であり、軍隊で言えば曹長のような、つまり外部から任命されるのではなく内部たたき上げの下士官なのである。

興味深いことに、スチュワードシップの考え方が、英国陸軍や他の成功した軍隊において重要な役割を果たしている。英国陸軍の軍曹はその屋台骨なのである。彼らは10年以上従軍しており、軍人のおよそ4分の1を占める。すなわち、300人の大隊に70人、50人の小隊に12人、5人の分隊に1人となる。[21]

適切なスチュワードを配置した上で、そのスチュワードを今後10年間も確保するにはどうすればいいのだろうか。

「親」になぞらえて考えてみよう。親が何年もかけて子供を育てるのは、報酬や昇進を望んでいるからではなく、子育てが価値ある行為だと感じているからだ。その目的意識が、彼らの原動力となっている。同時に、子供の成長とともに自分の役割も常に変化し、毎日が新たな挑戦や乗り越えるべき障害をもたらすことも知っている。

同じように、スチュワードは自分の仕事が重要であり、常に進化していくという自信を持つ必要がある。例えば、イートン校のハウスマスターは、毎年、新しく雇用されたスタッフや外部講師など何十人もの専門家と仕事をする。彼らが責任を持つ生徒の層も、新しい生徒が入学してきたり、18歳の生徒が卒業したりと常に変化している。基本的な役割は変わらなくても、人、課題、アイデアは常に変化している。学期中は朝7時から夜11時までと長時間働く（1年の3分の1を占める）が、学校休暇があるので、充電したり他のことに興味を持ったり、もちろん次の学期の準備をしたりすることができる。

オールブラックスのコーチも似たようなものだ。ここでもまた、スポーツ界内外を問わず、世界各地から集まった外部の専門家と協力することになる。しばらくチームに在籍している選手との継続性と、フレッシュな才能による変化の刺激を経験することになる。

試合期間中コーチたちは驚くほどハードに働くが、6カ月の休養期間があり、他のことに興味を持つことができる。NASAの科学者、ロイヤル・カレッジ・オブ・アートの講師、ロイヤル・シェイクスピア・カンパニーのディレクターも同様だ。

多くの組織は、このような「スチュワードによる管理」というアプローチに難色を示すかもしれない。役割を限定的にとらえるのではなく、柔軟性を持たせることは非効率的であるとする見解や、外部の専門家を招いてスチュワードに良い刺激を与え、インスピレーションを与えるなんて非現実的だという意見、定期的に休みを与えるなど財政的に不可能だという主張なども巻き起こるだろう。

しかし、いずれも誤った考え方だ。柔軟性の欠如は退屈につながる。従業員の意欲を維持することに関心がないと、最終的に創造性と生産性の低下につながる。また、時間管理を厳しくすることは、燃え尽き症候群やストレスにつながる。

このほかにも、組織がスチュワードに刺激を与え続ける方法はたくさんあり、事実、センテニアルズは当然のことのようにそれを行っている。例えば、別のプロジェクトに一時的に出向させたり、情熱を注げる別のことに取り組む時間を与えることで日常のルーティンを中断させる、細かな管理ではなく柔軟性を与える、などである。これらすべてのアプローチが、勤続年数が長く優秀なスタッフの意欲をそがず、彼らを維持できるかそれとも失ってしまうかの分かれ道となる。

理想を言えば、勤続年数の長いスチュワードはすでに組織の中にいるはずだ。必要なのは、それが誰かを特定し、彼らが継続的に関与できるように、彼らの役割を適切に設計することである。しかし、外部から新しい人材を求める必要も出てくるだろう（ハーバード選出のトップ100のCEOのうち20％が他社出身者であるように）。しかし、この人探しはかなり慎重に行わなければならない。スチュワードが高い成果を発揮するためには、他の場所での高い持続力と能力を実証する必要がある。

例えば、ロイヤル・カレッジ・オブ・アートが2009年に新しい副学長を探した際、ポール・トンプソンを起用したのはそのためだ。学者であり、キュレーターであり、研究者でもある彼は、ニューヨークのスミソニアン・デザイン・ミュージアムの館長を8年、ロンドンのデザイン・ミュージアムの館長を8年務め、その間にロイヤル・カレッジ・オブ・アートと組んで数々のプロジェクトを進めてきた。技術的には部外者かもしれないが、彼はこの分野を知り尽くしており、新しい施設についての予備知識もあった。[22]

最終的には、もちろん、どのようなスチュワードシップにも終わりが来るが、その時には新しい才能が控えていることが重要である。

イートン校には通常、少なくとも2人のエグゼクティブリーダーと、4人のハウスマスターが常駐している（通常はその半分の人数で役割を果たす必要がある）。ロイヤル・カレッジ・オブ・アートには通常、上級役員1名とプログラム責任者4名が控えている。これは、センテニアルズ全体でも同じようなものだ。平均的なスチュワードの任期は10年から15年で、その代わりとなる人物が少なくとも1人はいる。

そして、新しいスチュワードの20％は外部からやってくるため、定期的に補充が必要になる役割の候補者を、常に探し続けることが不可欠となる。ロイヤル・カレッジ・オブ・アートのトンプソンは言う。「しかし、新しい候補者が現れるのをじっと待っているわけではありません。幅広い専門知識を集めて、何が起こるか見てみようとします[23]」

「彼らは私を説得するのに5年もかかりました」と言うのは、同校のファッション・プログラムの責任者であるゾーイ・ブローチである。「私は自分のファッションレーベルの経営で忙しく、教えるのに時間を割きたくなかったからです。でも、ここに来てみて、今ではここに居る自分が大好きです[24]」

イートン校の現在の演劇部門の責任者も、ロイヤル・シェイクスピア・カンパニーで働いていたときに、突然連絡を受けたと語っている。「それまで教職に就くなんて考えたこともありませんでした。しかし、彼らは私の中に、自分では気がつかないでいた何かを見つけてくれたのです。そして、部門を設立し、次世代に何かを残し、多くの人生に影響を与える機会を得ることは、抵抗するにはあまりにも難しいことでした[25]」

5

要約すれば、センテニアルズは次のように安定したスチュワードを活用する。

□組織を50~70人のコミュニティに分け、各コミュニティの4分の1を安定したスチュワードにする
□スチュワードに重要で興味深い役割を持たせ、少なくとも10年間は勤め続けられるようにする
□少なくとも2年分の将来のスチュワードをいつでも待機させることで、継続性を保証する
□将来のスチュワードの80%を組織から採用し、必要に応じて20%を外部から採用する

習慣 4

ギャップを作らない

——世代を超える継続性を

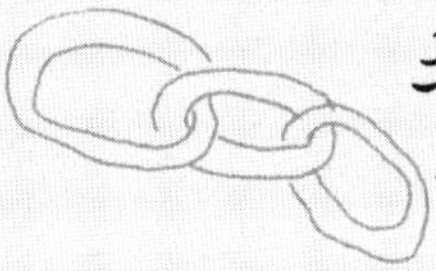

Habit 4

Mind the gap

1

2015年ラグビーワールドカップの決勝戦、オールブラックスはオーストラリアと対戦していた。残り15分で18点差をつけ、完全に主導権を握っているように見えた。しかし、フルバックにイエローカードが出て10分間退場となり、崩壊が始まった。恐ろしいほどの速さで、オーストラリアは14点を取り、ゲームの支配権を完全に握ったかのように見えた。

オールブラックスは迅速な選択を迫られた。ここまでの戦術を貫くべきか、それとも別の戦術を試すべきか。

「どう思う?」オールブラックスの司令塔、スタンドオフのダン・カーターがキャプテンのリッチー・マコウに尋ねた。「ロングキックでテリトリーを狙うべきか、それともショートキックで相手のターンオーバーを狙うか?」「ショートだ」マコウは答えた。「相手はショートが来るとは思ってない。流れが変えられる」オールブラックスは戦術を変えて攻撃に転じ、オーストラリアに再びプレッシャーをかけた。試合終了のホイッスルが鳴ったとき、ニュージーランドは17点差をつけ、ラグビー史上初のワールドカップ連覇を達成した。

オールブラックスは突然の戦術変更を行い、それによって試合を優位に進めた。しかし、その戦術変更は、破れかぶれで試した起死回生の策ではなかった。この戦術は、時間をかけて練り上げられ、過去の成功体験――直前の南アフリカとの準決勝や、4年前のワールドカップのフランスとのグループリーグ戦――を踏まえたものだった。言い換えれば、それはチームが磨いてきた一連の戦術の一部であり、必要なときに非常に効率的に繰り出すことができたのである。

なぜこのようなことが難なくできたのか、その理由はおそらく2つある。1つは、チームに新しい才能と長年の経験がうまくミックスされていたことだ。

マコウ自身は4度目のワールドカップに出場し、チームには10年以上在籍していた（チームメイトの4分の1がそうだった）。4分の1は2度目のワールドカップだった。そして半数は、初めてワールドカップに出場する新人だった。言い換えれば、若い才能だけでなく、長年の記憶を頼りにチームを前進させることができる安定したスチュワードたちがいたのである。

2つ目の要因は、第一の要因と関連しつつも微妙に異なっている。オールブラックスは世界最高のチームを作るために、キャリアのさまざまな段階にある選手で構成されていた。彼らが、現在のキャプテンの下で学び、将来のキャプテン候補が自然に育ち、次の世代につなげるような環境を作ってきたのだ。

マコウ自身もタナ・ウマガから学び、その知識をキーラン・リードに伝えた。リードは、オールブラックスが連覇を達成した決勝戦でプレーしていたが、それは彼にとって2度目のワールドカップだった。翌年キャプテンを引き受けたリードは、やがてサム・ケイン（彼も初出場選手として、この決勝戦でプレーしていた）にバトンを渡すことになる。ケインがキャプテンを務めるのは、2度のワールドカップを経験した後の2020年のことだった。2015年、マコウがオーストラリア戦での勝利をつかみとったあの日、オールブラックスは「次は誰か？」という厄介な問題の答えを出していたのだ。

2

組織はしばしば「後継者育成計画」なるものを立案するが、多くは内実を伴わず、真剣に取り組まれることもない。概してトップが交代すると、できるだけ早く前体制を組織から離れさせたい新しいリーダーは、古い体制を一掃し、自分の仲間を引き入れようと躍起になる。一般的な引き継ぎでさえ形式的に行われるだけだ。例えば、米国での最近の調査では、現職のCEOのうち、後任が任命された後も組織に残る人は、3分の1だけであることが示された。

しかし、問題はここからだ。同調査によると、新任CEOの3分の2は外部からの人材であるため、リーダーシップに急激な混乱が生じる。そして、その混乱は大きなリスクを伴う。そのようなリスクは、企業が危機的状況にあり、根本的な変革が必要な場合には受け入れられるかもしれない。しかし、これまで安定していた、あるいは繁栄していた企業にとって、混乱は完全に悪影響を及ぼす恐れがある。[2]

このことを念頭に置いて、またしてもスポーツの世界から価値ある教訓を引き出してみよう。今度はサッカーだ。オールブラックスの事例が計算された引き継ぎの知恵を示しているとすれば、マンチェスター・ユナイテッドの２０００年代前半の惨状は、突然の解任のリスクを示している。

アレックス・ファーガソン監督の下、マンチェスター・ユナイテッドは驚異的な成功を収めていた。負けず嫌いで一本気のファーガソンがクラブに着任したのは１９８６年のことだった。ファーガソンは、問題解決に対する詳細なアプローチを通じて、素晴らしい成果を上げることになる。クラブに入った当初から、何がうまくいき、何がうまくいかなかったのかを知るために、他の人々の経験を聞くことに時間をかけようと考えていたのだ（「最初の5日間でファーガソンと話した回数の方が、前の監督だったロン・アトキンソンとこの5年間で話した回数よりも多かった」と、あるコーチは後に回想している）[3]。

ファーガソンが起こした変革のいくつかは、シンプルで実践的なものだった。例えば、彼はチームの食生活を改善した（オートミールと野菜の効果を強調した）。ハードなトレーニングをさせ、開始時間に対しては、前任者の厳格さに欠ける管理体制を廃止し、毎朝9時半にクラブに到着するようにした。また、移動時は上着とネクタイの着用を義務づけ、チームの誇りと結束力を高めようとした。

しかし、彼の改革はさらに深いものだった。将来の選手を確保するという決意のもと、ユースチームの選手を指導するコーチの数を2倍に増やし、他クラブから新しい才能を発掘して連れてくるスカウトの数も3倍に増やした。改革を通じて選手も上達し、成績も向上した。

ファーガソンは次のように述べている。「ユナイテッドでは選手に求められているものが違う。高い期待が寄せられる反面、厳しい批判にもさらされる。成功したければ、特別なタイプの選手、特別な性格の選手が必要だ」[4]

同時に、ファーガソンは注意深く、大事なものまで一緒に捨てることのないように努めた。多くの指導者が抱きがちな、ゼロからのスタートという誘惑に負けず、彼は4分の1の古参選手を残した。1981年から1994年までクラブでプレーしたブライアン・ロブソンや、1995年まで15年間在籍したマーク・ヒューズなどである。

ファーガソンはまた、スチュワードシップの継承のために世代間の重なりを意識して、慎重にシステムを導入した。未来のスターを探すためには、自ら輝くだけでなく、クラブが繁栄し続けるために必要な継続性の提供を重視した。1992年から2011年まで19年間プレーしたガリー・ネビル、2005年まで12年間プレーしたロイ・キーン。これらの選手以外にも、ダレン・フレッチャー（2003―15年）やウェイン・ルーニー（2004―17年）といった、スチュワードの世代を生み出した。

こうして20年間で4世代のスチュワードが互いに重なり合いながら、その知見や技量、チームスピリットを次の世代に伝えたのである。5年から10年でリーダーシップが引き継がれていき、常に新しい層が加わりながらより強化されていった。このリーダーシップの重なりが、選手やコーチの集合知とマンチェスター・ユナイテッドでの経験を促進させ、1986年には

100年の蓄積が、1992年には150年、1999年には200年、そして2010年には300年と増えていった。[5]

ファーガソンのアプローチの成功は、すぐにチームの優勝回数に反映された。ファーガソン就任前の20年間、ユナイテッドはリーグ優勝を経験しておらず、彼が在籍した最初の6年間は優勝を逃したものの、1993年から2013年までの間に13回優勝し、それ以外の年はすべて2位か3位だった。

その後、アレックス・ファーガソンが退任し、デイビッド・モイーズがその後任となった。モイーズは、ファーガソンが積み重ねてきたものをほとんどすべてくつがえした。コーチ3人のやり方を古臭いとして解雇し、合計して29年分のコーチング経験と、退任したファーガソンの27年を合わせると56年にも及ぶ経験を一度に失ったのである。その穴を埋めたのは、モイーズが以前監督《かんとく》をしたエヴァートンで一緒に仕事をしていたコーチ達である。彼らはユナイテッドでの経験はなかった（エヴァートンでも彼らの指導が成功を収めていたわけではない。リーグ戦では半分の試合に敗れ、5位以上になったことは数回しかなかった。モイーズがこの布陣でうまくいくと考えた理由は、慣れ親しんだ顔ぶれで固めようとしたこと以外には考えにくい）[6]。

サッカー界全体で選手の移籍やチームの再編成が進んでいた。モイーズは既存メンバーの半分を処分し、その過程でユナイテッドの経験値40年分を失った。モイーズが引き留めたチームのスチュワードのうち、4人の選手はそれぞれ10年の経験を持っていたが、新しい環境に不満を感じ、その後1年半で去っていくことになる。全体として、クラブ内の「ユナイテッドでの経験」という集合知は、3年足らずで300年からおよそ150年へと半減した。[7]

ピッチの外での混乱は、ピッチでの失敗を伴っていた。モイーズが監督に就任した最初の年、ユナイテッドは試合の多くに敗れ、リーグ戦では過去20年以上で最悪の7位に終わった。2014年4月20日、彼らはエヴァートンに2－0で敗れた。これがとどめの一撃だった。その2日後モイーズは解任された。その後8年間、さらに4人の監督がユナイテッドにかつての栄光を取り戻そうと試み、そして失敗した。

あるコーチは後にこう語っている。「問題は、モイーズがチームの状況を大きく変える必要があると考えていたことだ。しかし、チームは過去7年間で5回リーグを制覇していた。彼はチームを立て直すために呼ばれたのではなく、すでに成功しているチームの成果を維持するために必要とされたのだ」

残念なことに、このことに気づけなかったのが、他でもないデイビッド・モイーズ自身だった。これは、さまざまな分野の組織にとってあまりにも身近な光景だ。

3

1878年に創設されたマンチェスター・ユナイテッドは、文字通り百年以上の歴史を持つセンテニアルである。しかし、ファーガソン退任後の数年間における大誤算は、最も成功したような組織であっても、最初に成功をもたらした戦略を見失えば、いかにつまずくのが容易かを示している。賢明で一貫性のある企業ほど、この罠《わな》を避け、祖父母、両親、ティーンエイジャーといった3世代、あるいは4世代の人材を含む多世代組織を注意深く構築している。

イートン校の教育・学習ディレクターであるジョニー・ノークスによれば、新しいハウスマスターは、就任の少なくとも4年前に入校し、古いハウスマスターが退任する2年前に新しいハウスマスターとして公表される。旧任のチューターは、引き継ぎを済ませてから少なくとも2年間は学校に残り、アドバイスやサポートを提供する。[8]

ＮＡＳＡでは、２０２１年のアルテミス計画に参加する17人の宇宙飛行士のうち、約４分の１が10年の経験を持ちつつ3回目のミッションに臨む飛行士であり、４分の１は5年以上のキャリアを持ち、２回目のミッションに臨む。興味深いことに、この比率は他のセンテニアルズの比率と同じである。

例えば、２０２０年のブリティッシュ・サイクリングの英国代表選手や、２０２２年のロイヤル・シェイクスピア・カンパニーの『マチルダ』公演のキャストやスタッフなどである。成功を計画し、才能を育てるための数学的法則を導き出すことは、実際に可能である。

基本的に、５人で成功するグループには、その成功を維持するために最低20年の集合的経験が必要である。50人の組織であれば、必要な集合的経験は２００年以上に上る。それゆえ、マンチェスター・ユナイテッドの集合的経験が１５０年を下回ったとき、彼らが再起を果たすのに苦労したのである。[9]

センテニアルズの実践的アプローチの知恵は、神経学的にも裏付けられている。研究によると、創造性や問題解決に関わる右脳的思考は、時間をかけてゆっくりと発達していくものだという。「1万時間の法則」という言い方があるが、確かに、誰もがあらゆる場面であらゆる仕事をマスターするのに、1万時間はかからないかもしれない。しかし、ほとんどの仕事、特に複雑で困難な仕事をマスターするには、少なくとも10年はかかる。[10]

その間、熟練度が増すにつれて、個人が取り組んでいる特定のタスクやスキルを完成させようとして、右脳に多くの血液が流れ込むようになる。[11] 身体能力は発達する。精神的な能力もそうだ。そして、身体的能力と精神的能力が互いに補強し合うようになり、好循環が生まれる。

この10年ルールには、いくつかの傑出した例外は確かにある。数学者、哲学者、科学者のブレーズ・パスカル、数学者のスリニヴァーサ・ラマヌジャン、作曲家のヴォルフガング・アマデウス・モーツァルトは、幼くして並外れた業績を残した神童のほんの3例にすぎない。

しかし、このような天才たちでさえ、長年にわたる徹底的な努力の末に初めて真の名人芸を身につけたのである。モーツァルトが初めて交響曲を書いたのは8歳だった。しかし、彼の最高傑作が登場するのは、少なくともその10年後のことである。アルベルト・アインシュタインが相対性理論を発表したのは26歳だったかもしれないが、彼は人生の大半を注いで科学を研究していた。才能ある作家、CEO、起業家、ノーベル賞受賞者の多くは、40代か50代になるまで真の達人になるのを待たなければならない。[12]

貴重な10年間の経験がもたらす価値については、1987年に行われた経験の浅い医学生グループと、少なくとも5年間は診療に従事していた経験を持つ医師グループの比較研究によって明らかにされている。

参加者全員が、医療記録カードと症状の簡単な説明によって32人の患者の症例を分析し、適切な治療方針を提案するよう求められた。主任研究者の1人であるパイ・ホーバスは次のように説明している。「可能な限り現実的な状況を作ろうとしました。現実でもよくあることですが、提供された情報の中には役に立たないものもあり、重要な詳細が欠けているものもありました」

各参加者にはエビデンスを調べるために1分間、診断するために1分間が与えられ、[13]そのうえで、最終的な見解に至った経緯を正確に説明するよう求められた。

研究者たちは、医師たちの診断能力は、まだ医科大学に在籍している学生たちよりも当然優れているだろうと考えていた。しかし、研究者たちが予想していなかったのは、経験を持つ医師の診断が、学生の2倍の精度を持つということだった。経験ある医師らは重要なものとそうでないものをふるい分けることに長《た》けていた。相反するように見えるエビデンスを調和させる方法を知っていた。医師らは、何度となく行う非常に困難な診断を、どのタイミングで、どのように行うべきかを理解していた。つまり、後天的で集団的な経験がなぜ重要なのかを、この研究結果は力強く示したのだ。彼らの例はまた、このような経験や知恵が、世代から世代へと確実に受け継がれるような仕組みを持たない組織が、借り物の時間の上に生きている理由を示している。

4

これまで述べてきたように、ほとんどの組織は、次世代のリーダーを見極め、彼らが将来の役割を担えるまでに成長する時間を確保することに、非常に不得手である。また、現職から適切な指導を受け、旧組織から新組織へのシームレスな流れを確保することもまれである。

これは、現在のリーダーが大物であったり、豊かなインスピレーションを持つ創業者であったりする場合に、特に問題となる。リーダーの影響力が強く、彼らが存在しない組織は考えられないため、後継者育成の問題が人々の頭に浮かぶことはないのだ。

デザイナーのクリスチャン・ディオールがその一例だ。1946年に設立したファッションハウスも、その直後に確立した「ニュールック」というスタイルも、あまりにもディオール自身と密接に関係していたため、1957年に彼が心臓発作で急死した時、後継者の計画など一切なかった。彼のビジネスパートナー、ジャック・ルエはパニックに陥り、会社を閉鎖しようとした。フランスファッション業界が閉鎖に反対すると(この時点で、ディオールブランドがフランスの輸出の5%を占めていた)、ルエは自ら日常業務の責任者となり、イヴ・サン=ローランをアーティスティック・ディレクターに任命した。しかし、混乱は続いた。当時まだ21歳で、入社してわずか2年だったサン＝ローランは、3年後に兵役に召集され、同じ新人のマルク・ボアンがすぐに後任を務めることになった。

会社は存続したが（1978年に倒産するが）、混乱の中でその先端性を失ったことは間違いない。そして、ベルナール・アルノーの39年間にわたる安定したスチュワードシップの下で、ようやくそれを取り戻したのである。[14]

このような例からも、指導者の役割を円滑に引き継ぐことができるような、組織構造を用意しなければならないのは明らかだ。

リーダーシップの引き継ぎを円滑に行うためには、適切な組織構造を整備する必要がある。しかし、留意すべき点は他にもある。

第一に、新しいリーダーが組織の成功にとって重要な、定期的な意思決定とは何かを特定することが不可欠である。さらに、リーダーの役割を引き継ぐ予定のスチュワードも、重要な意思決定を行う能力だけでなく、その方法を知るためのトレーニングが存在することも重要である。

将来のリーダーが直面する意思決定の多くは、新しい仕事の売り込み、注目されるイベントでのパフォーマンス、重要な会議の運営など、予測可能なものだからだ。一方、予測不可能な課題も存在する。例えば、有害なチームメンバーの管理、予期せぬ危機への対応、息苦しい利害関係者との交渉などである。しかし、こうした問題は、突発的に起こるかもしれないが、これまでにも形を変えて出現したことはあるはずだ。したがって、将来のリーダーが直面することになる課題の大半に備えることは十分に可能である。

第二に、現職が退任する4年前には後継者を決めておくことが重要だ。前述したように、最近の組織は目新しいものや独創的なものの魅力に惹《ひ》かれがちである。米国では過去20年間で、他社から入社する新CEOの数が（内部からの昇進とは対照的に）倍増している。[15] ある人材コンサルタント会社によれば、多くの企業は「新しい視点や異なるアイデアを取り入れることで、改革を進める」という考え方が主流になっているとのことだ。[16] しかし、平均的な米国企業の寿命が半分になったのとまったく同じ期間に、外部からの指導者の数が倍増しているという事実は、この戦略がうまくいっていないことの傍証といえるのではないか。

また、外部からの抜擢《ばってき》は、組織を危険な悪循環に陥らせる可能性がある。引き継いだ組織について俯瞰《ふかん》的な知識を持たない新しいリーダーは、期待はずれに終わる。そのため、新リーダーはすぐに別の外部の人物に取って代わられる。混乱が恒常化し、その結果、会社は苦境に立たされる。

アマゾンのアンディ・ジャシー、マイクロソフトのサティア・ナデラ、アップルのティム・クックなど、主要なリーダーたちは皆、前CEOと密接に仕事をしたことのある、長く会社に勤める従業員だった。ジャシーはジェフ・ベゾスと15年間、ナデラはスティーブ・バルマーと4年間、クックはスティーブ・ジョブズと13年間一緒に働いた。その継続性と、世代から世代へのバトンタッチへの慎重な対応が、各企業の安定と継続的な成功に不可欠だった。

最後に、適切な引き継ぎ期間とプロセスが必要である。しかし、実際にはそのような引き継ぎが行われることは少なくなっており、今後、この傾向は加速するだろう。

CEOの回転ドアが加速するにつれ、次の候補者を指導できるほど長く体制を維持できるリーダーは少なくなっている。残念なことに、こうした状況が、今日の多くの企業の上層指導部の不安定さに拍車をかけている。企業文化を説明し、組織の課題やチャンスについて話してくれる人が周囲にいないため、理解するためには多大な努力を強いられ、失敗する可能性も高くなる。新任の上層指導部の視界はますます狭《せば》められ、彼らも、彼らが経営する組織も、それに合わせて苦しむこととなる。[17]

対照的に、適切な引き継ぎ期間を設けている組織や制度は、結果としてより強固なものとなる。ハーバード大学が最近実施した世界最高のCEOに関する研究によると、90%が、自ら全責任を負う前に、少なくとも1年間は前任者のサポートを受けていた。同じように、アップルの会長だったアーサー・レビンソンはティム・クックをサポートするために残り、エリック・シュミットはスンダル・ピチャイをサポートするためにグーグルに残った。

それがすべての違いを生む。

5

要約すると、センテニアルズは入念に引き継ぎを管理する。これにより、何も失われることなく組織の継続性が保たれる。

□どのコミュニティにおいても、少なくとも常に3世代のリーダーを確保する
□5人のチームで20年、50人のコミュニティで200年の集合的経験を確保する
□新しいスチュワードを特定し、4年間でできるだけ多くの経験と責任を積ませた後に昇進させる
□80%は内部から昇進させ、20%は外部の人間を入れる
□新任スチュワードが昇進した後も、旧スチュワードに重要で興味深い仕事を与え、少なくとも2年間は組織に留《とど》まり、新任者をサポートしたいと思ってもらう

習慣　5

人前で演じる

——見知らぬ人は最高の観客

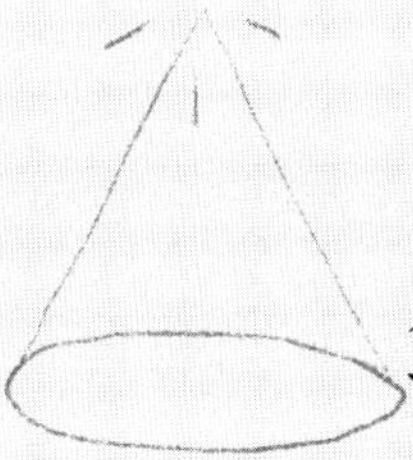

Habit 5

Perform in public

1

２００８年、米国の心理学者３人が２２０人の実験参加者に殺人事件の解明を依頼した。[1]参加者にはそれぞれ、事件現場の地図、事件の新聞記事、容疑者３人との尋問記録を配付する。その後、全員に誰が犯人だと思うかを尋ねた。

主任研究者のキャサリン・フィリップスは、次のように説明する。「参加者は、殺人事件の課題を与えられます。20分間で３人の容疑者の中から最も疑わしい人物を選び、その理由を簡潔に説明するよう求められます」[2]その後、４人ずつに分かれ、各グループはさらに20分間、事件について他のメンバーと議論する。最後に、各グループがまとまった意見を発表するのだ。

各グループは、互いに顔見知りのメンバーで構成されていた。しかし、討論時間が終わると、半分のグループには、議論に変化をつけるために「ストレンジャー（外部の人）」を参加させ、さらに15分間、討論を続けてもらった。

ストレンジャーをグループに加えてから、フィリップスはグループのメンバーに次のように言った。「Ｘさん（ストレンジャー）は前の仕事で遅くなってしまいました。ＸさんはＸＹＺ（架空のグループ）から来た人です。Ｘさんに状況を理解してもらうために、皆さんが最初に犯人として選んだ人物をＸさんに教えてあげてください。それから、Ｘさんが誰を犯人だと思うか話してもらいます。議論の時間はまだ15分残っています」[3]

結果は明白だった。話し合いをせず、独自で判断した実験参加者（インサイダー）のうち、5人に2人（40％）が正しい犯人を導き出した（偶然、正解する確率の3分の1よりは若干高いが、大きな差ではない）。グループで討論した結果も同じく、正解したのは5組のうち2組だった。しかし、グループにストレンジャーが加わると、正解は5組のうち4組と、なんと2倍になったのだ。

様々なグループ・ディスカッションのビデオ録画から、その理由はすぐに明らかになった。顔見知り同士で構成されたグループは、すぐに誰もが受け入れられる答えに落ち着く傾向があるのだ。一方、ストレンジャーが加わったグループは、証拠をより注意深く精査した。ちなみに、ストレンジャーは、自分たち以上の知識もなければ、専門知識も持っていない。しかし、外部の声が入ることで、集団思考に陥りがちな傾向を打破し、より注意深く資料を見つめ、さまざまな角度から可能性を検討し、より考え抜かれた結論に達することができるようになった。

フィリップスはこのように述べている。「正解率が上がったのは、ストレンジャーのアイデアや貢献によるものではない。むしろ、ストレンジャーが加わったことに対して、インサイダーが反応し、彼らの成績が向上したのである」[4]

この殺人事件の調査結果は、偶然の産物ではない。過去20年間に行われた数十件の調査でも、よく似た結果が得られている。ほとんど例外なく、集団はストレンジャーがいた方が良い結果を出す。[5]

心理学者のホン・ブイは、35の先行研究の結果を検討したところ、「共同作業が必要なタスクに取り組むとき、彼らは情報を共有し、率直にコミュニケーションをとる傾向が強い」と結論づけた。[6]

心理学者のサミュエル・ソマーズは、２００人の陪審員がさまざまなタイプの集団でどのように決定を下すかを観察した結果、次のように述べている。「彼らは審議時間が長く、より多くの情報を議論し、事実誤認が少ない。加えて不正確な点があれば、それも修正される可能性が高い」とのことだ。[7]

心理学者のチャールズ・ボンドは、２４１件の研究結果を検討した結果、「(ストレンジャーが)ただ存在するだけで、個人の生理機能やパフォーマンスに影響を及ぼす」と結論づけた。ストレンジャーがいれば、より良いパフォーマンスをしようという意欲と願望が生まれる――自分ならできる、と。[8]

これは必然的な結果だ。人は何かについて挑戦されると、軽いストレスを感じ、そのストレスが意識や理性をつかさどる脳の前面領域、大脳皮質を刺激する。その結果、思考はより明晰《めいせき》になり、働きが良くなる。しかし、挑戦があまりに過剰なもので脅威を感じると、扁桃体が刺激され、パニック状態に陥り焦点が定まらなくなる。つまり、効果的なディスカッションのためには、外部の意見を表明できる環境が重要であること、そしてその外部の意見が攻撃的すぎたり、他の人を黙らせたりするようなものでないことが極めて重要なのである。

挑戦とサポートの適切なバランスが達成されると、心理学者が「ピーク・パフォーマンス」

あるいは「フロー」と呼ぶものが生まれる。グループの全員が関与していると感じ、自分の能力を最大限に発揮できるよう刺激されるのだ[9]。

心理学者のスーザン・ペリーは、次のように言っている。「挑戦というのはナイフの刃の上にいるようなものです。簡単すぎるか、難しすぎるかすると、すぐに傾いてしまうし、その難易度も人によって変わります[10]。適度な挑戦であれば、積極的に関わり、取り組むことができますが、難しすぎると、達成できないことに苛立《いらだ》ちやフラストレーションを感じてやめてしまいます。ナイフの刃の上にいるときは、自分自身を忘れ、時間の流れが変わったり、止まったりするように感じるかもしれません。自分よりも大きなものの一部であるように感じることもあるでしょう。何かが自分の内側から湧き上がり、それが外に現れるという感覚を持つ人もいるでしょう。しかし、それはその人自身であり、脳の働き、脳のさまざまな部分が活性化されているのです。左脳でも右脳でもなく、脳全体であり、上層部であり、潜在意識であり、時には無意識でもあります」

神経科学者であり、ミュージシャンであり、外科医でもあるチャールズ・リムの言葉を借りれば、「自分が生きていると実感できるのは、そういうときだと思う[11]」

バランスを誤ると、ストレスや機能不全が生じ、意思決定がうまくいかず、チームの不調和を招く。「逆張りの人」は貴重な存在だが、扱いには注意が必要だ。「既成概念にとらわれない」ことを自負している人をチームに加えることは、災いのもとである。それよりは、「近くにいるストレンジャー」の方がずっといい。彼らはチームに属していないため、新鮮な視点を提供できるが、チームのバランスを崩すことはないからだ。

2

NASAのアーカイブにあるストーリーは、「ストレンジャー」の価値だけでなく、彼らのスキルや洞察力を適切な方法で活用することの重要性を示している。

1977年3月27日、テネリフェ空港を離陸しようとしたKLMオランダ航空のボーイング747が、滑走路で離陸準備をしていたパンナム航空のボーイング747に衝突した。その後の爆発と火災で600人近くが死亡し、生き残ったのはわずか60人だった。

この事故は、航空史上最悪の事故として語り継がれている。後にコックピットのボイスレコーダーから明らかになったように、パンナム機の副操縦士ロバート・ブラッグは、霧の中を加速するKLMオランダ機のライトを見つけ、機長のヴィクター・グラブスに叫んだ。しかし遅すぎた。「飛行機だ！」。グラブスが叫んだ。「クソっ！　こっちへ来るぞ！」[12]。だが、2分後に衝突。2機とも炎上した。

悲劇の後、スペイン政府は航空業界全体から70人の専門家を集め、何が問題だったのかを精査し、いくつかの勧告を行った[13]。彼らは15カ月間、何時間もの飛行記録に耳を傾け、目撃者の証言をチェックし、照合し、当日の詳細な天気予報に目を通した。

その50ページに及ぶ報告書は、パンナム航空のパイロットは与えられた指示を誤って解釈し、KLMオランダ航空のパイロットは、自機の滑走路に他の飛行機が存在することに気づかなかったと結論づけた。それに従い、将来的には航空業界の共通言語として英語を使用すること、さらに、パイロットと航空交通管制が使用する標準的な言葉やフレーズのリストを合意することも提案された。

報告書には次のように述べられている。「事故は単一の原因によるものではない。誤解は、一般的に使われている手順、用語、習慣パターンから生じた。それにもかかわらず、不運な偶然が重なって死亡事故が起きた[14]」

報告書の内容は、常識的なものだった。テネリフェ空港の事故の詳細を説明し、有益な勧告を行っていたかもしれないが、ある面では非常に限定的でもあった。この報告書の問題は、事故の重大さを認識していなかっただけでなく、事故を単発の出来事として扱った点にある。1977年には他にも60件の死亡事故があった。そして、航空事故による死者の数は、業界の評判に深刻な汚点となっていた。

1950年代、民間航空機の事故による死者は約9000人だった。だが1970年代には1万6000人以上に増加した。確かに、死亡者数の増加の背景には、全体的なフライト量の増加が考えられる。しかし、それでもこの数字は憂慮すべき多さである。英語を航空業界の共通語にすることは、数字を多少減らすかもしれないが、根本的な解決策ではない。

航空業界は少なくとも30年間、自力で問題を解決する機会があったにもかかわらず、実行しなかったため、米国政府が介入することになった。もちろん、政府は商業航空の専門家による新たな報告書を委託することも可能だっただろう。しかし、その方法は取らなかった。その代わりに、政府は航空業界とは異なるが、関連性のある分野、すなわち宇宙探査の専門家を招くことにしたのである。

ＮＡＳＡは、従来の商業航空機を運航したり、民間空港の複雑な物流を調整したりする必要はなかった。しかし、飛行技術やパイロットが受けるプレッシャー、日常的なリスクと安全性の管理については、深い理解を持っていた。パンナム航空の元機長アルバート・フリンクは、次のように述べている。「アイデアや情報を交換するのに絶好のタイミングだったのです。コックピットの人材・物資管理をテーマに、ＮＡＳＡと業界のワークショップが組織されました」[15]。また、ユナイテッド航空の元機長であるロバート・クランプもこのように語っている。「人材・物資管理の基準を確立するために、中立的な組織、具体的にはＮＡＳＡが研究をするということに興味がありました」[16]

ＮＡＳＡが編成したチームは、50人のインサイダー（パイロット、乗組員、管制官、エンジニア）と、20名のストレンジャー（宇宙飛行士、心理学者、科学者、社会学者）からなる、非常にバランスの取れたものだった。

彼らは１９７９年6月、３日間にわたって４つのワークショップを開催した。各ワークショップには４つのセッションがあり、インサイダーがストレンジャーに問題の本質を説明し、質問をし合い、観察や洞察を共有した。[17] その後、大きなグループは、特定の問題を探究するために小さなサブグループに分けられた。それぞれのサブグループにインサイダーとストレンジャーが混在するように配慮された。各グループは、問題全体を分割し、多角的に探究した。[18]最終的に発表された200ページに及ぶ報告書は、実にさまざまな問題やテーマについて提言している。例えば、視認性を向上させるためにコックピットの再設計を求めたり、飛行技術を向上させる方法を提案したり、新しい気象予測装置の概要を説明したり、心理学者の見識を活用してより良い訓練方法を提案したりした。[19]

NASAが推奨した変更が実施されるにつれて、事故率は低下し始め、テネリフェ空港の事故当時は20万回に1回の事故割合であったが、30年後には1900万回に1回になった。[20]

3

医療安全における多くのブレークスルーは、同様の方法で起こった。例えば麻酔薬である。1940年代、米国麻酔科学会(ASA)は、ハーバード大学医学部の2人の医学者に依頼し、患者に全身麻酔を施す際の危険因子を評価させた。約60万人の症例を分析した結果、この比較的簡単な処置が、1560例に1例の割合で重大な問題を引き起こしていることが明らかになった。[21]

「米国では毎年8000万人が何らかの形で麻酔を受けており、その意味では、8000万人が感染する病気にたとえられるかもしれない」と、2人の医学者、ヘンリー・ビーチャーとドナルド・トッドは1954年に書いている。「この国の全人口のうち、麻酔が原因で死亡する人の数は、ポリオが原因で死亡する人の数の2倍以上である」と。ちなみに、当時、ポリオは世界で最も危険な病気のひとつとされていた。

麻酔による死亡は、確かに論文が指摘するように「公衆衛生」の問題である。[22] しかし、医学者たちは問題の深刻さを特定することはできたが、その後20年間、この問題を解決しようとする試みはほとんど実を結ばなかった。[23]

1974年、ASAは2人のエンジニアにこの問題の研究を依頼した。彼らが用いたのは、クリティカルインシデント分析手法で、技術分野では一般的な手法だったが、医学の世界では知られていなかった。

2人のエンジニアは、麻酔に関連する問題は投与された薬物ではなく、それを投与した人間にあることをすぐに特定した。[24] 米国では、吸器が正しく接続されていなかったり、呼吸チューブが患者の胃の中に挿入されていたり、ダイヤルの上げ下げが間違っていたり、誤った薬剤や量が投与されるなどの多くの医療事故が起こっている。「予防可能な事故のほとんど（82%）にヒューマンエラーが関与しており、呼吸回路の断線、ガス流量の不用意な変更、薬剤シリンジのミスが頻発している。機器の故障は、予防可能な事故件数の14%に過ぎない」と結論づけられた。[25]

エンジニアが調査結果を報告した後、ASAはさらなる明確化を求めて別の外部専門家に依頼した。シアトルにあるワシントン大学医学部の麻酔科医、フレドリック・チェイニーは次のように語っていた。「1984年当時、米国では麻酔による傷害範囲や原因に関する包括的な情報はほとんどなかった。重篤な麻酔傷害は比較的まれな事例であるため、積極的に調査することは非常に難しく、複数の施設からでも、遡及《そきゅう》的医療記録レビューによって調査することは困難であった[26]」

しかし、ASAは、医療保険会社が1970年以降の一定期間に麻酔科医に対してなされた医療請求を、すべて調査していることに気づいた。死亡事故だけでなく、ヒヤリ・ハット事例や合併症も含めてである。また、保険会社は、病院の記録、事情聴取の記録、専門家証人の報告書、陪審員の判決など、あらゆるケースの詳細な記録を持っていたため、請求が出された各ケースで何が問題だったのか、なぜそうなったのかを突き止めることができた[27]。

医療保険会社が提供した包括的なデータにより、特定のパターンや共通のエラーが明らかになり、ヒューマンエラーのリスクを減らすための実践的な措置が講じられるようになった。その後の数年間で、呼吸器はより安全性を高めるために再設計され、血中酸素濃度を測定するモニターは改良され、機器のダイヤルは簡素化された。また、麻酔をかけるときは、もう1人の衛生士が立ち会うことが標準となった。

これらの変化はすべて、それまで医療に携わっていなかったストレンジャーであるエンジニア、心理学者、科学者によって提案されたものだった[28]。「麻酔の歴史は、要するに、革新と発明の連続体である」と麻酔科医のバーニー・リバンは説明する。[29] 別の麻酔科医、アラン・エイトキンヘッドは、「（複雑な技術や高価な機器だけでなく）診療現場のシンプルで安価な工夫であっても、安全性を大きく高める可能性がある」と指摘している。[30]

そしてもちろん、ストレンジャーが提案できるのは、そのような「シンプルで安価な工夫」だけだ。しかし、彼らの介入のおかげで、医療事故の件数は1万件に1件から20万件に1件へと20分の1に減少した。こうして毎年数百万人が安心して麻酔を受けられるようになったのだ。[31]

医学研究者のアン・ボナーは、インサイダーとして、またストレンジャーとして、何十人という看護師を研究してきた。ボナーはこのようなケースで何が起こっているのかを説明する。「（ストレンジャーとしての）私は、先入観のない客観的な視点で、微妙な違いを本能的に把握することができました。インサイダーになると、微妙な違いに対する直感と感受性を、明らかに失ってしまいます。しかし、私はストレンジャーとして、日常的な活動を観察し、明確化させることができました。その状況に精通したインサイダーであれば簡単に見逃してしまうような、看護実践のパターンを認識することができたのです」[32]

4

ストレンジャーの意見に耳を傾ける姿勢は、極めて合理的な戦略であるため、ほとんど異論がないことと思えるかもしれない。しかし実際のところ、ほとんどの組織ではこのような姿勢が見られることはない。ストレンジャーの視点を取り入れるには謙虚さが必要だが、多くの組織はその謙虚さを持ち合わせていない。「私たちが完璧《かんぺき》でないことは承知している」と認めるのは非常に難しいことなのだ。

しかし、それだけではない。人間は本質的に社会集団を形成するものであり、「私たち」と「彼ら」という境界意識が深く根付いている。これには自然で根深い理由がある。

神経科学者のロバート・サポルスキーが説明するように、部外者を疑いの目で扱うことは「私たちの安全を守るための」戦略である。[33] 相手のことを多少なりとも知るまでは、その人が脅威なのか危険なのか、あるいはどの程度友好的なのかはわからないからだ。自分とは異なる外見（人種や国籍などの理由で）をした人物の写真を見せられた人の脳をスキャンすると、潜在的な脅威を感知する脳の部分、扁桃体への血流が即座に増加することがわかる。また、自分とは異なる生き方をしている人々の写真（例えば、麻薬中毒者やホームレスの写真）を見せると、嫌悪感を感知する脳の一部、島皮質が刺激される。[34] 言い換えれば、私たちはストレンジャーに対して不信感を抱き、多くの場合、同情を欠いた態度で接するように、あらかじめプログラムされているのである(だからこそ、自分の手とそっくりな手に針が刺さろうとしているのを見たら、反射的に手を引っ込めるのに対し、色や形が異なる手に針が刺さろうとしていても、手を引っ込めたりしない)[35]。

サポルスキーは次のように説明する。「人間は普遍的に、人種、民族、性別、言語グループ、宗教、年齢、社会経済的地位などの境界に沿って、私たち／彼らという二分法を作る。これはきれい事ではない。私たちは、驚くべきスピードと神経生物学的効率でそうしているのだ[36]」。私たちがストレンジャーの知恵を受け入れるのが難しいのも、自然なことなのである。

しかし、私たちがストレンジャーに対して警戒心を抱くのは自然なことだからといって、その感情にまかせてしまう言い訳にはならない。お互いを知らない者同士が、相手の考えやアイデアについて評価し合うような状況では、摩擦が生じやすいものである。こうした摩擦を減らすために、試され、信頼されている方法がある。例えば、決められたプロセスを押し付けるのではなく、柔軟な導入の仕方をすることで、どんな場合でも最善の結果を得ることができる。

研究によると、ストレンジャーを招聘《しょうへい》する前に、彼らを起用する利点をインサイダーに説明しておくと、緊張が緩和されるという。また、ストレンジャーは短時間だけ、しかし、頻繁に関与させることが効果的である。短時間にとどめることで、実質的なインサイダーにならないようにすることができるし、頻繁に関与することで、インサイダーがリラックスできるからである。そうすることで、インサイダーもストレンジャーのアイデアを受け入れやすくなる[37]。

また、心理学者のローラ・バビットはこう指摘する。「人間関係に焦点を合わせるのではなく、タスクに焦点を合わせてください[38]」さらにサポルスキーはこう付け加える。「共通の目標に焦点を合わせてください。相手の視点に立って考える練習をしてください[39]」

何よりも大切なのは、以下のことを常に念頭に置き、全員に納得させることである。ストレンジャーが貴重な知恵をもたらす一方で、その知恵を活《い》かして自ら行動しなければならないのは、組織のインサイダー、特に安定したスチュワードである。結局のところ、その組織の最終的な利益について、最も深く理解しているのはスチュワードなのだから[40]。

ストレンジャーは、冷静な見方、新しい視点の導入など彼らが貢献できることで評価されるべきである。それに対して、インサイダーは実行力を持つ専門家として評価されるべきである。つまり、この関係は共生的なものであるべきなのだ。

社会研究者ハリー・ウォルコットの言葉を借りれば、ストレンジャーは、インサイダーがあたりまえとみなすものを新鮮な視点でとらえなおし、インサイダーが気づかなかった新しいアイデアや可能性を発見する手助けをする。インサイダーは、ストレンジャーが持ち込んだ新しいアイデアを、実行可能なものに変える[41]。

百年組織センテニアルズにとって、ストレンジャーを巻き込むこと、つまりストレンジャーの前でパフォーマンスをすることは、彼らの活動にとって不可欠なことであり、成長と改善の機会なのである。

ロイヤル・シェイクスピア・カンパニーは、リハーサルを定期的にオンラインで配信している。NASAは外部の心理学者をチーム会議に同席させている。ロイヤル・カレッジ・オブ・アートはアーティストのアトリエを一般公開している。これらはほんの一例に過ぎない。

5

創業100年に満たない非センテニアルズでも、私は次のような事例を目撃した。ノードストロームは、顧客の視点からサービスの質を評価するために、ミステリーショッパー（顧客に偽装した調査員）を活用している。ジャガー・ランドローバーは、顧客に自分の車がどのように組み立てられるか、その工程を見学させている。ハーレーダビッドソンとトヨタも、社外の人々に自分たちの仕事ぶりを公開している。こうした活動は単なるPR活動ではない。有益な情報を得るための方法であり、フィードバックを求め、それを受けて行動するためなのだ。[42]

サウスウエスト航空は、顧客、スタッフ、サプライヤーに積極的に体験をオンラインで共有するよう呼びかけている。それは、この長年成功を収めてきた会社が、将来提供するサービスの改善に役立つからである。[43] テキサス州ダラスにある本社を訪れたとき、ビルに入って最初に目についたのは、壁一面のスクリーンだった。フェイスブックとX（旧ツイッター）の投稿がリアルタイムで更新されていく。「毎日、自社に関連する投稿が400０件以上流れてきます」サウスウエスト航空のソーシャル・ケア専門家の1人であるサラ・ヒックスはこう語っている。[44] 彼女の同僚のアダム・スコットは、会社がそのようなフィードバックにどのように対応しているか、具体的な例を挙げてくれた。

「先日、ミッドウェイ空港のチェックインの列が動かないという投稿が、Xに流れました。そこでマネージャーに連絡したところ、休憩時間について伝達ミスがあり、カウンターにいる係員の人数が足りなかったことがわかりました。そこで、私はその顧客に次のように返信しました。『ご報告ありがとうございます。すぐにスタッフを派遣して対応いたします』。数分後、カウンターは2人の係員が増員され、マネージャーは列に並んでいた投稿者を見つけて、問題を知らせてくれたことに感謝を伝えました。最初の投稿が流れてきてから8分後に、私たちはすべての対応を完了したのです」

サウスウエスト航空の上級ソーシャルビジネス・アドバイザー、ブルックス・トーマスは次のように言う。「私たちの目標は、現場やコミュニケーター、マーケター、採用担当者、トレーナー、あらゆる職種にいるすべての社員が、ソーシャルメディアを生活の一部、つまり日常的な業務の一部として完全に取り入れることです」[45] サウスウエスト航空の社員は、常に多くの人々に見られているという意識を持って行動しているのである。

センテニアルズも同じだ。オールブラックスの元キャプテンのリッチー・マコウは説明する。「オールブラックスの環境にいようと、家にいようと、外にいようと、オールブラックスの一員であることに変わりはなく、チームを代表しているのだから、そのように振る舞うべきだ。これを納得しにくい選手も多いだろう。選手たちには、オールブラックスの環境から離れて家族や友人と過ごす、リラックスし、くつろいでクールダウンする時間がある。それでもオールブラックスの一員であることに変わりはない[46]」

同時に、成果という面に焦点を合わせると、ストレンジャーに自分の仕事を見せることによって、アドレナリンの分泌がうながされ、ベストを尽くすための刺激となる。

ロイヤル・カレッジ・オブ・アートで陶芸・ガラスを担当していたフェリシティ・エイリーフは、このように述べる。「学生たちに作品を発表するよう求めることによって、締め切りが設定されます。締め切りがあることで、学生は普段は行わないような決断や行動を取ることになります。そして、ストレンジャーの前で作品を発表することで、より良い成果を出そうという意欲が生まれ、発表の質が向上するのです[47]」

元ブリティッシュ・サイクリングのパフォーマンス・ディレクターのピーター・キーンは言う。「トップアスリートは、プレッシャーのかかる大きな試合や舞台で、最も良いパフォーマンスを発揮することがわかっています。オリンピックでピークが迎えられるよう、計画的に準備が行われているという面もありますが、それ以上にオリンピックという舞台そのものが、アスリートに最高のパフォーマンスを発揮するよう促すからです」[48]

もちろん、常にこのような最高のパフォーマンスを発揮し続けられる人はいない。そのためセンテニアルズでは、パフォーマンスのストレスと外部からの注目がない時間帯のバランスを取り、組織の異なる部分を、異なるタイミングで開放することも重要であると考えている。元オールブラックスキャプテンのキーラン・リードも、「いいパフォーマンスやプレーをするためには、どこかで離れる必要がある」と言う。[49]

しかしながら、創造的な活動においては、定期的に刺激や興奮を感じ、アドレナリンの分泌を促すことが必要であることを、誰もが知っている。

6

偉大なアーティストでさえ、演奏しながらストレンジャーから学び、反応に応じて何度も作品を作り直すことがある。

史上最も有名な歌のひとつである「ハレルヤ」の歴史は、その好例である。レナード・コーエンはこの曲を数年かけて完成させた。80連以上にも及ぶ詞を書き、その中から望みの4連を見つけた。「ニューヨークのロイヤルトンホテルで、下着姿でカーペットの上にいて、床に頭を叩《たた》きつけ『この曲を完成させることは無理だ』と言ったことを覚えている」とコーエンは後に回想している。[50] ジャンルで言えば、オリジナルバージョンはゆったりとしたゴスペル・ソングで、エルボーのリード・シンガー、ガイ・ガーヴィーが言うように「讃美歌とワルツを掛け合わせたような」ものだった。[51]

しかし、それはコーエンのレコード会社が望んだものではなかった。「CBSレコードの社長だったウォルター・イェトニコフのところに行くと、『これは何だ？　これはポップスではない。リリースできないじゃないか。大失敗だ！』と言われたんだ」[52]

「ハレルヤ」は最終的にインディペンデント・レーベルのPVCレコードからリリースされた。商業的には成功しなかった。

ジャーナリストのアラン・ライトは後に、LP『悲しみのダンス』のB面の1曲目を「ほとんど誰も気づかなかったらしい」と語っている。『ローリング・ストーン』誌に掲載されたドン・シェウェイのレビューでは、このアルバムの「驚くべきカントリー&ウェスタンの風味」を評価しているものの、「ハレルヤ」は言及するに値しなかったようだ。[53] ライトによれば、1年後にコーエンがアルバムツアーを行ったとき、「彼はすぐに歌詞を再考し始め、元の膨大な原稿から抜粋した詞のいくつかを付け加えたり、入れ替えたりして実験した」とのことだ。また、ゴスペル風コーラスに代わって2人のバック・シンガーを起用し、「よりメロディーを増やした」。[54]

ヴェルヴェット・アンダーグラウンドのオリジナルメンバーであるジョン・ケイルが、1990年にニューヨークのビーコン・シアターで聴いたのはこのバージョンだった。ケイルは後にこう振り返っている。「コーエンの詞にはいつも深い感銘を受けていた。彼の詞には、

1度として期待を裏切られたことがなかった。時を超越した普遍性があったのだ」[55]

しかし、ケイルはこの曲の演奏方法が気に入らなかった。彼は、バック・シンガーと楽器を外し、ソロボーカルとピアノだけにした。コーエンから送られてきた原詞を自分で編集し、翌年リリースされたコーエンのトリビュート・アルバム『僕たちレナード・コーエンの大ファンです』に収録した。「レナードに電話して歌詞を送ってくれるように頼んだら、15連の詞が送られてきた。長々とファックス用紙が出てきたよ。その中から本当に自分にぴったりくるものを選んだ。中には宗教的なものもあって、そんな言葉が自分の口から出てくるのは考えられなかった。その中から、皮肉っぽくて挑戦的なものを選んだのさ」

2年後、ジェフ・バックリィは、ニューヨークの友人のアパートに転がっていたCDでケイルのバージョンを聴いた。彼はこの曲をとても気に入り、街中のバーでエレキギターの伴奏で1人歌い始めた。やがて、この曲はショーのハイライトとなり、毎晩ラストで演奏される曲となった。

バックリィが1994年にアルバム『グレース』のためにこの曲をレコーディングするまでに、彼はこの曲を300回以上人前で演奏し、数多くのバージョンや即興で演奏し、絶えず修正と改良を加えてきた。スタジオ・レコーディングでさえ、ライブの聴衆の前で行われた。

アルバムのプロデューサー、アンディ・ウォレスはこのように回想する。「バックリィは、夕食後とか、いつでもふらっと入ってきて、自分のセットリストを最初から最後まで演奏しちゃうんだ。だから、観客がいるような雰囲気を出すために、6人から12人ほどの人を集めた。

途中で止めることなく、最初から最後まで演奏し続けられるようにね。できるだけ親密な雰囲気で録音したかった。まるで彼の目の前、50センチくらいのところに座っているような、小さなクラブで彼を見るのに最高の場所にいるような感じだ[56]」

アルバムのエグゼクティブ・プロデューサー、スティーヴ・バーコウィッツはこう説明する。「僕たちは『レコーディングセッション』なんてやらなかった。ただ、ジェフが曲を演奏し、それが録音されただけだよ。僕たちはただ、壁を作らないようにして、彼に演奏してもらい、その場に没頭してもらうように努めた。ディランやマイルス・デイヴィスのように、雰囲気と即興性を与えて、単に音楽を作ってもらいたかったんだ[57]」

バックリィはスタジオで何度もこの曲に戻り、スタジオの聴衆の前で何度も何度も演奏し、聴衆のフィードバックを求め、微調整を加えながら、自分がちょうどいいと思うまで曲を作り続けた。バーコウィッツは振り返る。「完成したと思って最終ミックスをしていたときでも、ジェフはもう1回オーバーダブ(多重録音)をする必要があると言い出した[58]」

ライトは次のように書いている。「バックリィが曲に加えた変更や改良は、極めて微妙なものだった。そのことは、バックリィがこの曲の最終的な表現の中での、一分の狂いもない陰影のために、彼が繊細な差異とニュアンスを探し求めていることを表していた。ここで一拍、ここでブレス、ギターフィルと。彼は、伝えたい感情を正確に表現するために、音の微妙な変化を丹念に引き出そうとしていた[59]」

こうした変更や改良の繰り返しによって、リリース当初はほとんど無視されていたこの曲を生まれ変わらせたのである。バックリィはこの曲を讃《たた》えた。「生きていることへの讃美歌、失われた愛への讃美歌、愛そのものへの讃美歌だ。存在することの痛みさえも、私たちを人間たらしめるものであるから、アーメン、あるいはハレルヤと讃えるべきなんだ[60]」

「ジェフ・バックリィのバージョンを聴くと、とても親密で、まるで彼のパーソナル・スペースに侵入しているような、聴いてはならないものを聴いているような気分になる」とミュージシャンのジェイク・シマブクロは語る。[61]

学者であり作家でもあるダフネ・ブルックスは次のように言っている。「『ハレルヤ』の冒頭、バックリィは息を吐くことで、この瞬間にすべてをかけ、感情を解放し、曲に身を委《ゆだ》ねようとしていることを告げている[62]」

その結果、2007年9月3日、コーエンではなく、ジェフ・バックリィのバージョンの「ハレルヤ」が、世界の偉大なソングライター50人による「史上最も完璧な10曲」に選ばれた。[63]

7

要約すると、センテニアルズは、すべての人が最高の成果を発揮できるように、人前でパフォーマンスを行う。

□ストレンジャーがどのように意思決定を向上させることができるのか、またストレンジャーがもたらす洞察を理解する
□ストレンジャーの前でパフォーマンスする時間を設け、アドバイスを求め、自分に何ができるかを示す
□最も重要な行動と最も日常的な行動の両方を、ストレンジャーに見てもらう
□ストレンジャーたちから得た洞察をもとに、何がうまくいっていて何がうまくいっていないかを理解し、改善のための新たな方法を見つける
□他人から離れる時間を持ち、休息をとり、改善し、次のパフォーマンスに備える

Openness

習慣6

多くを与え、多くを得る

——信頼がすべて

Habit 6

Give more, get more

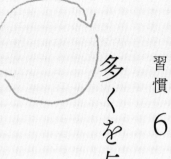

1

エリザベス・ホームズは幼い頃から競争心が強く、野心家だった。

9歳の時、叔母《おば》から「大きくなったら何になりたいの？」と聞かれた時には、一言こう答えた。「億万長者になるわ」[1]学校では懸命に勉強して良い成績を取り、2002年にスタンフォード大学に進学し、化学工学の学位を目指した。

化学工学に進路を定めたことは、適切なタイミングでの賢い行動といえる。シリコンバレーは、その数年前に起こったインターネット関連ビジネスの崩壊からほぼ回復し、起業家精神にあふれた優秀な人材への渇望が再燃していたのである。[2]

ホームズは研究室の助手をした後に、シンガポールのゲノム研究所でしばらく働いた。そこで数えきれないほどの血液サンプルの採取を続けるうちに、独創的なアイデアが浮かんだのである。「患者の血液をモニターできるウェアラブルパッチがあったらどうだろう？　血液データに基づいて薬剤の投与量を調整し、記録したデータを通信で医師に知らせることができるはず」

翌年、ホームズは大学院を中退して会社の設立に全力を注ぐことにした。その会社がセラノスだ。自分のアイデアを形にし、人々に届けることになるはずだった。手始めにホームズが注目したのは、貼り付け型デバイスである。そこからさらに野心的なプロジェクトに着手した。それは、指先を針で刺して得られる1滴の血液で、1分以内に何百ものテストを実行できる小型の端末を作ることだった。

ホームズは、サニー・バルワニを経営者として迎え入れた。バルワニはカリフォルニア大学バークレー校でMBAを取得し、9年前に自身の企業を4000万ドルで売却した人物である。彼にビジネスの日常業務を担当してもらい、ホームズ自身は、資金調達と売上達成に専念した。[3]

2014年9月10日、彼女はサンフランシスコで開催されたTEDMEDカンファレンスの壇上に上がり、次のようなスピーチを行った。

「私は、医療の課題を解決する答えは個人にあると信じています。しかし、個人が医療に主体的に関わろうとするなら、必要な情報にアクセスすることが何よりも重要です」[4]。彼女の野望は、「誰ひとり『もっと早く知っていれば助かったのに』と言わなくてすむような世界、誰も早すぎる『さようなら』を言わなくてすむような世界を作ること」だと訴えた。

資金と支援が殺到した。わずか2年の間に、彼女は7億ドル以上を集め、全米のウォルグリーン店舗に40のウェルネスセンターを設置し、500人の科学者を雇用する研究所を設立し、『フォーチュン』誌が「史上最高の経営陣のひとつ」と評する取締役会を招集した。[5]この取締役会には、元米国務長官2人、元国防長官1人、元上院議員2人、元軍部高官2人が名を連ねた。この取締役会の投資委員会もこれに劣らず豪華な顔ぶれで、オラクルの創業者ラリー・エリソンから、ウォルマートを経営するウォルトン一族、ニューズ・コーポレーションのルパート・マードックまで、あらゆる分野の著名人が名を連ねている。しかし、興味深いことに、どちらの役員会にも科学者や医学者はいなかった。[6]

ところが舞台裏では、物事はそううまくは進んでいなかった。ホームズは子供のころからの野望を何倍にもして達成し、一時は45億ドルもの資産を手に入れたかもしれないが、彼女の下で働く科学者たちはその技術を成功させるのに苦労していたのだ。[7]

最初のプロトタイプに携わったエンジニアのエドモンド・クーは、後にこう説明している。「注射器ではなくピンプリック法による採血は、扱う血液の量が非常に少なく、生理食塩水による希釈が必要でした。そのため、通常の化学手順が、はるかに複雑なものになったのです」[8]。さらに、一部の血液細胞は針で刺したことで破壊されたため、検査はなおさら難しくなった。

しかし、ホームズは疑惑の声に耳を貸そうとはしなかった。ホームズからすれば、反論する人々は「非信者」であり、排除するか解雇すべき人々だった。彼女は、最終的にはすべてがうまくいくと考えている人たちからだけ、話を聞きたいと思っていたのだ。

彼女は互いに競い合う2つのチームを立ち上げた。ジュラシック・パークは、シーメンスが開発した既存の技術を利用して、セラノスが置き換えるはずの血液検査を行うチームだった。また、ノルマンディー（Dデイ上陸作戦にちなんで命名された）は、既存の壁を打ち破り、技術的なブレークスルーを成し遂げようとするチームだった。

しかし、そのようなブレークスルーは起こらなかった。ほどなく、社外の人々から答えに困るような質問を受けるようになった。「なぜ貴社は査読付きの論文を発表しないのか」と。新聞が嗅《か》ぎ回り始めた。

そして、様々な懐疑的な科学者や不満を持つ元スタッフにインタビューしたウォール・ストリート・ジャーナルが、2015年10月16日、「もてはやされたスタートアップ、セラノス、血液検査技術で苦戦」という見出しの記事を一面トップで掲載した。[9]

翌週、米国食品医薬品局が調査を開始した。[10] 2018年6月14日、ホームズとバルワニは、9件の詐欺罪で起訴されたのである。[11]

セラノス・スキャンダルは、多くの関係者にとっては、舞台裏の不正と貪欲《どんよく》がもたらした「ブラック・スワン」、つまり予測不可能な経営破綻《はたん》に思えたに違いない。

しかし、事態をより客観的な視点から見ていた人々にとっては、危険な兆候はすでに明らかだった。壮大な主張をしながらも、「ストレンジャー（外部の人）」の精査を拒む企業の姿がここにあったのだ。反対の声をシャットアウトした会社、秘密主義の上に成り立っている会社だ。

ある元従業員は振り返る。「すべてが閉鎖的で秘密主義だったよ。社員の電子メールはスキャンされ、私たちが何を言っているかが調べられた。セキュリティログをチェックされ、私たちがいつビルに出入りしたかを調べられた。コンピューターにＵＳＢを入れただけで解雇された者もいれば、退職するときに訴えられた者もいる。指紋スキャナーがドアに設置され、私たちは歩き回ることすらできなかった。窓はお互いに見えないように着色されていたし。クレイジーだった。まるで厳重警備の刑務所みたいだったさ」[12]

セラノスの運営は、闇の中で行われていたのだ。

2

セラノスのストーリーの教訓は、一見、明白なもののように思われる。しかし、多くの組織がこの教訓を真剣に受け止めているわけではない。

組織が秘密裏に運営されているのは、隠し事があるからではない。彼らはあまりにも多くのことを明かしてしまうことを恐れているのだ。他社にアイデアを盗まれることも恐れている。彼らは自分たちの活動を公的に共有すれば、最終的に競争力を失うと思い込んでいるのだ。

だが、百年組織センテニアルズの運営方法はそうではない。むしろ、センテニアルズは逆のアプローチをとっている。彼らは自分たちのストーリーを、世界中の人々と分かち合うための努力を惜しまない。

例えば、２０１８年のアマゾン・プライムシリーズ『オール・オア・ナッシング〜ニュージーランド　オールブラックスの変革』は、ピッチ内外のオールブラックスの姿を追いかけている。戦術について話し合っているところ、試合を振り返り、個々の成績について熟考する姿などだ。リマ・ソポアンガがアルゼンチン戦で蹴《け》ったキックのアプローチについて話す。ヘッドコーチのスティーブ・ハンセンは、アシスタントコーチのイアン・フォスターと戦略について話し合う。[13]オールブラックスのメンバーは、他にもドキュメンタリーに出演したり、本を書いたり、テレビや新聞のインタビューに答えたりしている。自分たちの独自性を隠すどころか、それを世界と分かち合っているのだ。[14]

ブリティッシュ・サイクリングも同じだ。さまざまな選手、コーチ、栄養士、理学療法士、心理学者が記事や本、ビデオをオンラインで発表している。彼らは常に他の人々にヒントやアドバイスを提供している。

ＮＡＳＡもまた、明るい日の下で活動している。本当はＮＡＳＡも数十億ドル規模の技術を秘密にしておきたい、アイデアや戦略をできれば共有したくないと考えているのではないか、と思う人もいるかもしれない。なぜなら、宇宙開発の分野は米国内外の競争に常にさらされているからだ。だが、彼らのアプローチはまるで異なる。ＮＡＳＡは研究成果を積極的に公開し、計画を進んで明らかにしている。ＹｏｕＴｕｂｅチャンネルもあり、現在までに９００万人の登録者を集めている。また、経営手法、機器テスト、気象予測、惑星の軌道パターンなどを示す、何千ものオープンデータセットを編集して共有しており、外部の人間がそれらを分析し、新たな問題の発見やアイデアの開発に役立てることができる。[15]

なぜ、センテニアルズはこのようにオープンな運営方針を取っているのだろうか。その理由は2つあり、互いに深く関連している。第一に、オープンであることが信頼を生むと信じている。第二に、信頼が資金と人材を引きつけると信じている。

ビジネスの世界では、内部からの信頼も外部からの信頼も、一般的にどちらも不足している。世界最大のPRエージェンシー、エデルマンが過去数十年にわたって実施している年次調査の2020年版では、世界28カ国の3万4000人のうち、ビジネスリーダーを信頼していると答えたのは51％だった。さらに億万長者を信頼している人はわずか36％である。

一方、80％の人々は科学者を信頼している。[16] 調査によると、その理由は、ビジネスマンは手の内を明かさないからだという。対照的に、科学者はもっとオープンに行動する。

ハーバード大学のナオミ・オレスキー教授（科学史）は言う。「科学の進歩は、制度や機関と切り離せない関係にあります。例えば会議や研究会、書籍や査読付きジャーナル、科学団体などです。これらの制度や機関を通じて科学者らはデータを共有し、エビデンスにアクセスし、批判に対処し、自らの見解を調整するのです[17]」

言い換えれば、科学者はその思考プロセスを共有し、研究結果を公表することを通じて、彼らが何をしているのか、なぜそれを行っているのかを私たちに示す。だからこそ私たちは科学者を信頼するのである。一方、ビジネスマン、とりわけ億万長者は、自分たちのしていることを隠したり、不透明な態度をとったりすることで、その組織の内外から不信感を招く。

信頼があれば、ビジネスの運営はスムーズに進む。神経経済学会のポール・ザックによれば、信頼が取引コストを削減することで、富の創出が促進されるという。

信頼のある職場環境では、従業員の離職率が低下し、仕事の満足度が向上し、その結果人々はより幸せに、健康的になる。ザックは言う。「信頼の高い職場では、従業員の収入も高くなる傾向があります。従業員は長く職場に留《とど》まり、仕事に対する満足度も高く、慢性的なストレスは少なくなります。生活全体の満足度も向上し、生産性も上がります」[18]。信頼の高い環境で働く人々は、よりエネルギッシュで協力を惜しまず、長期間にわたって協力して働くことができ、その結果、成果も徐々に向上する、というのである。

一方、信頼関係が築かれていない環境では、従業員は、より閉鎖的で秘密主義的になる。政治的な駆け引きに時間を費やし、些末《さまつ》なことに頭を悩ます。その結果、生産性も低下する。時間の経過とともにストレスレベルが上昇し、最終的には従業員が休職したり、離職したりする[19]。

信頼が人々にこのような影響を与えるのには、強力な生理学的理由がある。人間同士が積極的に交流すると、脳からオキシトシンというホルモンが分泌されるのだ[20]。これは、母親が赤ちゃんに母乳を与えるときや、人々が抱き合ったりキスをしたりするときに起こるプロセスである[21]。

また、共同での食事、飲酒、ダンス、歌、語りなど、社会的な絆《きずな》を深める非物理的な行為にも伴う[22]。そしてオキシトシンが分泌されると、私たちはよりリラックスし、共感的になる。

ある実験では、鼻腔《びこう》スプレーでオキシトシンを投与された人は、対照群の投与されなかった人に比べて、他人をより信頼し、外部の「ストレンジャー」にお金を貸す確率が2倍になった。オキシトシンの投与は好循環を引き起こすと言える。実験に参加した人がストレンジャーを信頼すればするほど、ストレンジャーのオキシトシンレベルも高まるのである。つまり、信頼を与えることで信頼を勝ち取ることができるのだ。[23]

そして信頼は、秘密主義や逃避ではなく、オープンで率直であることによって生まれる。

3

信頼が生まれさえすれば、金と才能も引き寄せられる。ブリティッシュ・サイクリングについて、元パフォーマンス・ディレクターのピーター・キーンは次のように言った。「秘密主義であることは、短期的には役に立つかもしれない。しかしそれでは、その次の世代、そのまた次の世代に必要な、資金や人材を引き寄せることはできない」[24]

ストレンジャーにも積極的に門戸を開く姿勢は、長年にわたって大きな利益をもたらしてきた。例えば、スポーツ車のメーカーであるロータス・カーズは、バイクのデザインに協力している。マクラーレンF1チームは技術的なアドバイスを外部に提供し、ランプトン病院はメンタルヘルス・プログラムに関与している。英国ロイヤル・バレエ団は、ツアーに関するアドバイスを提供している[25]（裏を返せば、ブリティッシュ・サイクリングのドーピング隠蔽《いんぺい》疑惑のようなことが起きると、信頼の絆を傷つけ組織のイメージを著しく損なう結果となる)[26]。

信頼関係が強いと、外部の専門家や協力者が参加しやすくなるとともに、新しい人材も魅力を感じ、組織内に新たな才能が貯えられることになる。

カリフォルニア芸術大学(カルアーツ)と、その卒業生がピクサー・アニメーション・スタジオで働くようになった経緯はその好例といえよう。カルアーツはカリフォルニア州サンタクラリタにある私立の芸術大学で、ウォルト・ディズニーが亡くなる直前の1961年に設立された[27]。ディズニーは人々に語っていた。「実際に映画の作り方を知っている人が欲しいんだ。理論家ではなく[28]」

そこで彼は、ロサンゼルスの北に位置するバレンシアに古い一軒家を購入し、そこを、伝統的な大学にある社交クラブやスポーツチームは存在しないものの、ペットを飼うことやグラフィティ・アートが奨励されるボヘミアンな雰囲気の学校に変えた。

元生徒のクレイグ・マクラッケンは回想する。「とても広々とした開放的なスペースだった。みんな、段ボール箱やら何やら、手に入るものを何でも持ち込んで。まるで不法占拠区みたいだったよ。バレンシアでソファを見つけたり、みんなの巣を作り始めたんだ[29]」

カルアーツの学生たちは、フィルムのカットや録音技術から、光と影の効果の作り方まで、あらゆることを学んだ。また、物事を多角的に見たり、ルールや日常の決まりごとを破ったりすることさえも奨励された。

もう1人の元生徒、ジョー・ランフトによると、「教授たちはこう言ったもんだ。『毎日同じ道を運転して帰るな！　普段のルートを変えることで景色を変えるんだ！　決まりきった方向から物事を見るんじゃない！[30]』とね」

ウォルト・ディズニーは自身の成功の秘訣《ひけつ》をすべて分かち合いたいと熱望していた。そこで彼は、『白雪姫《しらゆきひめ》』、『バンビ』、『101匹わんちゃん』などの名作を作った伝説のアニメーター「ナインオールドメン」を集めて、彼らがどのようにして成功を収めたのか、どのような困難を克服したのかを、学生たちに向けて語らせた。

特に「ストーリーに重力と方向性を与える（潰《つぶ》しと伸ばし）」、「特定の要素を強調し、より刺激的にする（誇張）」、「キャラクターを多角的に観察し、現実味を持たせる（立体感のある描画）」など、ディズニーのアニメーション映画の12の基本原則が明かされた。[31]

ジョン・ラセターは後に気づいたという。「今なら彼らがやろうとしていたことが、はっきり理解できる。私たちにバトンを渡そうとしていたのだ[32]」。やがて『トイ・ストーリー』の監督となる彼は、カルアーツで4年間キャラクターアニメーションを学んだ学生のひとりだった。

卒業後、彼はディズニーに就職したが、皮肉なことに長くは続かなかった。周囲には錚々《そうそう》たる才能の持ち主たちがいた。その中には元同級生であるブラッド・バード（後に『Mr.インクレディブル』を制作）、クリス・バック（『アナと雪の女王』）、ジョン・マスカー（『リトル・マーメイド』）、マイケル・ジアイモ（『ポカホンタス』）、ティム・バートン（『シザーハンズ』）らも含まれていたのである。

しかし、時代は変わってしまった。ディズニー社はもはや、かつてのような外部に向かって開かれた企業ではなくなった。閉鎖的で、排他的になっていたのだ。

破局が訪れた。ラセターが自身のプロジェクト『ブレイブ・リトル・トースター』と名づけた、コンピューターグラフィック・アニメーションを提案したのである。

ブラッド・バードは振り返る。「つまり、連中はラセターの提案を聞いて、こんな風に言ったんだ。『話は聞いた。他所《よそ》でやってくれ』とね。ラセターは呆然《ぼうぜん》としていたよ。彼もぼくも、黄金期を築いたナインオールドメンに育てられたんだ。ぼくらが学んできたことやインスピレーションを受けたことに、突然、興味すら持ってもらえなくなっていたのさ[33]」

職を失ったラセターは、数週間後、ロングビーチで開催されたコンピューターグラフィックスのカンファレンスに行き、自分のアイデアに興味を持ってくれそうな人を探した。そこで彼は、4年前にピクサーを発足させたアルビー・レイ・スミスとエド・キャットムルに偶然出会うのだ。

ピクサーには、かつてディズニーが持っていて今は失ってしまった、オープンな文化があった。キャットムルは後に回想している。「競合他社のほとんどは、厳格なルールや規則を持つ、CIAのような秘密主義の文化に支配されていた。私たちはコンピューター・アニメーションの長編映画を最初に作るという、競争のまっただなかにいたのである。そのため、この技術を追究していた人々は、自分たちの発見を隠していた。しかし、アルビーと私は話し合った結果、その逆を行うことに決めた。つまり、成果を外の世界と共有することにしたのだ。目標達成には程遠かったので、アイデアの独占はゴールの到達を妨げるものにしかならない。代わりに、私たちはコンピューターグラフィックスのコミュニティと積極的に関わり、発見したことをすべて公開し、さまざまな研究者の論文の査読委員会に参加し、主要な学術会議でも積極的な役割を果たした。この透明性の利点はすぐには表れなかったが、時間の経過とともに、私たちが築いた関係やつながりは、想像以上に価値のあるものとなった[34]」

ピクサーが取ったオープンなアプローチは、すぐに効果を表した。とりわけ、オブジェクトを歩かせたり、しゃべらせたりするために、越えなければならない数多くの技術的課題に対しては、さまざまな人々が協力を申し出てくれた。

ピクサーが出会ったラセターは、ストーリーテラーの天才だった。「ジョンの天才性は、短い形式の作品においてさえ感情的な緊張を生み出すことだった」とキャットムルは言う。

ピクサーが翌年、最初の短編映画『アンドレとウォーリーB．の冒険』を、同じカンファレンスで上映した際、物語の展開が非常に強力だったため、技術的な問題から映画の一部が白黒で上映されたことを誰も気にしなかった。キャットムルはこう振り返っている。「これは、私がキャリアを通じて何度も目にすることになる現象との最初の出会いだった。ストーリーがしっかりしていれば、芸術性やビジュアルの仕上がりは、必ずしも重要ではない[35]」

さらに運命のいたずらから、ディズニーが再びからんでくる。ピクサーの仕事ぶりと開発したソフトウェアに感銘を受けたディズニーは、そのソフトウェアを『リトル・マーメイド』や

『ビアンカの大冒険〜ゴールデンイーグルを救え！』などの映画で使用し、その後8年間で3本の長編映画を製作するよう、ピクサーに依頼したのだ。

その第一弾が、ラセターがおもちゃの視点から少年とおもちゃの関係を描いた『トイ・ストーリー』である。

アンドリュー・スタントン、ジョー・ランフト、ピート・ドクターといったカルアーツの卒業生をはじめとする才能豊かなスタッフを集め、1993年に制作が開始されたこの作品は、世界初の完全コンピューターアニメーション長編映画となった。1995年11月の最初の週末には3000万ドル近くを稼ぎ出し、初年度には3億ドルを超える興行収入を記録した。また、アニメーション映画の作り方を一変させた[36]。

つまり、ピクサーのサクセスストーリーは、文字通り、ストーリーを共有しようとする姿勢にあるのだ。ピクサーの最初の大成功を生み出した人々は、ウォルト・ディズニーが作り上げたオープンカルチャーの恩恵を受けていた。

ピクサーがCG技術を習得したのは、その秘密や野心を他者と共有することによってだった。そして、オープンにすればするほど、より多くの資金と才能を引き寄せる結果につながった。

その後の10年間のヒット作がそれを物語っている。『バグズ・ライフ』（1998年）、『トイ・ストーリー2』（1999年）、『モンスターズ・インク』（2001年）、『ファインディング・ニモ』（2003年）、『Mr.インクレディブル』（2004年）、『カーズ』（2006年）。

2006年1月、ディズニーがピクサーに70億ドルでの買収を提案し、ディズニーから始まったアニメーションの物語は、ついにディズニーに戻ったのである。[37]

ロイヤル・シェイクスピア・カンパニーのエグゼクティブ・ディレクター、キャサリン・マリオンは私にこう言った。「私たちは皆、一緒にこの状況にいる。だからこそ、他者を助けることが、自分たち自身にも良い影響を与える。そしてアートの世界に資金や才能が入ってきて、最終的には私たち一人ひとりを助けるのよ」[38]

4

ストーリーを共有するには、成功だけでなく失敗も共有する意志が必要だ。そうすることでしか、真の信頼は生まれない。結局のところ、信頼がオープンさを求めるのであれば、オープンさは脆弱《ぜいじゃく》性をも明らかにする意思が必要なのである。[39]

ＮＡＳＡはこの教訓を苦労して学んだ。１９６０年代、宇宙機関はオープンで協力的な文化を発展させた。ケネディの野心であった10年後までに月面に人類を到達させるという目標は実現した。しかし、１９８０年代までには、ＮＡＳＡはすっかり自己完結的で秘密主義的な組織になり、閉鎖的な文化が形成されていた。

この閉鎖性の欠点が、１９８６年のチャレンジャー号事故という惨事となって露呈したのである。スペースシャトルは設計上の欠陥によって離陸直後に爆発し、搭乗していた7人の宇宙飛行士全員が死亡した。

事故の正確な分析は、外部の専門家である物理学者リチャード・ファインマンに委《ゆだ》ねられた。この事実は、NASAが、実際に何が起こったかを把握する能力を失っていたことを表している。同時に、NASAの将来にとって、他者と失敗のストーリーを共有することがいかに重要であったかをも示している。

改善がなされ、事態は好転したかのように思えた。しかし2003年、今度はコロンビア号が爆発し、7人の宇宙飛行士が命を落とした。NASAはここで初めて、過去の事故から得た教訓を真摯《しんし》に受け入れるようになったのだ。

何が間違っていたのかを解明するために、技術的な専門家が招かれた。コミュニケーションの改善のために心理学者も招かれた。同時に、NASA内部で信頼関係を築き、より協力的な文化を創出するための変更が重ねられた。特に、マネージャーではなく、エンジニアが自分の仕事に責任を持つようになった。これらの取り組みの結果、ついに変革がもたらされたのである。[40]

5

組織が共有するストーリーは、大がかりで野心的なものばかりである必要はない。組織の

DNAの一部である日常的な些事や決まりごとや、ルーティンにまつわるエピソードも重要である。実際、大がかりな調査やブレークスルーを伴わない分、理解しやすく、親しみやすいことも多い。

例えばブリティッシュ・サイクリングは、大きな成功について語る一方で、日常的なストーリーも共有している。アスリートが毎日どのように食事、睡眠、トレーニングをしているのか、プレッシャーの中で、パフォーマンスを発揮するための精神力をどのように養っているのか、サイクリング中のパフォーマンスをどのように測定し、調整しているのか、などだ。[41] このような実用的な知見は、もちろん競合他社が容易に利用できる。しかし、ブリティッシュ・サイクリングが計算したように、長期的な利益は短期的なデメリットをはるかに上回る。２０１０年から２０２０年の間に収入が倍増し会員数が4倍になったという事実は、その戦略が賢明なものであったことを示唆している。[42]

このような長期的な利益の証明は、まったく別の分野で行われた研究からも得られている。嚢胞性線維症《のうほうせいせんいしょう》は、両親が同じ劣性遺伝子を持つ場合、世代を超えて受け継がれる遺伝性疾患である。この病気は比較的まれで、例えば米国では毎年約３０００人の乳幼児が罹患《りかん》する程度のまれな疾患であるが、非常に困難な病《やまい》である。この症状を患う人の細胞は塩化物を過剰に産生し、肝臓や肺に粘液を蓄積させる。

１９６０年代当時、嚢胞性線維症の子供のほとんどは、３歳の誕生日を迎えるまで生き延びることができなかった。[43] しかし、専門家たちは、特定の医療センターで治療を受けた子供らの平均余命が、さらに10年延びたことに気づいた。

そこで嚢胞性線維症財団は、ミネソタ大学の小児科医であるウォーレン・ワーウィックに、この格差を説明するための調査を依頼した。それから4年間、彼は全国30カ所のケアセンターで採用されているさまざまな方法を比較することにした。

報告を受けたワーウィックは、高業績のセンターの取り組みが標準と異なる点をいくつか指摘した。

まず、高い成績を上げているセンターでは、嚢胞性線維症の検査をかなり早い時期に行っていた。さらに、これらのセンターでは治療も早くから開始されており、ミストテントで寝かせたり、１日２回胸を叩《たた》いて粘液の蓄積を防ぐ方法が採用されていた。粘液を排出させるために、通常とは異なる方法で患者に咳《せき》をさせる指導も行われていた。[44]

ワーウィックの報告書が１９６８年に発表され彼の勧告が採用された後、この疾患を持つ人々の平均余命は、その後の2年間で3倍に、その後の6年間でさらにその2倍に延びた。１９７６年までには、彼らは平均18年生きるようになった。[45]

その後、平均余命の延びは１９８０年まで停滞する。嚢胞性線維症患者の平均余命は19年のままだったのである。そこで財団は、この種のものとしては初めての、各センターの業績と改善策を示すランキング表を発表した。財団はまた、各センターを支援するための研修・研究施設を設立した。[46]

研究成果を共有するにつれ、さらに多くの資金と人材が集まり、画期的な発見が相次いだ。まず、遺伝学者が嚢胞性線維症遺伝子を特定した。その後、外科医は肺、肝臓、腎臓《じんぞう》の移植技術を開発した。２０００年代初頭、研究者たちはＣＦ遺伝子を編集することで、患者の症状を大幅に軽減できると発表した。２０２０年までに平均余命は45歳以上に延び、60年前の15倍になった。[47]

興味深いのは、財団がその研究とブレークスルーを皆と共有するのを、細心の注意を払って行っていたにもかかわらず、最も成績の良いセンターは常に群を抜いていた――実際には、10年先を走っていたことだ。しかも、これらの優れたセンターの成績には驚くべき一貫性があったのだ。

１９６０年代当時、一般的な医療センターでは、患者の多くは3歳になる前に亡くなっていたが、優れたセンターでは、患者を13歳になるまで生存させることができていた。２０２０年には平均的な嚢胞性線維症患者の平均余命は45歳に達していたが、最も成績の良いセンターで治療を受けた患者は55歳の誕生日を迎えられることが期待されている。成績下位のセンターが改善しているにもかかわらず、この10年分のギャップは変わっていない。

嚢胞性線維症財団の上級副会長であるブルース・マーシャルは、次のように述べている。「ほとんどの人は、アイデアを共有すれば、他の人が自分に追いついてくると思っています。しかし、その考えはかならずしも正しくはありません。高業績のセンターがアイデアを共有すると、より多くの資金と人材が集まり、より多くのブレークスルーが起こることがわかりました。その結果、他のセンターが改善しても、高成績のセンターは群を抜いていました」[48]

オープンであることが改善につながるという本質的なルールは、ここでも常に当てはまる。卓越性とオープンであることが、成功のカギを握っているのだ。

6

商業の世界でこの真理を実証している分野があるとすれば、それはシリコンバレーである。最近では、シリコンバレーは独立した企業の集まりだと思われがちだ。しかし、そのエコシステムはむしろもっと複雑だ。結局のところ、シリコンバレーは専門家や起業家のコミュニティであり、彼らはしばしば資金やアイデアを共有している。それだけでなく、専門家や起業家はしばしば異なる企業、特に直接の競合企業間で移動する。

2006年の4万4000人を対象とした研究では、同地で働く人のうち4分の1以上が過去1年間に会社を変える計算になり、その割合は、研究対象となったシリコンバレー以外の、テック企業が集積している地域よりも40％高かった。[49]

このような流動性と相互依存のおかげで、コミュニティは繁栄し、飛躍的に成長した。1959年当時、同地域のハイテク関連の雇用は1万8000人だった。1971年には11万7000人、1999年には49万8000人にまで増加した。2020年には170万人以上になる。[50]

シリコンバレーの起源は、第二次世界大戦末期、スタンフォード大学のフレデリック・ターマンが、学部長を務めていた工学部をビジネスに開放するという決断を下したことにあると言えるだろう。当時としては革新的であり、議論を呼ぶものだった。

１９７０年代にアップルに勤務していたジェイミス・マクニーブンは次のように言う。「スタンフォード大学は、産業界に大々的に手を差し伸べた最初の一流大学でした。『さあ、私たちはオープンドアポリシーを持っています。どうぞ入ってきてビジネスをしましょう。外に出てビジネスを展開しましょう！』と」[51]

１９８１年にシリコングラフィックス、１９９４年にネットスケープを創業したジム・クラークは言う。「アイビーリーグの大学とは対照的でした。アイビーリーグの大学はお高く留まっていましたね。まるで『我々はビジネスを超えて存在している。ビジネスは汚いものだ。我々はソフトウェアの話をしているのではない。知識と研究を前進させることを目的としているのだ』とでも言わんばかりに」[52]

ターマンは賢明にも否定派を無視した。彼は大学の土地の半分の広さを借りて、そこにハイテク企業を誘致し、さらに大学が彼らのアイデアについて議論することを奨励した。ビジネスコース、クラブ、ソサエティを創設し、彼ら全員が恩恵を受けることができるようにした。また、投資家たちにも働きかけた。[53]

ドレイパー、ゲイナー&アンダーソンや、ヴェンロックなどのベンチャー・キャピタル[54]や、ゼネラル・エレクトリック、ヒューレット・パッカード、ロッキード・マーチンなどの企業から[55]、1960年代には半導体（ベル研究所）、インターネット（スタンフォード大学）、1970年代にはマイクロプロセッサー（インテル）、コンピューターゲーム（アタリ）、パソコン（アップル）などが生み出された。

そして1971年、ベル研究所で半導体を発明し、当時フェアチャイルド・セミコンダクターに在籍していたウィリアム・ショックレーが、『エレクトロニック・ニュース（1957年設立）』の記者に、スタンフォードのストーリーを広く一般に伝えるよう依頼した。そのジャーナリストは3回にわたる連載の中で、彼が「シリコンバレー」と呼ぶ、レッドウッド・シティからサンノゼに至る50平方キロメートルの地域がどのように生まれ、育《はぐく》まれ、どのような成果を上げてきたかを紹介した。この記事は全国紙に取り上げられ、外部にも広まり始めた[56]。

そうするうちに、シリコンバレーにより多くの資金と人材が集まるようになった。1980年代のグラフィックス（シリコングラフィックス）、ネットワーク（シスコ）、ワークステーション（サン）など、多くの企業が設立され、多くのブレークスルーが起こり始めた。

1990年代にはeコマース（イーベイ）、検索エンジン（グーグル）、サーバー（オラクル）、2000年代にはスマートフォン（アップル）、ソーシャルメディア（フェイスブック）、タクシー（ウーバー）、2010年代には電気自動車（テスラ）、タブレット端末（アップル）、スマートウォッチ（アップル）へと発展した[57]。

その間、1980年代には『Macworld』、『PC Magazine』、『PC World』、1990年代には『Wired』といった雑誌が創刊された。
こうした中、シリコンバレーは活況を呈した。2020年には、世界で最も価値のある企業6社のうち4社がこの地に本社を置いていた。それが、アップル、グーグル、フェイスブック、テスラの4社であり、その合計価値は4兆ドルを超えている。[58] この6社からなる「孤高のクラブ」の残りの2社、アマゾンとマイクロソフトは、シリコンバレーに本社を置いていないものの、そこにオフィスや研究センターを構えている。
シリコンバレーでは、人が頻繁に移動する。ある会社で学んだスキルを別の会社で活用することが行われているのである。ゴードン・ムーアとロバート・ノイスは、インテル社を設立する前にフェアチャイルド社で働いていた。スティーブ・ジョブズはアタリで、スティーブ・ウォズニアックはヒューレット・パッカードで働いた後、アップルを立ち上げた。イーロン・マスクはペイパルの設立を手伝い、マーティン・エバーハードはテスラを始める前にワイスで働いていた。ビズ・ストーンはグーグルに、エヴァン・ウィリアムズはヒューレット・パッカードに勤めた後、ツイッターを立ち上げた。このような事例は挙げればキリがない。[59]
閉鎖的な企業文化を信奉する人々にとって、このような流動性（彼らは間違いなく不誠実と表現するだろう）は忌み嫌われるものだ。しかし、実はそれこそがシリコンバレーの活力の源であり、この流動性こそが、シリコンバレーが世界の他の地域に対し、非常に強力な競争力を持つ理由である。

2000年代にナップスターとフェイスブックの両方で働いたアーロン・シッティグは、こう言う。「シリコンバレーをひとつの大きな会社として考えるのが、最もわかりやすい。シリコンバレーの企業は、実際にはひとつの大きな企業のそれぞれの部門なんだ。ひとつの部門が閉鎖されることもあるが、有能な人材は皆、社内の別の場所に配置される。新しいスタートアップかもしれないし、グーグルのように成功している既存の部門かもしれない。でも、人は常に動き続けているんだ[60]」

そう、オープンさが最も重要な要素だ。

これは、百年組織センテニアルズが常に持っている特有の考え方だ。潜在的な競争相手であっても、自分たちのストーリー、成果、失敗を共有することで、誰もが学び、改善する機会が得られる。そして、共有すればするほど(高成績の嚢胞性線維症センターと同じように)、より多くの資金と人材が集まり、より多くのブレークスルーが起こるのだ。イートン校が他の学校にアウトリーチ・プログラムを提供し、NASAが他の宇宙機関を支援し、ロイヤル・シェイクスピア・カンパニーが他の劇場を支援しているのはそのためだ。

このようなアプローチは、寛大すぎるし、愚かでさえあるし、手を差し伸べる組織の利益にならないと主張する人もいるだろう。だが、実際には、まったく逆のことが起きていたのだ。

7

要約すると、センテニアルズは以下のような方法で、信頼を築き、信頼がもたらす利点を得る。

□成功や失敗のストーリーを共有することで、何が起こったのか、何を学ぶことができるのかを理解させる
□単に話をするだけでなく、インタビューや講演を行い、ドキュメンタリーや映画を制作し、記事や本を書くことによって、これらのストーリーを共有する
□何がうまくいき、何が失敗したかを明らかにするオープンデータセットを作成し、共有することで人々の協力を促進する
□インサイダーとストレンジャー、競合他社と協力し、資金や人材を自分たちの領域に引き入れる方法を見つける

Part 2

周辺部分の破壊

Disruptive edge

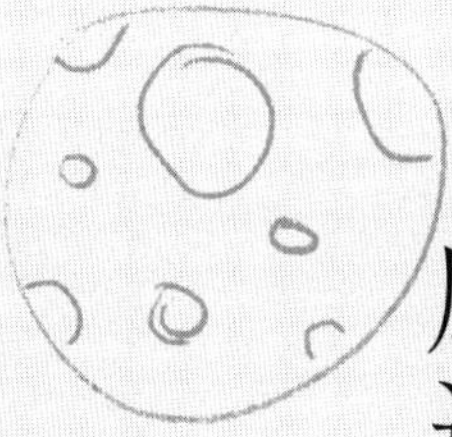

習慣 7

風通しが良いこと

——優秀な人材を
パートタイムで活用

Habit 7 Be porous

1

１９７０年代初頭、英国の伝説的ポップ・アーティスト、デヴィッド・ボウイは、わずか３年間のうちに米国で大成功を収めた。これは、ほとんどの英国人アーティストが、それまで成し遂げられなかったことだ。

シン・ホワイト・デューク（ロサンゼルス滞在中ボウイはこう自称した）のシングル『フェイム』は、全米トップ５入りし、アルバム『ステイション・トゥ・ステイション』も同様にトップ５に躍り出た。彼は絶好調だった。ところが１９７６年、ボウイはそのすべてを投げ出し、シン・ホワイト・デュークを「抹殺」し、ベルリンに移住。そこで人生の新しいフェーズを開始する。その後ボウイは、わずか３年の間に５枚のアルバムをレコーディングした。うち２枚はイギー・ポップとのコラボレーションによる『イディオット』『ラスト・フォー・ライフ』、そして残りはブライアン・イーノとトニー・ヴィスコンティとの共同制作による『ロウ』『英雄夢語り（ヒーローズ）』『ロジャー（間借人）』である。

ボウイの劇的な方向転換は、これが初めてではなかった。１９６０年代後半、シングル『スペイス・オディティ』を初めて全英トップ５入りさせた後、ジギー・スターダストというペルソナを採用して大成功を収めた。しかし、ベルリンも彼の最終形ではなかった。その後のキャリアの中でボウイは数年ごとに方向転換を続け、フランス、ロンドン、ニューヨークで新しいことに挑戦し続けた。

彼の変貌《へんぼう》ぶりに戸惑う者も多かったが、ボウイが47年間のキャリアの中で制作した26枚のスタジオ・アルバムのうち、12枚をプロデュースしたヴィスコンティは、次のように語っている。

「ボウイがニューアルバムを出すたびに、その新しさを嫌う人がたくさんいた。なぜ彼は『愛しき反抗』をもう一度レコーディングしないのか、なぜ『スペイス・オディティ』みたいな曲をまた書かないのか、と繰り返し言われたものだ」

ヴィスコンティはまた、ボウイが常に変化し続けた理由について簡潔に語った。「やり終えたからだよ」[1]と。

ボウイは常に新しいものを追求し続ける、飽くなき創造者だったのだ。彼の創造性と天才ぶりが並外れていたため、最初は抵抗を示した人々も、最終的にはボウイの自己再創造を受け入れるようになった。

ヴィスコンティは振り返る。「『ヤング・アメリカンズ』のときは、白人はソウルを作る資格がないという人がいたし、『ロウ』のときは、歌が少ないという理由でレコード会社に拒否されそうになった。でも『ロウ』はみんなに愛された。あのアルバムがゲイリー・ニューマンや他の多くのスタイルの、英国のエレクトロニック・ミュージックを生み出したんだ」

２０１６年に亡くなるまで、ボウイは史上最も影響力のあるミュージシャンの１人だと広く認められており、彼の曲はR&Bスターからパンクス、ヒップホップアーティストまで、幅広い人々にカバーされている。

英国で19枚、米国で5枚のアルバムがトップ5入りを果たし、アートロックとジャズを融合させた最後のアルバム『ブラックスター』は、両国で1位を獲得した。[2]

ボウイが長期にわたって成功し続けたのは、新しいもの、異なるものを絶えず探し求めようとする彼の強い意欲があったからである。ベルリンへの移住について、彼はこう語っている。「ベルリンは奇妙で独特な場所だ。戦後、ベルリンが東ドイツに呑《の》み込まれ、東ドイツの中の孤島となったとき、すべての産業、すべての大企業がベルリンから出て行き、空っぽの工場や倉庫だけが残された。そこに、学生やアーティストが移り住んだ。そのため街全体が、一種の工房のようになった。ベルリンが並外れてすばらしい場所になったのは、そのような理由がある」[3]

彼は、当時東西ベルリンを蛇行していたベルリンの壁からも芸術的なインスピレーションを受けていた。実際、その影響は非常に大きく、新しいアルバムを壁のすぐそばでレコーディングしようと決めたほどだった。

イーノは振り返る。「監視塔に兵士たちが見えた。彼らが僕らに向かって発砲するとは、誰も本気で思っていなかったが、それでも彼らの存在は、レコーディングの地理的な背景にひとつの要素を加えた。僕たちは強烈な個性を持つ場所にいた。そして、そのことが、僕たちに何か強靭《きょうじん》なものを作らなければならないと思わせたのだと思う。あのような雰囲気の中で、凡庸《ぼんよう》なもの、色あせたものをリリースしても意味がない。そういう環境で出てくるのは、何かもっと強いメッセージなんだ」[4]

しかし、もうひとつ重要な要素があった。ボウイは世界的なスーパースターでありながら、他のミュージシャンに助けやインスピレーションを求めることを、決して恐れなかった。ヴィスコンティは、『ロウ』当時の仕事を振り返り、ボウイの仕事ぶりを次のように語っている。「バンドのコアメンバーは決まっていた。ドラムのデニス・デイヴィス（彼は私が一緒に仕事をした中で最高のドラマーの1人だった）、ギターのカルロス・アロマー、そしてベースのジョージ・マーレイだ」。彼らは『ヤング・アメリカンズ』の頃からほぼずっと一緒だった。デヴィッドは彼らをツアーにも連れて行った。つまり、彼らがバンドのコアを担っていたんだ」[5]

そして、アルバムごとにギタリスト、キーボード奏者、ボーカリストなど、7、8人の新しいミュージシャンを起用し、それぞれの曲ごとに異なる個性を与えていた。

ボウイはキャリアを通じて200人近くのミュージシャンと仕事をした。アルバムあたり平均12人である。その4分の1ほどは、彼が過去にアルバムで共演したことのある人たちで、彼の仕事ぶりを知っている安定したスチュワードである。それ以外のほとんどの人は、彼が高く評価する初めて一緒に仕事をする人々で、彼らが自分に挑戦の機会を与え、変化をもたらしてくれることを望んでいた。

『ロウ』の制作方法は、ボウイの仕事の進め方を象徴している。レコーディングの核となったのは、ベース、リード・ギター、ドラムの3人のミュージシャンで、彼らはそれまでの3年間に一緒に演奏してきているなじみのメンバーだ。加えて、新しい才能も加わった。ボウイとは1度きりの仕事となる6人のアーティストと、特筆すべきはブライアン・イーノである。イーノは5年前にロキシー・ミュージックでその名を広く知られるようになっていた。

イーノは、彼が「オブリーク・ストラテジー」と名づけた127枚のカードを開発していた。このカードは、既成概念を打ち破り、ものごとにゆさぶりをかけるのに役立つものだった。各カードには、何かを違った角度から見たり、違った方法で行動したりするよう促す提案が書かれている。「いわゆる『賢明な判断』を捨てて仕事をするよう人に求める」、「楽器の役割を変える」、「退屈なことをする」、「欠陥を強調する」などだ。

イーノは次のように説明している。「参加者はカードを1枚ずつ引き、カードの内容は秘密にする。オブリーク・ストラテジーには、それぞれのカードに特定の操作法や技術が記載されている。参加者は全員でひとつの曲を作曲し始めるが、まったく別の、秘密の目的(アジェンダ)をもって取り組む。例えば、あるカードには『できるだけ静かで控えめな曲を』と書かれているのに対し、別のカードには『ひどい混沌《こんとん》を作り出す』と書かれているのかもしれない。そうすると、その2人はまったく違う方向に曲を引っ張ろうとする。そしてもちろん、そのような緊張があることで、素晴らしい楽曲が生まれることがある」

ボウイは後にこのように振り返っている。「私たちはシステムを工夫した。例えば、私がピアノを弾いて録音する。次に、フェーダーを下げて、ドラムの音しか聞こえないようにする。ブライアンにわかっているのは、曲のキーだけだ。そこにブライアンが加わって、別のピースを弾く。私のパートは聞こえないが、キーだけはわかっている状態で。そして、私たちはお互いのパートを聴かずに、交互に録音していく。そして1日の終わりに、全てのパートのフェーダーを上げて聴いてみて、何が起きたかを確認する。どんな風になったかを聴く。『ああ、パート3と5と7がいい感じだ』となれば、他は全部捨てて、残したフェーダー3と5と7だけがその曲の基礎になるんだ」

ふたりは、他のメンバーを慣れ親しんだ安全地帯から連れ出すことも恐れなかった。例えば、アルバム『ヒーローズ』の3曲目でリード・ギターを担当したロバート・フリップは、それまで一度も聴いたことのない曲を全速力で演奏するよう求められた。そして、他のパートがすべて録音されると、ボウイはブースに入り、ボーカルを録音する。彼は他のメンバーが作り出した音楽に直接反応していった。ヴィスコンティによれば、このアプローチが生み出した創造的な緊張感こそが、アルバムのタイトル曲「ヒーローズ」の冒頭で聴けるような、高らかで特徴的なギターのメロディーを生み出したのである。

ボウイのアルバム11枚に参加したギタリスト、カルロス・アロマーは、彼の哲学を次のように要約している。「そう、デヴィッドは落ち着きがなかった。心地良い状態を嫌っていた。心地良さはジャンルに縛られる。気をつけないと自分たちより長く生き延びて、こっちが追い越されてしまう。デヴィッドはこんなゴキゲンなことを言っていたよ。『手放すか、引きずられるかだ』と。デヴィッドはバージョン2・0、3・0と絶えず更新を続けた。5台アンプが必要だと言ったら、すぐに用意してくれた。違った方法でマイク収録したいと言ったら、そうさせてくれた。変化、変化、変化の連続だった。(他のアーティストは)何かを取り入れたら、そこに留《とど》まる。でも、デヴィッドは何かを取り入れても、もっと先へ進んでいくのさ[8]」

2

ボウイが定期的に行っていたように、地理的な場所を変えることによって創造性を刺激し、新鮮な視点を得ることは、多くの人にとってあまりにも急進的で非現実的かもしれない。だが、ストレンジャー(外部の人)を招くことは、実行可能であり現実的なアプローチである。

とはいえ、人々はしばしば、異なる視点から物事を考えることに価値があるという考えや、外部の専門家が何か有益なことを教えてくれるかもしれないといった考えに対して、反発する。ボウイが示したように、外部からの評価やアイデアに対して自分をオープンにするには、ある程度の謙虚さが必要だ。

とはいえ、閉ざされたマインドセットの危険性も繰り返し明らかにされてきた。閉鎖的な組織は、自分たちの失敗や、悪いやり方、非効率的なやり方を変えられない。彼らは好機も脅威も見逃してしまう。最終的には、こうしたタコ壺《つぼ》的な戦略で身を滅ぼす可能性も高い。

携帯電話会社ブラックベリーの運命がそれを端的に物語っている。ブラックベリーは長い間、非常に成功した最先端企業だった。

創業者のマイク・ラザリディスは、昼間は電気技師として訓練を受け、夜はコンピューターサイエンスのスキルを身につけ、１９８０年代半ば、わずか23歳でリサーチ・イン・モーション、後のブラックベリーを設立した。[9]

その後8年間、さまざまなアイデアに取り組んだ後、ハーバード大学ＭＢＡ卒のジム・バルシリーとチームを組み、双方向ポケベルの開発に集中するよう、バルシリーに勧められる。これがその後の携帯電話となり、最終的にはブラックベリーに進化した。ブラックベリーは、使いやすい電子メールと物理キーボードを備えた、最初のスマートフォンだった。そして、この新しい電話はビジネスマンの間で瞬く間にヒットした。

２００６年までに、６０００人以上の従業員を抱えるようになった同社は、１日に5万台以上の携帯電話を販売し、毎年新しい改良版を次々と発表した。[10] 最盛期の２００９年には、世界のスマートフォン市場の半数近くを占めていた。[11]

しかし、２００７年にアップルがｉＰｈｏｎｅを発売した時点で、ブラックベリーは自己満足に陥っていた。自社のコア市場は盤石だとみなし、競合他社を軽視していた。ブラックベリーのラリー・コンリーＣＯＯ（最高執行責任者）は、ｉＰｈｏｎｅが発売されたとき、あるジャーナリストに「あれは安全ではないし、バッテリーの消耗が激しく、キーボードもお粗末だ」と指摘した。

ブラックベリーのバルシリーCEOは、言葉を継いだ。「消費者にとって多くの選択肢がある、非常に競争が激しい市場に、もう1つの選択肢が増えたに過ぎません。ブラックベリーに大きな変化を迫るというのは、控えめに言っても言い過ぎでしょう」[12]

ハーバード大学のマイケル・ポーター教授が設立した経営コンサルタント会社、モニター・グループが作成した報告書が、iPhoneが大きな脅威になることはないと伝えたことも、ブラックベリーにとっての安心材料だった。報告書がブラックベリーに指示したことは、現在の市場支配力を守るために必要なのは「広告と製品プロモーションを強化すること」だった。[13]

問題は、ブラックベリーがiPhoneの本質を理解していなかったことだ。ブラックベリーは、iPhoneをただの電話、デザインが良いだけの電話だと見なしていた。iPhoneが電話の機能を持ったコンピューターであることに気づいていなかったのである。[14]

しかも、ブラックベリーがアプリを非公開独自開発していたのに対し、アップルやグーグルはオペレーティングシステムを開発し、そこで動かすアプリは何千もの独立系開発者に制作させていたのである。

その結果、iPhoneやアンドロイド携帯が、常に「○○用のアプリがありますよ!」とアピールする反面、アプリ開発者たちはブログにて、ブラックベリーとの連携がいかに不可能であるかを訴えた。[15]

ブラックベリーが現実を理解した時は、すでに遅すぎた。2013年、ブラックベリーのストアには8万のアプリしかなかった。一方で、iPhoneやアンドロイド携帯の顧客は100万以上のアプリから選ぶことができた。

ブラックベリーは低価格が重視され、革新的な製品の普及に時間がかかるアジア、ラテンアメリカ、中東などの市場に進出することで、数年間は事業を継続させることができた。しかし、グーグルのソフトウェアを搭載した安価なサムスン製携帯電話が登場し、ネットワーク速度が向上し始めると、売上は劇的に減少した。2011年には200億ドルだった売上が5年後には20億ドルまで減少する。

2016年9月28日、同社は市場シェアの97%を失った後、ハードウェア事業を中国の電機メーカーTCLに売却すると発表した。その4年後、TCLは携帯電話の製造を完全に停止した。[16]

ブラックベリーの閉鎖的な考え方は、決して特殊なものではない。また、没落に至った経緯も同様である。

米国の信用格付け会社スタンダード&プアーズは、過去60年にわたり、米国証券取引所で最も価値のある企業500社のリスト（S&P500種指数）を発表してきた。[17] 2016年に3人の米国人研究者がこのリストを調査したところ、個々の企業がリストから脱落した理由は、必ずと言っていいほど、異なる業界で事業を展開する他企業の新しい戦略や製品に気づかずにいるためである、ということが判明した。[18]

ブラックベリーの場合、存亡の危機はコンピューター会社からもたらされた。他にも自動車産業はエネルギー企業（テスラ）によって変貌を遂げ、メディアはソフトウェア企業（フェイスブック）によって根本的な変化を遂げ、小売業はテクノロジー企業（アマゾン）によって想像を絶する変化を遂げた。

研究者たちはまた、入れ替わりの頻度（すなわち、企業がリストから外れたり加わったりする頻度）が上昇していることも発見した。

テスラのような破壊的イノベーションを起こした企業が行っていたこと自体は、必ずしも革命的なことではなかった。彼らが用いたアイデアや技術はすでに存在していた。ただ、それを以前には使用されていなかった市場に適用しただけなのだ。

結局のところ、タッチスクリーンはアップルが携帯電話に搭載する何年も前から存在していたし、テスラが自動車に搭載する何十年も前からバッテリー技術が存在していたのと同じである。だが、そのつながりと可能性を見出《みいだ》すには、異なる分野からの新鮮な発想が必要だったのだ。

こうした破壊的変化は、すでに研究しつくされているにもかかわらず、犠牲者は増え続けている。ブラックベリー、ゼネラルモーターズ、ブロックバスター（ビデオ）、ボーダーズ（書店チェーン）など、枚挙にいとまがない。

そういった事例にもかかわらず、ほとんどの企業は、将来起こりうる課題や脅威に対して、悲しいほど無自覚である。その理由はほぼ例外なく、間違った方向を見ているからである。

S&P500を対象に行われた調査によると、調査対象のCEOの5分の4が、今後15年間に自社が脅威に直面すると想定していた。さらに、その4分の3が、脅威は外部からではなく、同じ業界の既存企業からもたらされると考えていた。[19]

彼らは目の前の仕事に集中するあまり、直接、自分の目にふれるものしか見えなくなっていたのだ。左右を見渡したり、後ろから迫ってくるものを確認したりすることはなかった。[20]

このようなCEOたちは、もうひとつの精神的な障壁にも悩まされる傾向があった。その障壁は、多くの人間に共通する。「人間は、本質的に種として、自分が同意する考えを過大評価し、同意しない考えを過小評価する傾向がある」[21]というものである。

その結果、CEOたちは自分の世界観に反する真実や可能性に直面すると、心理学者が確証バイアスと呼ぶものに逃げ込みがちになる。私たち人間の3分の2は、その新しい考えを真っ向から否定してしまう。

そして、私たちの半数は、既存の意見や偏見を損なうかもしれないと思えば、そもそも新しいアイデアを探そうとすらしない。[22]私たちのデフォルトの姿勢とは、自分のアイデアを支持する証拠だけを検討し、自分が同意するとわかっている人の意見にのみ、耳を傾けることだからだ。[23]

このような行動には、もっともな現実的理由がある。確証バイアスは意思決定を誤らせることもある反面、物事を成し遂げやすくし、他人を説得して自分に従わせ、自分のアイデアが最良だと信じさせることもできるからだ。

ある心理学者が私にこう言った。「全員が同じアイデアで一致できれば、議論に時間を費やすこともなく、すぐに行動に移すことができる」[24]。言い換えれば確証バイアスは、物事が単純で安定しており、予測可能な場合には、うまく機能する。問題は、そうでないときに、確証バイアスが災厄を引き起こすことだ。

3

百年組織センテニアルズは、この基本的な真実を理解しているだけでなく、その落とし穴を避ける術《すべ》も心得ている。

確証バイアスから脱却し、新しいアイデアを生み出し続け、ベストなアプローチや実行を特定するためには、MBAを持つ人々や、単にお金を増やすといった短期的な目標に焦点を合わせた経営コンサルタントに頼っても意味がない。そうではなく、破壊的ストレンジャーや、あらゆることに疑問を投げかけ挑戦する専門家に頼るべきなのだ。

元ブリティッシュ・サイクリングのパフォーマンス・ディレクターであるピーター・キーンは、私にこう説明した。「私たちの最大のブレークスルーは、いつも、外部の優秀な専門家と一緒に仕事をしたときに起きたのです[25]」

ブリティッシュ・サイクリングが、ヘルメットやバイクのデザイン、サイクリストのバイクの座り方、レースごとの精神的な準備態勢を完全に変えたのは、ストレンジャーのおかげだと彼は言う。

キーンと仕事をしたオリンピック金メダリストの1人であるクリス・ボードマンは、このアプローチを次のように評している。「専門知と無知が絶妙に混ざり合うことで、大きなイノベーションが生まれる[26]」

ブリティッシュ・サイクリングに倣い、NASAは問題解決のために、栄養士や心理学者を起用し、ロイヤル・カレッジ・オブ・アートはエンジニアや科学者を招き、世界を変えるための新しくより良い方法を考えるよう学生を鼓舞している。

このような専門家を活用する方法は2つある。1つは、従来通り他の場所での最先端プロジェクトを続けながら、自組織でパートタイムで働いてもらう方法である。これにより、そのプロジェクトが結実したときに、その成果を持ち込んでもらうことができる。もう1つは、専門家をフルタイムで雇用しつつも、同時に少なくとも3つの異なるプロジェクトに関与してもらう方法である。

前者は、王立音楽院が専門家を頼りにする方法だ。王立音楽院のティモシー・ジョーンズ副校長は、このように説明してくれた。「私たちは早い段階で学びました。専門家が私たちとあまりに多くの時間を一緒に過ごしてしまうと、自分たちの問題に自分たちのアイデアで取り組むようになるため、時代遅れになってしまうのです。そこで、専門家には、パートタイムで働くようにお願いしています。専門家に提供してもらうのは彼らの時間の一部だけなので、優秀な人材も採用しやすいのです[27]」

ブリティッシュ・サイクリングの栄養士、心理学者、科学者は、同じように他の2つのオリンピックチームとも仕事をしている。

後者のタイプのスタッフは、NASAの生物学者、エンジニア、気象学者の中にもいる。彼らは宇宙機関にフルタイムで雇用されているが、通常は複数のプロジェクトを同時に担当しているのだ。

オールブラックスが苦い経験から学んだように、このアプローチの利点は、しばしば予測不可能な形をとって表れる点にある。2004年当時、オールブラックスは、深刻な問題に直面していた。トーナメントでは優勝候補と目されながらも、繰り返し優勝を逃していたのである。チームは何が原因なのかを考えた。リーダーシップに問題があったのだろうかと。そこで彼らは、リーダーシップの基盤をキャプテン以外にも広げ、選手たち自身がリーダーを選べるようにした。

文化に問題があったのだろうか。ラグビー・ユニオンは9年前にプロ化され、選手たちはチームのためになることよりも、自分のためになることに集中しているのではないかという懸念が生じていた。そこで「バカ禁止（自分をチームよりも優先する人や自分を特別視してルールに従わない人、不正をする人など）」というポリシーと、「より良い人材がより良いオールブラックスを作る」という哲学が打ち出された。

あるいは、才能の問題なのだろうか。その後4年間にわたり、30人の新しい選手をさまざまなポジションにローテーションさせ、どの選手がどのポジションで最も機能するかを試すことになった。[28]

しかし、チームはワールドクラスではあり続けたものの、次の2007年ワールドカップでは、歴史が繰り返される兆候が表れた。オールブラックスは最初の4試合を圧倒し、相手の8倍の得点を挙げた。それにもかかわらず、準々決勝でフランスに敗れ、ワールドカップ史上最悪の成績に終わった。

その日、スタンドオフとして試合に出場していたダン・カーターは振り返る。「試合終了のホイッスルが吹かれた後、チームは更衣室に戻った。私のキャリアの中でも最も陰鬱《いんうつ》な更衣室だった。優勝候補筆頭だったにもかかわらず準々決勝で敗れたのだから[29]」

キャプテンのリッチー・マコウも言葉を重ねる。「自分たちの力が出し切れなかったことが本当に悔しかった。それから思ったのは、『帰国したらどうなるだろう』ということだった。ニュージーランド全体が失望し、腹を立てているのがわかっていた。『こんなはずじゃなかった』という思いが何度も頭をよぎった。でも、現実はそうなってしまったんだ[30]」

チームはついに、意外な人物に助けを求めた。元サッカー選手で法医学精神科医のセリ・エヴァンスである。当時は、刑事裁判の専門家証人であり、メンタルヘルスの専門家として国家保健プログラムにも関わっていた。さらに、ビジネスリーダーや弁護士、医師、特殊部隊などが、プレッシャーのもとで優れた成果を発揮できるよう支援する、パフォーマンス心理学者として活躍した。

案の定、問題を突き止めたのは、まったく違った角度から物事を見たエヴァンスだった。

エヴァンスはこう説明する。「大型犬が突然目の前に現れたとき、私たちに必要な情報は、その犬が怒りの唸《うな》り声をあげているということだけです。犬の名前も種類も、お気に入りの公園かどうかでもありません。このシステムの特徴はスピードです。恐怖などの感情と結びついているため、『ホットなシステム』と呼ばれています。私はこのシステムを『レッド』と呼んでいます。しかし、犬から逃れ、安全が確保されれば、今後どうすれば犬の通り道を横切らないようにできるかを考える余裕が生じるでしょう。このシステムによって、私たちは問題を解決し、目標を設定し、学習し、適応することができます。思考や合理的分析との結びつきが強いため、『クールなシステム』と表現されます。私はこのシステムを『ブルー』と呼んでいます」

専門的に言うと、エヴァンスは脳の扁桃体の領域と、大脳皮質を区別したのである。扁桃体は、突然の危機に対して闘争、逃走、凍りつきの反応を示し、大脳皮質は熟慮をつかさどる。エヴァンスが言いたかったのは、オールブラックスはプレッシャーの下、レッドを見ていた、ということだった。彼らはブルーを見ることを学ぶ必要があるのだ。

マコウは回想する。「エヴァンスは、レッドからブルーへの移行を手助けするためのエクササイズを教えてくれた。ゆっくりと意識的に呼吸する。鼻でも口でも、2秒ほどの間をおいて。呼吸をしながら、息を吐くときに手首を反対の手で握る。それから外部の何かに注意を移す。地面や足、手の中のボール、あるいは足の親指を交互に動かしたり、観客席に目をやったりするのでもいい。それから、もうひとつやらなければいけないのは、予測できないことに備えることだ。そうしていれば何が起こったとしても、驚いたり混乱したりせずに対処できる[31]」

2011年ワールドカップ決勝、オークランドでのフランス戦で緊迫の場面が訪れた。これまで何度もあったように、オールブラックスは序盤でリードを奪ったが、徐々に点差が詰められていた。

マコウはピッチの中央に立ち、どうすべきか考えた。しかし、彼はパニックに陥ったり、コントロールを失ったりはしていなかった。ゆっくりと呼吸を整え、一呼吸ごとに2秒の間を置いて、気持ちを落ち着かせていた。手首を押さえ、地面をしっかり踏み込み、今、この瞬間に意識を集中した。

「ショックを感じるどころか、思っていた通りの展開になっていた。仲間が周りにいる。私が話し、彼らが聞いていた。誰の目も落ち着いていたし、レッドゾーンの兆候はなかった」

マコウはメンバーに言った。「パニックになるな。こうなることはわかっていた。準備はできている[32]」

その30分後、オールブラックスは24年ぶりにワールドカップを制した。

オールブラックスの進撃は、なおも続いた。ワールドカップが終わるとすぐに、チームは自分たちの世界の外に、さらなるアイデアを探しに行ったのである。

彼らはグラップリング（組み技）技術を向上させるために、ブラジルの総合格闘技選手に教えを乞《こ》うた。英国人バレエダンサーにリフティングのコツを教えてもらった。テクノロジーを活用する方法を理解するために、英国のモーターレーシングチームから学んだ。米国のバスケットボールチームからは、攻撃の戦略を向上させるための知見を得た。米国海兵隊に、デブリーフィング（事後の振り返り）を改善するために、相談した。[33]

こうして4年後、オールブラックスは2大会連続のワールドカップ優勝を果たした。

4

近年のセンテニアルズは、外部の破壊的専門家を単発的に活用するだけではない。彼らの活用は常時に及んでおり、その割合も全従業員のかなりの部分を占めている。具体的には3分の1から3分の2が破壊的専門家である。

彼らはいわば、アコヤガイの中で真珠を生み出す砂粒のような存在である。通常、彼らを指導するのが組織の4分の1を占める安定したスチュワードであり、従業員の半分から10分の1

存在する有能な実行者が物事を見通している。

これほど多くの破壊的専門家を参加させることは、一見、贅沢《ぜいたく》に思えたり、リスクが高いように思えたりするかもしれない。しかし、あらゆる潜在的な才能を引き出そうとするならば、関与する人数はそれだけ多くする必要がある。

いずれにせよ、センテニアルズは破壊的専門家を十分慎重に扱っており、特定の瞬間や、特定のプロジェクトにおいてのみ活用することで、過剰な混乱を避け、軌道から外れることを防いでいる。

過去120年間にオールブラックスでプレーした1200人のうち、4分の3は破壊的専門家と呼びうるだろう。これは、彼らがそれぞれ10試合未満のテストマッチにしか出場していないことに表れている。さらに、この破壊的専門家の中で、ピッチに立ったことがある選手は3分の1しかいない[34]。

ブリティッシュ・サイクリング、王立音楽院、ロイヤル・カレッジ・オブ・アートは、いずれも多数の外部専門家を起用しているが、パートタイムで起用し、フルタイムのスタッフとのバランスを慎重に取っている。

センテニアルズがそうした人材をパートタイムで活用したり、複数のプロジェクトを同時に担当させたりする傾向があることは、大きな意味を持つ。彼らは単に現実的な便宜や経済的な必要性を考えているわけではない。専門家が最高の創造性を発揮するためには、彼ら自身も日常生活にある程度の混乱が必要であることを理解しているのだ。

ひとつのプロジェクトだけに取り組んでいると、精神的な停滞を招きかねない。いくつものプロジェクトに取り組むことで、創造力を維持し、異なるアイデアや視点が相互に影響を与え合い、新しいアイデアや創造的な解決策が生まれるのである。

この点で、歴史に残る偉大な創造的頭脳の持ち主が、複数の物事への情熱を持っていたことは偶然ではない。

過去100年間にノーベル賞を受賞した700人以上の科学者を調査したところ、そのほとんどがその分野の専門家であるだけでなく、他の分野への強い興味も持っていたことが明らかになっている。[35]

事実、他の情熱を追求することは、IQの高さよりもノーベル賞受賞の予測因子として優れていることが示されている。ハーバード大学のデビッド・パーキンス教授は説明する。「IQの高さはバスケットボール選手における身長のようなものです。背が高いことはとても重要だが、良いバスケットボール選手になるためには、背が高いことよりももっと多くのことが必要です[36]」

いずれにせよ、いくつかの研究が示しているように、高いIQがあるからといって、必ずしも重要な成果を達成できるわけではない。1921年から1996年まで、IQ135以上の子供1521人の生活を追跡したターマンの研究が、それを示している。[37]

また、生理学者のロバート・ルート＝バーンスタインとその研究チームは、ノーベル賞受賞者と、この名誉ある賞を受賞しなかった700人の科学者の比較を行った。受賞者は非受賞者に比べて、視覚芸術や彫刻、版画などの芸術活動に参加する人が7倍多かった。また、木工作業や、機械工作や電気工作、ガラス吹きなどの手仕事や技術的スキルを持つ人が8倍、詩や短編小説、戯曲、エッセイ、小説、ポピュラーサイエンスなどの一般向けの本を書く人は12倍にも上った。また、アマチュア俳優だったり、ダンサー、マジシャン、その他のパフォーマーなどの活動を行うことも、22倍多かった。[38]

巨匠の趣味がそれを物語っている。1918年にノーベル物理学賞を受賞したマックス・プランクはピアノを弾き、作曲もした。アルベルト・アインシュタイン（1921年受賞）はバードウォッチング、ヨット、ヴァイオリンを楽しんだ。エマニュエル・シャルパンティエは、DNA編集の研究で2020年の受賞が決まったが、ダンサーやピアニストとしても活躍している。

ノーベル賞科学者に当てはまることはノーベル賞作家にも当てはまり、彼らは平均して趣味を追求する傾向が、平均的な米国市民の少なくとも2倍あるという。[39]

アーネスト・ヘミングウェイ（1954年受賞）はボクシング、釣り、狩猟を趣味とした。ネリー・ザックス（1966年）は音楽、ダンス。ウィリアム・ゴールディング（1983年）は考古学、チェス、音楽、ヨット。ナディーン・ゴーディマー（1991年）は彫刻を、ルイーズ・グリュック（2020年）は絵画を楽しんだ。

この現象について質問された受賞者たちは、このような専門外への関心が、どのように課題やアイデアを明確にするのに役立ったかを説明している。

ウィルヘルム・オストワルト（1909年）、アルベルト・アインシュタイン（1921年）、バーバラ・マクリン・トック（1983年）、クリスティアーネ・ニュスライン＝フォルハルト（1995年）らはそろって、音楽を演奏することで（別の焦点を与えることで）心がさまよいやすくなり、最終的に解決しようとしていた問題を明確にするためのスペースができたと述べている。[40]

アインシュタインは、行き詰まるといつもヴァイオリンを手にしていた。「相対性理論は直感によって思いついたものであり、音楽はその直感の原動力である」と語った。[41] 絵画やデッサンが趣味の人は、この趣味が、自分が理解しようとしていることを視覚化するのに役立ったと語っている。

ドロシー・ホジキン（1964年）は、インスリン分子の秘密を解き明かそうとしたときのことをこう回想している。「本当にその分子を『見る』ことができれば、もっと良くなるのではないだろうか」と。[42]

その後、彼女はX線撮影装置を使い、インスリン分子の写真を撮影した。

ノーベル賞受賞者のひとり、サンティアゴ・ラモン・イ・カハール（1906年）はこのような言葉を遺《のこ》している。「（ブレークスルーを達成するために雇わなければならないのは、）とめどなく湧き出るような、活発な想像力を持った科学者である。彼らは文学、芸術、哲学、そして心と体のあらゆるレクリエーションの追求に、エネルギーを費やす人々だからだ。遠くから眺めている者には、彼らがエネルギーを無駄遣いしているように思えるかもしれないが、実際には、彼らは発散することでエネルギーを集中させ、強化しているのだ[43]」

破壊的専門家は、研究テーマも頻繁に変える。

ルート＝バーンスタインは、「生涯を通じてブレークスルーを生み出す研究者は、1つか2つの主要な研究課題に集中しながらも、常に他の研究課題を探究している。（そしてしばしば）解決策が見つかる前に課題を放棄しなければならない、あるいは、別の関連する課題に取り組むことによって初めて解決策が見つかる、と報告している。（さらに頻繁に）十分なデータ、新しい技術、あるいは何らかの洞察が得られるまで、問題を「保留」の箱に入れておくのである[44]。

このアプローチを「スローモーション・マルチタスク」と呼ぶ人もいる[45]。チャールズ・ダーウィンは『種の起源』の執筆中、フジツボ、ミミズ、ランを研究した。レオナルド・ダ・ヴィンチは、絵画とデッサン、生物学、化学、物理学の研究の間を行き来していたことで有名である[46]。

このようなスローモーションのマルチタスクが、彼らの創造的な発想を刺激し続けた。

破壊的専門家を組織内にどのように配置するかについては、彼らの疑いようのない強みを活《い》かすことが重要であり、潜在的な弱点を考慮に入れるべきではない。

彼らは事務処理のためにいるのではなく、また、管理のためにそこにいるのでもない。多くの組織が犯しがちな過ちは、破壊的専門家を昇進させて他の人の責任を負う役割に就かせたり、書類仕事をさせたり、何をしているのかを説明するために会議に出席させたりすることである。

もちろん、彼らがそのような役割をうまく果たす可能性はゼロではない。しかし、実際は苦戦したり、成果が低下したり、不得意なことに力を浪費することになる可能性の方がはるかに高い。

原則として、管理は安定したスチュワードに、運営は有能な執行者に任せるのが最善である。破壊的専門家は、新しいアイデアやブレークスルーのために存在する。

ルート＝バーンスタインの研究では、対象としたノーベル賞科学者のうち、「管理業務に従事するようになったのはわずか2人で、それもごく短期間だけであった」とし、「生涯を通じてブレークスルーを生み出す研究者は、古い分野を少し手直ししたり、先行する知見を洗練させたり、他人の研究の管理者になったりすることには満足しない」と結論づけている。[47]

この研究はまた、研究科学者に管理業務を委《ゆだ》ねることは、しばしば自滅的な行為であることを示唆している。なぜなら、管理業務は彼らを研究から遠ざけ、ブレークスルーを生み出す可能性を減少させるからである。

破壊的専門家を、彼らには向いていない仕事、あるいは他の人がやっても同等かそれ以上にうまくいく仕事から遠ざけることだ。さらにそのことが重要であるのと同じくらい、スペースと時間を提供することも重要だ。

歴史的に見ても、ノーベル賞を受賞した科学者は、受賞するまでに少なくとも10年（通常は20年）、その分野で研究を続けてきた。全員が大学に所属していたとはいえ、フルタイムで勤務していた人は全体の4分の1に過ぎなかった。[48]

このような贅沢は、平均的な組織では実現不可能かもしれないが、それでも、この背景にある2つの原則は踏まえておくべきである。

5

要約すると、センテニアルズはあらゆるところから最良のアイデアを取り入れている。

□自組織の分野でトップレベルの破壊的専門家を雇用し、少なくとも3つ、通常は他の2つの重要なプロジェクトや趣味を同時に進めてもらう
□全従業員の3分の1から3分の2の破壊的専門家を確保し、特定のプロジェクトに特定のタイミングで投入できるようにする
□これらの専門家に、時間の3分の1程度をパートタイムあるいはフルタイムで、少なくとも2つ（通常は3つ）の異なるプロジェクトに同時に取り組むように依頼する
□彼らに取り組みたいプロジェクトを選んでもらい、最もインパクトを与えられる場所で働いてもらうようにする
□必要に応じてプロジェクト間を移動することを奨励する

□新しいブレークスルーを見つけることに集中できるよう、管理業務をできるだけ少なくする

習慣 8

幅広い専門知識を集める

——履歴ではなく人材を採用する

Habit 8

Shake all trees

1

2020年、NASAは新たに10人の宇宙飛行士を募集すると発表した。1万2000人が応募し、全員が2時間のオンラインテストを完了した。[1] 4年前の前回の募集では1万8000人の応募があった。いずれの場合も、彼らは全員を査定した。

なぜNASAは、これほど多くの応募者を集め、厳密な選考プロセスに耐えうる候補者を探す手間をかけるのだろうか。端的に言うと、NASAが、あらゆることは採用する人材の質に起因すると認識しているからである。そして、その人材は、可能な限り幅広いスキルを持つ人々の中から集めるべきだと考えているのだ。

火星探査プログラムのディレクター、ダグ・マッキュイションは説明する。「現在募集しているミッションは、かつてないほど長期間かつ複雑なものです。もはや、数日で月に飛び、安全に地球へ帰還できる程度の人材は求めていません。私たちは、宇宙ステーションや火星探査など、宇宙で1年から3年過ごせる人材を求めているのです」[2]

NASAの心理学者であるノシール・コントラクター教授は言う。「私たちが最初に自問したのは、トム・ウルフが『ザ・ライト・スタッフ』の中で描いた、マーキュリーの宇宙飛行士ジョン・グレンやアラン・シェパードらの『ライトスタッフ（正しい資質）』とは、火星に行くチームにとっても『ライトスタッフ』なのかということでした。そして、私たちはそれがもはや『ライトスタッフ』などではないとかなり確信を持っています[3]」

最近のプロジェクトに携わった宇宙飛行士の1人は、こう明言する。「私たちが求めているものは、基本的には変わっていません。プレッシャーの中でも冷静で、必要であればチームを引っ張ることのできる優れたチームプレーヤーを求めています。しかし、私たちは多様なバックグラウンドやスキルも求めています。軍で訓練を受けたテストパイロットだけでなく、大学で訓練を受けた生物学者、エンジニア、地質学者、医学者、物理学者など、宇宙で直面する複雑で変化し続ける問題の解決に貢献できる人材を必要としているのです[4]」

ＮＡＳＡが、未来のスタッフがまだ学校にいるときに、手を差し伸べる取り組みを行っていることは、すでに述べた（習慣2を参照）。この徹底的で戦略的なアプローチは、宇宙飛行士の公募の段階でも一貫している。

応募者を絞り込むためのフィルターはない。適切に評価されるまで、誰も除外されることはないのだ。

ジョンソン宇宙センターの宇宙飛行士選抜オフィスの責任者、ドゥエイン・ロスはこう説明する。「宇宙飛行士候補生や訓練生だけでなく、興味があり、多様なバックグラウンドがあり、ここに来て私たちを助けたいと思う人なら、誰にでも門戸は開かれています[5]」

その結果、ＮＡＳＡの職員は驚くほど多様な人々から選ばれることになった。過去10年間、彼らが採用した20人の宇宙飛行士の半数は女性であり、5分の1は多様な民族背景を持つ人々である。また、学歴や職歴については、半数がパイロット、３分の１が科学者、６分の１が医療従事者、空軍または陸軍出身者であった。[6]

応募者の多さを考えれば、このような多様性は驚くべきことではないだろう。多くの人を驚かせるのは、最初の選考から正式な任命までのプロセスが、いかに長いかということだろう。８カ月から10カ月を要している。

ロスは続ける。「人を選ぶのは難しいです。単一の要素で決まるわけではありません。私たちが求めるのは、優秀で多様性に富んだグループです。なぜなら、それが最良の結果を得るための方法だからです。基本的な学問的要件はあります。一般的には、数学、工学、または科学の分野で十分な準備をしている人を見つけます。最も重要なのは、応募者がこれまでに行ってきた仕事と、宇宙飛行士がここでやらなければならないことを比較し、過去の経験がどれだけ適用できるか、共通点や類似点を見《み》出《いだ》すことができるかということです」

「また、応募者の外部活動を見て、新しい状況や環境に適応できるかどうかも判断します。ジョンソン宇宙センターや他のセンターで行うあらゆることは、大きなチームであれ、フライトクルーのような小さなチームであれ、チームとして取り組む任務です。ＮＡＳＡの航空身体検査にも合格しなければなりません」[7]

厳正な選考の結果、１万数千人いた最初のリストは５００人に絞られる。その中から１００人が選ばれ、６週間の評価を受ける。そして最終的に10人が宇宙機関での職を得られる。[8]

ジョンソン宇宙センターのフライトクルー業務部長であるジャネット・カヴァンディはこう

言っている。「1万2000人を査定し、欲しい10人を見つけるのに10カ月もかかるなんてどうかしていると思う人もいるでしょうね。でも、選択の結果が大きな影響を及ぼす可能性があります。だから、慎重に行動しなければならないし、正しい判断を下す必要があるのです。」[9]

2

多くの人は、このような長期間に及ぶ、広範な人々を対象とする採用プロセスは、将来の宇宙飛行士には理にかなっているが、一般的な組織には、贅沢《ぜいたく》すぎるか、不必要であるか、あるいはその両方であると主張するだろう。

もちろん、ほとんどの企業がNASAのような採用プロセスを実施するための、時間や費用を持っていないのは事実だ。しかし、あまりに多くの企業が、極端なまでにその反対の方法をとっている。広告を出し、面接のために一握りの候補者を選び、2回目（あるいは異例として3回目）の面接で決めるのだ。

組織を成功に導きたいのであれば、優秀な人材を見つけ確保する必要があるというのは、自明の理と言えよう。

確かに、どのCEOへの調査でも、人材の重要性はトップに挙がっており、もはや議論の必要もないほど自明のこととして認識されている。[10] しかし、これは、最も重要な瞬間に必ず無視される。多くの場合、適切な役割に適切な人を採用するための努力がほとんどなされていない。そのため、米国企業についての最近の調査によると、1年以内に3分の1が退職し、5年以内に半数が退職するという結果が出ている。[11]

このような労働力の絶え間ない移動は、さまざまな悪影響をもたらす。採用にはコストがかかるが、採用した人材が長く定着しなければ、そのコストは無駄になる。新入社員が定着し、最高の仕事をするようになるまでには、数カ月かかることもあるが、せっかく育てた新入社員が退職することになれば、多大な時間と費用がまた無駄になる。

このような混乱のために、従業員の交代には給与の半分から2倍のコストがかかると言われている。言い換えれば、米国の労働人口の4分の1が毎年転職していることを考えると、米国の企業は毎年1兆ドルを、人員の転職に無駄に費やしていることになる。[12]

そのコストは金銭的なものだけではない。離職者と新入社員が絶え間なく入れ替われば、モラルも低下する。[13]

専門家たちは、従来の採用アプローチでは成果が上がらないと考えている。そして、経営者たちはそれを使い続けていながら、概してこの厳しい評価に同意している。

最近のさまざまな調査によると、典型的な米国企業では、管理職の5分の4が、適切な人材を採用できていないことが常態化していると考えており、従業員の3分の2は、自分が間違った仕事に就いていていると考えている。[14]

端的に言えば、履歴書－面接－推薦状というアプローチが機能していないのだ。[15] ほとんどの管理職は、履歴書だけを頼りに応募者を選考する。履歴書と面接を頼りにそこから何人かを選び出す。そして、その中から履歴書、面接、推薦状を頼りに数人を選び出す。この時点で、管理職はすでに誰を雇うか決めているのだろうから、推薦状は実はほとんど無意味なのだ。[16]

要するに、粗雑な2段階のプロセスなのである。

心理学者の中には、帽子に隠した名簿から無作為に合格者を抜き出す方が、良い結果が得られるのではないかとまで言う人もいる。そうすれば、採用プロセスにしばしば紛れ込む偏見や先入観を避けることができる。そしてもちろん、多くの時間とお金を節約することができる。[17]

しかも、仕事への不満は報酬水準への不満に直結するという、一般的な思い込みがある。それは厳密には正しくない。調査によれば、ほとんどの人は基本的な生活費がまかなわれ、ちょっとした贅沢《ぜいたく》をするのに十分な金額でも満足することが示唆されている。

パデュー大学の心理学者で、２００５年から２０１６年の間に約２００万人を対象に実施された「世界幸福度調査」の結果を分析したアンドリュー・ジェブによれば、「十分である」とされる金額は「驚くほど少額」だという。彼らの「十分な」給料の目安は、「住んでいる場所や子供の数にもよるが、年間3万ドルから9万ドルの間」である。[18]

それ以上の水準になると、他の研究が示しているように、給料が上がっても幸せにはなれず、かえって幸福感が減じられることさえあるようだ。この額を超えた人は、自分が本当に十分な給料をもらっているのか、他の人がもらっている給料と比べて自分の給料はどうなのか、といったことにこだわり始める。反面、仕事に対する満足感や、重要な仕事を任される喜び、学びによる充実感、サポートに対する感謝などについて、自問することを止めてしまうのだ。[19]

興味深いことに、アンドリュー・ジェブがたどり着いた上限額は、オールブラックスのコーチや、イートン校のチューター、NASAの宇宙飛行士の給料（平均年収10万ドル強）に非常に近い。これは米国平均の2倍かもしれないが、それでも米国の平均的なCEOの収入の100分の1にすぎない。[20]

つまり、報酬は採用の重要な要素ではあるが、それだけではないということだ。人々は生活費をまかない、ささやかな贅沢を楽しめる仕事を求めている。しかし、同時に、自分が充実感を得られる仕事、価値あることをしていると感じられる仕事、学び、成長できる仕事を求めている。

こうした複雑で微妙な変数を考慮しない採用プロセスは、必然的に不十分なものとなる。

例えば、ある人の履歴書を見れば過去に何をしてきたかはわかるかもしれないが、将来何ができるか、何を望んでいるかはわからない。だが、面接の質問は、面接官の偏見や先入観によって歪曲《わいきょく》されやすく、候補者がある職務に適性があるかどうか、有益な情報を引き出す役にたっていないことが多い。

そして、これらの質問が無作為に選ばれたものであるなら、応募者の能力や適性を正確に判断するための基準が欠如し、応募者間の適切な比較が不可能となる。

ここに明らかなデータがある。アイオワ大学のフランク・シュミットが中心となり、過去85

年間に実施された何千もの研究を徹底的に分析した結果、履歴書、面接、推薦状という採用の標準的なアプローチでは、3つの要素すべてが適切に適用された場合でも、応募者の潜在能力を予測するのにせいぜい4分の1程度しか役立っていなかった。さらに、1つの要素しか考慮しなかった場合は、どれほど入念に行っても、予測できたのは10分の1以下に留《とど》まっていたのである。[21]

3

では、百年組織センテニアルズや他の素晴らしい組織は、採用にどのように取り組んでいるのだろうか。

すでに見てきたように、NASAのような組織は、次世代の宇宙専門家を育成するために、また、さまざまな立場の人材ができるだけ多く応募し、検討に付されるためにも、膨大な準備作業から始めている。オールブラックスは、地域社会全体に働きかけ、数千人の子供たちを対象に何百回ものワークショップを開催し、オールブラックスやブラックファーンズ（国際ラグビー界屈指の勝率を誇るラグビー女子ニュージーランド代表）を目指すことを奨励している。[22]

ロイヤル・シェイクスピア・カンパニーも同様に、ワークショップやアウトリーチ・プログラムを通じて、可能な限り多くの才能ある人々と接触しようとしている。[23] 最終選考にも時間をかける。

王立音楽院は、3週間かけて翌年の研修生を選ぶ。この長いプロセスの正しさを説明するために、チューターの1人がこう言っている。「もし、私たちが正しい選択をすれば、すべてがうまくいきます。仮に誤った選択をしてしまえば、すべて台無しになってしまいます」

また、新人を求めている現場管理職や人事部の枠を超え、外部の専門家や元スタッフのスキルを活用するために、より広い視野で見ることもある。

ロイヤル・カレッジ・オブ・アートは、リクルート・コンサルタントを活用する。内部のスタッフはこのように説明する。「優秀な人材の多くはすでに職に就いており、辞める予定もありません。そのため、まず優秀な人材を見つけて、説得する必要があります。それが、私たちが採用にコンサルタントを起用する理由です。応募があるのをじっと待つのではなく、積極的に行動することで、新しい可能性を探るのです」

オールブラックスは、チームを離れて少なくとも5年以上経過したコーチや選手に、新しい選手の選考をサポートするために戻ってくれるよう依頼する。

NASAの元宇宙飛行士も同じように呼ばれる[24]。

NASAの徹底的な採用プロセスが示すように、このような組織は履歴書と面接による標準的な採用アプローチをはるかに凌駕《りょうが》している。性格テストを採用するところもある。また、有望な候補者に試用期間を設ける場合もある。

例えば、世界的なカフェのプレタ・マンジェ、英国のハイファイ・チェーンのリチャー・サウンズ、米国のサウスウエスト航空などは、採用を決定する前に、数週間からそれ以上の試用期間を設けることが多い。試用期間中に一緒に働いた人々にも、候補者の評価を手伝ってもらう。これによって応募者と将来の同僚がうまくやっていけるかどうかを確認できるだけでなく、応募者がどのように顧客に対応するかを見ることができるため、より幸せな職場環境の確保につながると考えるからだ。[25]

フランク・シュミットは次のように述べている。「その人の潜在能力を判断する最善の方法は、その人の行動を見て、情報をどれだけ吸収し、他者とどのように協力し、ある時ある状況で、どのように意思決定を行うかを見ることである」

履歴書、面接、推薦状というアプローチで、その人の可能性を正しく判断できる確率はせいぜい4分の1だが、実際にその人の仕事ぶりを見ることで、その確率は3分の1に上がるとされている。

この2つのアプローチに、適切に設計された能力テストや性格テストを組み合わせると、確率はさらに5分の4に向上する。そして、能力テストや性格テストと過去のデータを照合しながら繰り返し改善することで、採用における成功率を10分の9まで引き上げることができる。[26]

あらゆるセンテニアルズが、採用前にパートタイム勤務を依頼し、能力テストや性格テストを実施していることは驚くにはあたらないだろう。[27]

4

手間をかけた採用アプローチがもたらす利益の最良のケーススタディを挙げるとしたら、第二次世界大戦中のブレッチリー・パークの英国暗号解読センターだろう。

ブレッチリー・パークの専門家たちが直面した難題は計りしれないものだった。彼らが解読しようとしていたドイツのエニグマ暗号は、３枚のローター（回転子）があり、各ローターは６通りの設定から任意に配置できた。各ローターはアルファベット26文字に対応して回転する。さらに、３つのローターは10組の接続点を持つプラグボードにつながっており、プラグボードの接続点を様々な組み合わせで接続することで、６００通りの設定が可能だった。

これらの要素を組み合わせると、暗号作成者が利用できる組み合わせは、全部で１５０兆以上あった。しかもこれが毎日変更される。[28] 暗号は解読不可能としか思えなかった。

１９３９年に戦争が始まったとき、ブレッチリー・パークで働いていたのは１００人以上の人々だった。すぐに数千人のスタッフ増員の要請がかかった。しかし、スタッフは適切な人材でなければならない。

１９４２年に採用されたジョーン・ジョスリンは、クリスマスイブに、ロンドンの外務省で面接を受けたときのことを、後にこう振り返る。「とても立派なオフィスで、大きな机の向こうに座っているムーアという感じの悪い女性に会いました。その人は、好きな科目や趣味、一般的な話題についていろいろと質問してきました。数学と英語が好きだと答えたのを覚えています」[29]。その後、ジョスリンは一連のパズルやテストを行い、さらに他の人たちによる面接を受けた。「最初は厳しく、次に優しく、そしてまた厳しくなりました。私を緊張させようとしたのだと思います」

すべてが終わると、パスポートを渡され、家に帰って荷作りして翌朝の列車でブレッチリーに行くように言われた。

さまざまな背景や職業、社会的地位を持つ人々が集められた。ブレッチリー・パークの初期採用担当者4人のうちのひとりである、ゴードン・ウェルチマンは、当時の状況を説明する。「最初に私たちが採用したのは、受付係、言語学者、タイピストでした。受信したメッセージを傍受し、解読し、翻訳したのですが、これだけでは限界がありました。そこでデータのパターンを見つけ出すために、数学者や科学者も採用し、さらにエンジニアや機械学者も採用して、スピードアップのための機械を設計できないか検討し始めました」[30]

初期の採用アプローチはほとんどが、ブレッチリー・パークの人々の知人に向けられたものだったが、このネットワークが枯渇するのに時間はかからなかった。そのため、採用担当者はより広範な分野に目を向け、特に女性を採用することにした。

歴史家のシンクレア・マッケイは、次のように述べている。「さまざまな教育的背景を持ち、全国から集まった何千人もの聡明《そうめい》な若い女性が、応募用紙の一見無害な質問を通じて選ばれました。応募者は暗号クロスワードなどの知的レクリエーションを楽しむかどうかが問われ、その答えが『イエス』であれば、何度か簡単な知能テストが行われました」[31]

1942年から1944年の間に、採用された女性は3倍に増え、ブレッチリー・パークの全職員の4分の3近くを占めた。同期間に、大卒以外の暗号解読者の数も4倍に増え、全スタッフの3分の2を占めるようになった。[32]

採用人数が増えるにつれて、採用方法も洗練されていった。戦争末期までに、ブレッチリー・パークは、一連の標準化されたテストを開発した。[33]

マッケイは、クロスワードパズルを「最も有名な才能発掘法」としているが、その他にも「水平思考テストから、架空の神話的言語の問題、エジプトの象徴や世界を逆さまに見るようなシュールなルイス・キャロル風の論理問題など、多種多様な難問」が使用されたことを指摘している。[34]

才能のプールが広がるにつれて、文化も変化し、多様化していった。

ブレッチリーで3年間働いた言語学者、アラン・ストリップはこう書いている。「民間人と英国軍および連合軍それぞれの人員が、年齢、階級、バックグラウンドに関係なく肩を並べていました。必要な規律は、上から押し付けられるのではなく、仕事から自然に生まれました。緊急の仕事があった場合、8時間のシフトが短く感じられ、仕事に夢中になりすぎて終業時刻になってもなかなか仕事から離れられませんでした」[35]

ブレッチリー・パークで6年間働いた弁護士のピーター・カルボコレッシも、次のように振り返っている。「嘱託将校だった私たちが制服を着たのは、気が向いたとき、あるいはトップクラスの訪問が予定されているときだけでした。そこは、人々が互いに敬礼しあうような場所ではなかったからです」

暗号解読者たちは余暇を利用して、ブレッチリーに数多くあるクラブのひとつに参加していた。タイピストだったミミ・ギャリリーは「カントリーダンス、モリスダンス、さまざまな種類の音楽があふれていた」という。また、数学者のオリバー・ローンは次のように思い出を語る。「劇の稽古《けいこ》がよく行われていました。アマチュア劇団の公演や、さまざまなコンサートもしょっちゅうでした。才能豊かな人々が一堂に会したことで、若々しい知的・芸術的エネルギーに満ちあふれていました。社交に不慣れな数学者の私がいる一方で、自信に満ちあふれた上流階級のお嬢さんがいて、古典文学に詳しい人が古代ギリシャ語で会話している横で、ジャズを愛する女性がとんでもなく難解なクロスワードを解いて時間つぶしをしていました[36]」

もう1人の退役軍人であるエドワード・トーマスはこう語る。「仕事の緊張感は高かったが、全体の雰囲気はリラックスしたものでした。どんな階級や地位の人でも、どんなに尊敬されている人に対しても、どんな考えや提案でも、たとえそれがどんなにおかしなものであっても、誰もが自由に意見を交換することができました[37]」

このユニークなスキルとバックグラウンドの組み合わせが、大きな成果をもたらした。

まず、言語学者やタイピストは、敵のメッセージがしばしば「Ｔｏ」、「Ｏｎｅ」、「Ｈｅｉｌ

Ｈｉｔｌｅｒ」、「Ａｌｌ　ｃｌｅａｒ」などの標準的な単語やフレーズで始まることに気づいた。これらは「クリブ」と呼ばれ、暗号の一部を解読する手がかりとなった。

次に、数学者とエンジニアは、数百万通りもの文字の組み合わせを1分未満で選別できる機械（ボンベと呼ばれる）を設計した。最終的に、暗号解読者たちは1日に４０００通以上の暗号文を解読できるようになった。ある推定によれば、このことが戦争を少なくとも2年短縮し、その過程で１４００万人以上の命を救うことになったという。[38]

5

ブレッチリー・パークの経験が示すように、優れた人材採用の実践とは、決められた役割を果たす人材を見つける以上のものである。それは、将来に目を向け、そのような役割がどのように発展し、どのような新しいスキルやマインドセットが必要とされるのかを、考えることである。これはあらゆるセンテニアルズが得意とするところだ。センテニアルズは、常に自らの現状に挑戦し、最新の動向を捉《とら》えることができる人材を採用することで、一歩先を行こうとしている。

例えば、ロイヤル・カレッジ・オブ・アートは、毎年少なくとも1つの新しいプログラム（ヘルスケア、情報体験、サービスデザインなどの分野）を導入している。[39]

同様にイートン校も、新しい社交クラブ、学問、アプローチを設立しようとしている。イートン校のウィリアム・ウォルデグレイヴ学長は言う。「過去50年間、科学分野のノーベル賞受賞者を輩出していないことに気づきました。そこで私たちは、何か違うことが起こるかもしれないと期待して、新しい科学棟を建設しました」[40]

オールブラックス、ブリティッシュ・サイクリング、NASAは、最終的に有用なブレークスルーが起こることを期待して、ライバルに先駆けて栄養士や心理学者を招聘《しょうへい》している。[41]

また、優れた採用には、個人だけでなく、その個人が加わるチームのことも考える必要がある。例えばNASAは、各ミッションに適切な医療従事者、パイロット、科学者の適切な組み合わせを確保するだけでなく、チームのムードメーカーが加わることを求めている。

NASAで働く人類学者のジェフリー・ジョンソンは、次のように説明する。「グループは、ムードメーカーを引き受ける誰かがいるときに最もうまくいきます。ムードメーカーは、みんなをまとめ、溝を埋め、士気を高める能力を持った人です」[42]

NASAは、1912年にアムンゼンが南極点到達に成功したときのコックであり、チームのムードメーカーでもあったノルウェー人、アドルフ・リンドストロームの例を挙げている。彼は、隊員たちの問題に耳を傾け、隊員の間の緊張を解きほぐし、毎晩キャンプファイヤーを囲んでの食事を振る舞いながら談笑し、リラックスすることで彼らを団結させた。

同じように、リンゴ・スターはビートルズの「ファニー・マン」であり、ロン・ウッドはローリング・ストーンズで同じような役割を果たしていた。[43] 2人ともグループの創造的な推進力ではなかったかもしれないが、笑いを通してプレッシャーや緊張を和らげ、他のメンバーが最高のパフォーマンスを発揮できるよう、グループをまとめる手助けをしたのである。[44]

リンゴ・スターはこのように言っている。「クリエイティブな役割を果たさないことで落ち込むこともある。でも、4人のうち、全員がクリエイティブだとは誰も期待しないだろう？ 半分もいれば十分さ[45]」

注目すべきは、ビートルズ解散後、4人の中で唯一他の元ビートルズのメンバーのソロアルバムすべてに参加したことである。そして1973年の『リンゴ』と1976年の『リンゴズ・ロートグラビア』という2枚のソロアルバムで、他のメンバー全員が異なる曲ではあったが参加し、彼らもまたリンゴ・スターに恩返しをしたのである。[46]

また、互いに補完し合う複数のチームはしばしば、単独のチームがなし得る以上の成果が上げられるという点も覚えておきたい。

これは、2009年にネットフリックスが、個別レコメンデーションのアルゴリズムの改善を目指した際に経験したことである。同社の共同創業者兼CEOのリード・ヘイスティングスは、何らかの形での管理なしに視聴の選択肢を増やすことは、選ぶこと自体がストレスや不安を引き起こす可能性があるのではないかと懸念していた（「1000以上もの選択肢があると、推奨システムが不可欠になる。人々がコンテンツを選ぶのに費やす精神的労力は限られている[47]」）。

そこで同社はネットフリックス賞を立ち上げた。これは、ネットフリックスのアルゴリズムを10%改善し85%の精度を実現できた人に、100万ドルを提供するというコンテストである。[48] 186カ国から5万人が挑戦し、ネットフリックスから提供された過去7年間の1万7000本のコンテンツに対する、48万人から集めた100万件の顧客評価データを解析した（この数字は多く見えるかもしれないが、その期間に行われた評価総数のわずか1%だった。参加者は現行のアルゴリズムよりも優れていることを示すために、他チームの評価がどうであったかを解明する必要があった）[49]。

しかし、興味深いのは、個々のチームはかなり良い成果を上げたものの、最終的には進展が止まってしまったことだった。多くのチームがほぼ同じプログラミングツールを使っていたにもかかわらず、その用法は異なっていた。そして、彼らがそれぞれの成果を結集し、協働で取り組めば、よりよい結果が得られるとわかってはじめて、10%の改善の壁が破られたのだ。

ネットフリックスのチーフ・プロダクト・オフィサーであるニール・ハントは、後に次のように語っている。「（この組み合わせのアプローチは）多くの人々にとって、かなり直感に反するものだった。というのも、一般的な解決アプローチでは、問題解決に最も適した2人を選んで『解決策を考え出してくれ』と言うものだからだ。しかし、特定の方法でアルゴリズムを組み合わせると、『第二の熱狂』が始まった。組み合わせることで、チームはどんどん良くなっていった」[50]

チームメンバーが異なる長所や特性を持っていることからくる大きな強みがある。その1つは、多様な人材を積極的に採用しようとする組織が、問題解決や斬新《ざんしん》なアイデアに優れている傾向があることだ。[51] また、最高の組織が採用に時間をかけ、可能な限り広く人材を求める理由も説明できる。

オールブラックスの元CEOであるスティーブ・テューは説明する。「実にシンプルなことです。最高の人材を得たいのであれば、時間をかけて、できるだけいろいろな場所を探す必要があります。なぜならば、多様な才能を維持することが重要なのです。さまざまな方法で物事を見て、対応できるようになりますから。ピッチでより良いプレーをするために役立つんです。それだけでなく、将来の才能を引き付ける助けにもなります。より多くの人があなたを見て『私に似ている。私にもできる！』と思うからです」

ロイヤル・カレッジ・オブ・アートの副学長、ポール・トンプソンは私に言った。「たいていの人は、自分と似たような人、似たような経歴を持ち、似たような専門知識を持つ人と仕事をする方が楽だと感じるものです。でも、そんなことをしていては、何も新しいものを見つけることはできません。なぜなら、すべてがあまりにも簡単で、安全すぎるからです。代わりに、自分とは異なる人たちと一緒に働き、新鮮なアイデアを持った新しい才能を、常に流入させる必要があります[52]」

ここで、この章の冒頭でふれたNASAの採用戦略に戻ると、才能はどこでも必要とされ、才能の持ち主はどこにでもいる可能性があるからこそ、非常に広く深い候補者のプールを確保することが不可欠なのである。そのため、ブリティッシュ・サイクリングでは、わずか50人の定員に対して1万2000人のアスリートを選考している。

ロイヤル・カレッジ・オブ・アートは、毎年6000人の学生に対して相対評価を行い、その中から1000人だけを選抜する。ロイヤル・シェイクスピア・カンパニーは、6000人の俳優の中から６００人を採用する。
多くの場合、最高の人材の採用は、ただ広告を出して応募を待つというものではない。積極的なアプローチも不可欠だ。元グーグル人事担当上級副社長、ラズロ・ボックはこう説明する。「採用の仕組みを構築し、必要な人材を見つけるために、あらゆる知人に協力を求めて、具体的な質問をする必要があります。例えば、これまで一緒に仕事をした財務担当者の中で最高の人物は誰ですか。あなたが聞いたことのある最高の日本人営業マンは誰ですか。あなたが知っている最高のＲｕｂｙプログラマーは誰ですかと。そうすることで、優秀な人々のデータベースを構築し、その人たちにどうやって自分たちと仕事をしてもらえるかを考えることができます」
さらにボックは付け加える。「時には、個人ではなくチーム全体を雇う必要があります」[53]
元グーグルの採用兼アウトリーチ・プログラム担当ディレクター、ランディ・クナフリックは、この点について、具体的な例を挙げて詳しく説明している。「私たちは、デンマークのオーフスで働く、優秀なエンジニアの小さなチームを知っていました。彼らは前の会社を売却し、次に何をすべきかを考えているところでした。マイクロソフトは彼らの噂を聞きつけ、注目したのです。マイクロソフトは彼ら全員を雇いたがっていましたが、米国のレドモンドに移動してもらわなければなりません。エンジニアたちは『とんでもない。無理です』と答えました。そこで私たちは、急いで積極的な採用活動を行い、『このままオーフスで働いてもらってかまいません。グーグルの新しいオフィスをこちらに立ち上げます。素晴らしいものを一緒に作りましょう』と伝えました。そして彼らが、ChromeのJavaScriptエンジンを構築したのです[54]」

クナフリックのアプローチは真剣に検討するに値する。結局のところ、人材を見つける方法を理解している組織があるとすれば、それはグーグルだ。2021年、同社の採用機構は新たに2万人の人材を採用した。[55]

6

要約すると、センテニアルズは次のような方法で最先端を維持している。

- □必要な人材を見つけるために、コンペティション、パズル、テストを利用する
- □フルタイム勤務の前に、少なくとも半年、通常は1年間、パートタイムで働いてもらう
- □可能な限り最大かつ多様な人材プールから採用する
- □必要な場合は、個人ではなくチームごと採用する
- □すべてのチームに「ムードメーカー」を配置し、チームをまとめる手助けをする
- □将来的に必要になるスキルや才能を見極め、今日からそのスキルや才能を備えた人材と働く方法を見つける

習慣 9

拡大ではなく改善を目指す

——広範な視点ではなく、
小さく親密な単位から考える

Habit 9

Get better, not bigger

1

ブリティッシュ・サイクリングの成功の物語は、一夜にしてブレークスルーしたものではなく、長年の地道な改善の努力の積み重ねである。

その歴史は、将来のオリンピック選手候補クリス・ボードマンが、チームの生理学者であり、後にパフォーマンス・ディレクターとなるピーター・キーンに初めて出会った、１９８６年にまでさかのぼる。

キーンはボードマンをエクササイズバイクに乗せた。バイクの前側にはベルト付きのタイヤ、後ろ側にはベルトを受ける滑車《かっしゃ》がついている粗末な機材で、ボードマンは口にゴムチューブを装着させられた。

ボードマンは振り返る。「セットアップ全体が、ハイテクと低予算の組み合わせの手作り感あふれるもので、ドクター・フーが間に合わせで作った実験装置みたいだった」[1]

キーンはボードマンに、できるだけ長く一定のペースで自転車を漕《こ》ぐよう指示した。その間、1分ごとに重りを受け皿に載せて負荷を増やし、ボードマンがギブアップするか、吐き気を催すまで耐久力をテストした。それから親指を針で刺し、血液サンプルを採取して検査した。その後、10分間全力疾走の指示があり、1分ごとに首筋に針を刺し、さらにサンプルを採取してテストを重ねた。これが5時間続いた。その後、キーンは部屋を出てコンピューターで数値を処理した。

キーンが少し落胆したような表情で薄く笑いながらボードマンにレポートを手渡した。そこにはボードマンが自転車競技選手として、持久力、パワー、スピードの面で、どのレベルにあるかが正確に示されていた。

レポートには同時に、今後のトレーニングプランが的確に指摘してあった。ボードマンは振り返る。「今まで見たこともないようなレポートだった。それまで私は、コーチが『全力を出せ』とか『楽勝だ!』といった曖昧《あいまい》な言葉で努力の方向性を示すのを聞いてきた。そこにあったのは、まったく違うものだった。各判定レベルは10または20の心拍数の範囲ごとに分かれており、そのゾーンでのライディングがどのように感じられるべきか、簡単な説明が添えられていた。ピーターはサイクリストのためのトレーニング言語を作り上げたんだ。私たちが努力について、曖昧さや誤解を排して話し合うための方法だ。私の知る限り、彼は英国スポーツ界で初めて、経歴や評判ではなく、エビデンスに基づく推論を用いて自分の主張を展開した人物だ。私は感銘を受けたし、刺激された」[2]

それから2年間、ボードマンはキーンの計画に従って肉体改造に取り組んだ。体重が減り、パワーが増し、パフォーマンスが向上した。

それでも、1988年のソウル・オリンピックでは、ボードマンのチームは、チームパシュートで13位にとどまった。チームメンバー全員がキーンの立てたスケジュールに従っていたにもかかわらず、これまで同様に不成功に終わったのである。

そこでキーンは、チームの乗る自転車に目を向けた。別の英国人自転車競技選手のグレアム・オブリーは、当時、数年にわたって自転車の試作を重ねてきた。腕を乗せるためのストレートハンドルを用いたり、そのハンドルの空気抵抗を減らすためにシートに近づけたり、といった具合だ。さらに、ペダルを強く漕げるようにトップチューブを外し、さらに空気抵抗低減のために前輪のフォークを1本にしたり、ホイールの回転数を上げるために洗濯機のベアリングを使ったりした。

キーンはさらにもう一歩進めて、ロータス・カーズの空力学者であるリチャード・ヒルを招き入れ、あらゆることを疑問視し、挑戦する手助けをしてもらった。

ヒルはボードマンを風洞の中でバイクに乗せ、腕を組んだり、大きく広げたり、肘《ひじ》を外に突き出したり、気をつけの姿勢をとったり、手を宙に浮かせたり、太ももの上に置いたり、体を曲げたりまっすぐにしたりと、さまざまな姿勢で座らせた。そして、ヒルはボードマンのバイク、ヘルメット、シューズに段ボールで作った吹き流しを貼り付け、どのような組み合わせが最も空気抵抗が少ないかを調べた。

ボードマンは言う。「ヒルは空気抵抗を減らすことだけに集中していた。私の体勢が、空気ができるだけスムーズに流れる形になるように集中していた。快適な体勢や生体力学的に効率的な体勢については、知識もなかったし、気にもしていなかった。ロータスのテストドライバーだったルディ・トマンは何度もこう言っていた。『あんな体勢で乗れるわけがない』と。だが、ヒルの答えはいつも『何がダメなんだ？』だった」[3]

2カ月後、ヒルはボードマンに新しい乗車ポジションと革新的なデザインのヘルメットを身につけさせた。また、カーブしたフレーム、一体型のフォーク、体をあずけるフラットなハンドルバーを備えたまったく新しい形の自転車を彼に紹介した。

ボードマンは振り返る。「それは美しいものだった。もはや自転車には見えなかったが」

新しいデザインが論争を巻き起こすのではないかと心配したキーンは、バルセロナ・オリンピックの1カ月前、他の自転車競技選手と一緒に公の場で初めて試した。しかし、ほとんど注目されることはなかった。

そこで彼は、オリンピックで、より多くの人々にお披露目してもいいのではないかと考えた。

競技に先立ち、イングランドのサッカークラブ、トッテナム・ホットスパーの心理学者、ジョン・サイヤーがチームに協力するために招聘《しょうへい》された。

彼は、ボードマンが大事な日に備えて準備を整えるのに付き添い、彼の不安に耳を傾け、挑戦について話した。

「まあ、最善を尽くすようにするよ」とボードマンはようやく言った。サイヤーは微笑んでうなずいた。

果たして、ボードマンは、70年ぶりにオリンピック金メダルを獲得した英国人自転車競技選手となった。同時に、個人パシュート選手として史上初めて、2人だけの競技で対戦相手を周回遅れにした選手でもある。

この快挙はターニングポイントとはなったが、１度きりの「ユリイカ（決定的発見の瞬間）」ではなかった。

ボードマンの成功は、絶え間ない分析、実験、探究によって到達した何千もの小さなステップの積み上げの結果だった。個人の努力とエンジニアリングの改良、数年にわたる入念なトレーニングの積み重ねの結晶だ。

ブリティッシュ・サイクリングは、現在では「マージナル・ゲイン」として知られるようになったプログラムに着手し、最終的に大きな成果を上げたのである。彼らは、１９９６年から２０２０年までの７回のオリンピックで、金メダル31個、銀メダル16個、銅メダル11個を獲得した。

このような成功を収めた組織のほとんどは、すぐに成長しようと考えて、自分たちが成し遂げたことを活《い》かして、他の場所で新たな機会を探すものだ。しかし、ブリティッシュ・サイクリングはそうしなかった。強化本部は、組織の拡大よりも選手の能力向上の方が限りなく重要だと考えたのである。

この驚異的なメダル獲得期間を通じて、彼らは小さな改善に集中し続けた。彼らは選手たちの食事、睡眠、水分補給の方法を調べ、身体、脳、自転車の動作を研究した。また、個々の選手のトレーニングや、チームとして実施するトレーニングを評価した。

チーム総体は、時間の経過とともに確かに拡大していったが、現在でも比較的小規模で緊密な関係を保っており、合計で３００人弱の選手と３００人のスタッフ、オリンピックとパラリンピックのチームに所属するのは、両チーム合わせても選手は50人弱、コーチは20人弱である。彼らの焦点は、拡大ではなく、絶え間ない漸進的な改善である。[4]

6度のオリンピック金メダリスト、クリス・ホイは言う。「このチームを特別なものにしている理由を言葉で説明するのは難しい。科学的な裏付けやトレーニング、コーチの指導、そして何よりも、自分自身に目を向け『どうすればもっと良くなれるか』と問いかけ続けることとが組み合わさった結果だといえる[5]」

2

ほとんどの企業にとって、成長こそが存在理由となっている。しかし、百年組織センテニアルズにとって、成長は慎重を期すべきものであり、むしろ不安を抱くべきものである。

彼らは、拡大が基準となっていること、すなわち企業にとってのコアとなる目標や価値観を簡単に見失ってしまうようなことを心配しているのだ。卓越性は世界を変えることができるが、成長だけでは世界は変えられない。

また、成長によって長期的な運命が変わるだけではない。成長のための成長は危険であり、時として致命傷となりかねない。

携帯電話大手のノキアの成長とその後の崩壊は、ここで教訓を与えてくれる。

同社が携帯電話市場に参入したのは１９７９年、フィンランドのテレビメーカー、サロラとの合弁会社モビラを立ち上げたときだが、本格的に軌道に乗ったのはヨルマ・オリラがＣＥＯに就任した１９９2年以降である。

経済学を修め、銀行員からノキアのＣＦＯに転身したオリラの存在意義は、「成長」だった。彼にとってノキアは、彼が学んだ経済学やマネジメントしてきた財務と何ら変わりはなかった。拡大がすべてだった。彼が就任した当時、ノキアは世界の携帯電話市場の10分の１しかシェアがなかった。彼はエンジニアたちに、既存のモデルをより安く、より小型化したものを開発し、新たな市場に参入するよう促した。また、野心的な販売目標を設定し、それを手厚いボーナス・プランに結びつけた。

オリラは言う。「ノキアの多くの人が私たちのインセンティブの仕組みのおかげでミリオネアになった。」

短期的には、これは非常に成功した戦略と言えた。ケーブルなどの非中核事業を売却したことに加え、会社の株式の半分も売却し、必要とされていた資金を獲得して成長を推し進め、飛躍的な拡大を遂げた。１９９2年から２００7年の間に、従業員数が15倍の5万人以上に増加し、売上高は60倍の５００億ドルを超えた。同社の株価は30倍になり、世界最大の携帯電話会社となった。

そして、ｉＰｈｏｎｅが登場する。

画期的な新技術が登場しても、既存のプレーヤーにとってはその分野が盲点となっていたために気づかなかったというのは、おなじみのストーリーだ。しかし、ノキアの場合はまったくそうではなかった。同社のエンジニアたちは、ｉＰｈｏｎｅが発売される少なくとも１年前からその存在を知っており、それを支え、形作る技術についても、ずいぶん前から認識していた。ある中間管理職は振り返る。「私たちはかなり詳細な仕様書を入手していました。当時のマーケティング・マネージャーが市場レビューで最初に指摘したのは、私たちはタッチスクリーンの開発をしていなかったことです。その指摘は組織の上層部まで届き、危機感を持って受け入れられました」

さらに、その中間管理職は、２００６年のオリラ退任後にＣＥＯに就任したオッリ＝ペッカ・カラスヴォが、部下にどのようにその指摘メールを転送したかを説明した。「市場分析の結果、当社の最大の競争上の弱点は、タッチスクリーン製品がないことです。カラスヴォはこれに同意し、『対処をお願いします』と書いていました[7]」

技術ディレクターは次のように述べている。「新ＣＥＯが最初に取り上げたことのひとつが、タッチスクリーンだった。タッチスクリーンが次の大きなトレンドだと。あらゆる方法で上層部にそれを提起し、技術部門の中間管理職や上級管理職とも直接話をしていました。そして、経営陣の会議で毎回、タッチスクリーン技術に関連する市場の見通しや戦略について、議論がなされていました。これは、カラスヴォがＣＥＯに就任した直後、すなわちｉＰｈｏｎｅ発売の１年前のことでした。私は今でもその時のことを鮮明に覚えています。カラスヴォはまっとうな懸念を提起し、技術部門の中間管理職や上級管理職と直接話し合っていました。タッチスクリーン問題に真っ向から取り組み、人々にプレッシャーをかけ、あらゆる目標にそれを掲げ、会議のたびにフォローアップしていました[8]」

しかし、何も変わらなかった。

問題は、ノキアが15年間、成長することと、巨大なライバルであるモトローラを打ち負かすことに集中し、他のほとんどすべての検討事項を排除してきたことだった。その過程で組織は大きくなりすぎ、官僚的になりすぎて、迅速な改革ができなくなっていた。

フランスのビジネススクール、INSEADのイヴ・ドズ教授は、従業員が「会議に費やす時間が増え、実際に働く時間が減っている」ことを指摘した[9]。

ノキアの戦略責任者であるアルベルト・トーレスは、本来、チーム間のオープンで迅速なコミュニケーションを確保することを目的とした、同社のマトリックス構造が、皮肉なことに企業のスピードを落とすことになったと分析する[10]。

「マトリックスはスピードに向きません。携帯電話業界のような高速で複雑性の高い状況では、非常に迅速な意思決定が必要ですが、ノキアのマトリックスでは、意思決定までの交渉に非常に時間がかかってしまったのです[11]」

ノキアはiPhoneが深刻な脅威であることを知っていた。しかし、ノキアのDNAには成長するための哲学が深く刻み込まれていたため、軌道修正は不可能だった。同社は、これまでと同じことを続けるだけだった。「以前は月に2台の小型で安価な新機種を発売していたが、今は3台だ。以前は1日平均12人を採用していたが、今では24人を採用している」といった具合に。イノベーションによって地歩を回復しようとするのではなく、問題を解決するために必死に成長しようとしたのだ。[12]

その後5年間、同社は間違った製品をどんどん発売したが、iPhoneに対抗できる製品はひとつもなかった。その結果、売上は半減し、従業員は3分の1に減らさざるを得なかった。

2013年9月3日、ノキアは携帯電話事業を5年前の20分の1の価格でマイクロソフトに売却した。それから3年後、マイクロソフトはこの事業を、購入時のさらに20分の1の価格で売却した。[13]

3

拡大ではなく、改善を目指すのがセンテニアルズの変わらぬ信条である。

王立音楽院のティモシー・ジョーンズ副校長は、私にこう言った。「拡大したければ簡単にできます。毎年、ひとつの定員枠に対して少なくとも4人の応募がありますから。しかし、私たちは大きくしたくないのです。私たちはむしろ小規模であり続け、最高の指揮者、作曲家、音楽家を育てることに努めています」[14]

センテニアルズは組織に人員の上限を設けることも可能である。組織の最大人数は300名である。

10年以上前だが、韓国銀行が行った調査によると、世界のセンテニアルズの90％は３００人以下の従業員数である（興味深いことに、そのほとんどが長期的な理念を持つ日本にある）。[15]

この数字は、オールブラックス、ブリティッシュ・サイクリング、イートン校、王立音楽院にも当てはまる。

また、影響力や財政的な安定を求め、成長する必要性を感じているのであれば、どの組織も１つの拠点のスタッフが、マジックナンバーの３００人を超えないようにしている。王立音楽院からロイヤル・シェイクスピア・カンパニーに至るまで、そうなっている。

１万６０００人の従業員を抱えるＮＡＳＡは、他のセンテニアル組織と比較すれば巨大な存在だが、ほとんどの拠点で従業員数を３００人以下に抑えている。[16] しかも、多くのセンテニアルズでは、過去50年間、スタッフの数はほとんど変わっていないが、その50年間で繁栄し、常に競合企業を上回ってきた。

チームの規模を厳密に管理することと、卓越性を求めて改善を続けることが、密接に関連する理由は明らかである。組織の拡大は慎重に管理しなければならない。それは、拡大によって人々は組織の目的そのものよりも、変化した組織の性質や構造などのありように気を取られてしまうからである。

ノキアの凋落《ちょうらく》を振り返り、あるエンジニアは自分が着任した当時のことを、以下のように振り返る。「私たちはただの小さなチームだったのですが、当初は、特別なことをやろうとしていました。『人々をつなぐ』という目標を持ち、みんなに電話を提供しようとしていたのです。本当にワクワクしていました」

しかしその後、会社は成長し、いくつかの拠点は1000人以上のスタッフを収容できるように拡張し、管理層も追加され、最大8層のピラミッド構造になっていた。

エンジニアは続ける。「iPhoneが登場した頃、ビジネスは非常に大きく複雑になっていました。誰が誰なのかもわからず、特に新しいことをするのは不可能だったのです[17]」

前CEOのオッリ＝ペッカ・カラスヴオも認めている。「私たちは膨大な複雑さを生み出していたのです。より多くのインターフェイスや連結点は増えるばかりでした[18]」

CTOのペルッティ・コルホネンも語る。「ノキアがクロスカンパニーのシナジーを活用し、経営戦略をリンクさせ、物事を成し遂げることを可能にしていた緊密な関係はなくなってしまった[19]」と。

ノキアが、この罠《わな》にはまった歴史上唯一の企業ではない。

2002年にカリフォルニア・ポリテクニック州立大学で行われた、過去11年間ののべ2万社以上の米国企業の業績を分析した研究では、主任研究者の1人であるサイラス・ラメザニが次のように指摘した。「企業の収益性指標は、一般に利益と売上の成長とともに上昇するが、それ以上の成長は株主価値を破壊し、収益性に悪影響を及ぼす最適点が存在する」

ある規模に達すると、組織はあまりにも巨大で、広大で、複雑になり、規模の経済が機能しなくなると結論づけたのである。[20]

同様に、ユーイング・マリオン・カウフマン財団は、Ｉｎｃ．が選出した５００社リストで２０００年から２００６年の間に最も急成長した１３００社のうち3分の2が、成長を急いだ結果4年以内に消滅したことを指摘した。[21] 制約のない成長により、コストは急増し、経営体制にひずみが生じ、最終的にはコントロール不能の状況に陥ったのである。

このような現象は、確固たる地位を築いた企業で起こる以上に、スタートアップにおいても一般的なことである。

２０１１年、カリフォルニア大学バークレー校とスタンフォード大学の6人の研究者グループが、過去10年間にシリコンバレーで設立された急成長新興企業３０００社以上を分析した結果、「成長後」の5年間で90％が失敗していることを発見した。[22] しかも、彼らが失敗した理由はほとんど同じだったのだ。

いずれの企業も、改善ではなく、拡大に集中していた。収益と利益を増やそうとするあまり、資金調達の際に適切ではない投資家を選んでしまった。準備ができる前に慌ててプロジェクトを立ち上げ、ターゲット市場を理解する前に、行動を起こしてしまった。自分たちのビジョンとは相容《あいい》れない考えを持つ、間違ったスタッフを採用した。さらに、自分たちが売ろうとしている製品が何なのかを正確に理解する前に、あまりにも多くの営業職を採用したのである。

連続起業家であり投資家でもあるマイケル・ジャクソンは、次のように述べている。「起業家と投資家の両方を経験してきた私は、(私も含めて)多くの起業家がやみくもにスケールしようとするのを見てきた。小さな企業を支えるためにベンチャー資金を得ようとはせず、成功裏にスケールすることが、業界リーダーと、忘却の彼方《かなた》に追いやられるスタートアップとの違いを最終的に生み出す。しかし、起業家は、何がうまくいくかを知る前にスケールを始めてしまうことがあまりにも多い[23]」

彼は、ベンチャー・キャピタルを「車の後ろにロケット・エンジンを載せる」ことにたとえた。「スケーリングはアクセルを踏む前に、マシンがそのスピードに対応可能な準備ができているかどうかを確認することにかかっている[24]」

スパークラボグループの共同創設者兼パートナーであるバーナード・ムーンも、同様の警告を発している。「資金を集めすぎると、成功と成長のプレッシャーから規律を失い、不安を感じることがある。多くの人を雇いすぎたり、十分なチェックなしに慌てて雇ったり、遅らせる方が良い場合でも急いでプロジェクトを立ち上げたり、勢いに任せてしまったりするかもしれない[25]」

成長を急いで成功につながることはほとんどない。

4

成長への執着が失敗することが多いのには、別の理由、すなわち人間の本質に関わる理由がある。人間は本質的に社会的動物だが、脳の新皮質の大きさは、同時に管理できる関係の数を制限する。

この現象を30年間研究してきた、人類学者で心理学者のロビン・ダンバーは、私たちの住む場所や社会の性質に関係なく、他者との関係を支配する非常に厳格な自然のルールが存在することを発見した。これは、兵士の集団、教会の信者、農業コミュニティ、または世界のどの地域における狩猟民族の一員であっても同様である。[26]

私たちの関係は、基本的にすべて4つの同心円に収まると彼は主張する。中央の円は「家族」、つまり毎日顔を合わせる4、5人の小さなグループだ。その外に、15人ほどの「拡大家族」があり、彼らとは毎日のように接触する。さらにその外に50人の「コミュニティ」があり、私たちはほぼ毎週、顔を合わせる。そして最も外側に「サイト」があり、ほぼ毎月顔を合わせる150人がいる。

この150人が、私たちの脳内が同時に管理できる最大の接触数である。人間は、それ以上の数を頭の中で処理できない。ダンバーは説明する。「認知的限界が存在する。1人の人間が安定した関係を維持できる個々の人々の数は、新皮質の相対的なサイズに直接関係している」[27]

軍隊における人間関係の同心円は、制度的な環境の中でどのように機能しているか示している。すべての兵士は、毎日一緒に働き、休む小さなグループ「家族」(班)に所属する。この「家族」は毎週、何回か他の2つか3つの「家族」と一緒になって「拡大家族」(分隊)として互いに協力する。こうした「拡大家族」が集まって、50人程度の「コミュニティ」(小隊や中隊)になる。さらに2つから3つの「コミュニティ」が集まって100人から150人の「サイト」（大隊）が形成される。

ダンバーが示したのは、サイトの成員が150人を超えると、自然に割れていく傾向である。仮に一緒にいることを強いられたとしても、結局は分裂してしまう。

フッター派は、主にペンシルベニア州に拠点を置く原理主義的なアナバプテスト派キリスト教共同体で、5万人以上の信徒を擁しているが、傘下のサイトが150人に達すると、そのサイトは分割されて、50人前後の新しいコミュニティに生まれ変わる[28]。

同様に、1800年代にイリノイ州からソルトレイクシティに移住した約5000人のモルモン教徒は、150人ずつのグループで移動した。

あるフッター派の指導者はこう説明する。「サイトが150人を超えると、仲間の影響だけで信徒を動かすのは難しくなります。小さなグループであれば、不届き者が、今後悪い行いをしないように説得するのにも、畑の隅で静かに言葉を交わすだけで十分です。しかし、グループが大きくなると、静かな言葉をかけても、無愛想な反応を引き出すだけでしょう[29]」

ちなみに、このグループの最大規模は人間だけの現象ではない。

平均して人間の脳のサイズの3分の1であるヒヒの間では、グループの最大数は50匹である。人間の脳容量の10分の1であるキツネザルは、最大15匹である。その数を超えると、糞便《ふんべん》中に含まれるコルチコイドで測定できる彼らのストレスレベルは、2倍から3倍になる[30]。

このようなグループにはすべて、「最適なサイズ」というものがある。数が少なすぎると、他のグループと食料や仲間を奪い合うのに苦労し、グループ内の1匹が死ぬと、非常に脆弱《ぜいじゃく》になる。

逆に数が多すぎると、ヒエラルキーの中で自分のポジションを見つけたり、ヒエラルキーを維持するための安定した関係を、相互グルーミングを通じて保つのに多くの時間を費やしてしまい、メンバー全員の健康を維持するのに十分な食料を見つけたり、新しい居場所を見つけたりするのに苦労するようになる。

このような組織規模の慎重な管理は、現代ではほとんど見られない。しかし、センテニアルズはその重要性を鋭く認識している。

確かに、ある「サイト」で最大150人という制限は、実行がむずかしい場合もある。例えば、ロイヤル・シェイクスピア・カンパニーのエグゼクティブ・ディレクター、キャサリン・マリオンは、リソースの制約やコスト、共有の困難さなどの理由で、グループ全体の人数を200名から250名にする必要がある場合もあることを話してくれた。しかし、その場合でも、より広い枠組みの中では150人規模のグループを維持する努力がなされている(米国の素材メーカー、ゴア社も同様のアプローチをとっている)。

ダンバー理論の同心円に関連したところでは、ブリティッシュ・サイクリングは、ポディウム、プロロード、シニアアカデミー、ジュニアアカデミーの各チームのいずれにおいても、約50人の選手を超えないようにしている。イートン校の寮には通常50人の生徒がいる。王立音楽院は、1学科の定員が50人である。NASAの宇宙プログラムの宇宙飛行士は50人である。

さらに、重要なコアとなるチームがある。ここでは、メンバーが緊密に協力しあい、信頼とサポートが不可欠で、革新と問題解決が成功と失敗の分かれ目となるような重要なチームである。ここには、ブリティッシュ・サイクリングであれば通常5人の選手が、イートン校や王立音楽院のゼミには5人の学生が、NASAの宇宙ミッションには5人の宇宙飛行士が存在している。こうしたコアチームは、それぞれが属する、より広範な小グループ、コミュニティ、サイトへと、自分たちの発見を伝えていく。それと同時に、それぞれの分野の最先端で、新しい地を開拓し、新たな限界に挑戦しているのである。

ダンバー理論に従えば、緊密な組織は人間の特性に合っているため、経済的にも理にかなっている。

前述のカリフォルニア・ポリテクニック州立大学の研究が示すように、巨大企業は非効率的になりがちである。大勢のスタッフに対応するためには、さらなる管理層が必要とされる。伝達は不十分になり、機動性も失われる。

最近の推定では、米国では現在、労働人口の3分の1が5000人以上の組織に雇用されている。これは20年前に比べて10%以上増加している。このような大組織は規模の経済を達成するどころか、間接費が急増し、直接コストの2倍を占めている。

こうした企業で官僚機構を機能させるために、毎年3兆ドル以上の資金が投入されていることが指摘されている。このような資金は、漸進的な改善に費やした方が生産的である。[31]

5

ダンバー理論に基づいたサイズの企業は、そうした落とし穴を避けている。

こうしたダイナミクスを理解し、組織構造の不可欠な要素にしているひとつの例が、1958年に設立されたゴアである。創業者のビル・ゴアは、自然のルールを無視すると、人間の集団はどうなるかをみずから見てきた化学技術者である。

ビル・ゴアは自分の会社を立ち上げる前、デュポンに16年間勤めており、その16年の間に彼の不満は少しずつ蓄積されていた。彼が入社した頃のデュポンは、クリエイティブな家族経営のビジネスだったが、15年後には巨大企業へと成長しつつあった。この移行は、売上高の大幅な伸びと、それに伴う従業員の急増を伴うもので、ゴアが入社した当時3万人だった従業員は、15年後には9万人にまで膨れ上がっていた。[32]

ゴアは、その過程で会社が創造的な先鋭性を失い、未来における可能性を楽しむよりも、今あるものを管理することの難しさに気を取られていることを心配した。そして、デュポンが、コントロールを失う危険にさらされているのではないかと感じていた。

デュポンが他社に先駆けて開発してきた製品、ネオプレン、ダイナマイト、塗料、セルロイドなどは、もはや最先端ではなく、10年以上新しい製品を発表していなかった。そして、20年前に開発したポリマーPTFE（フッ化炭素樹脂）の新たな用途を見出《みいだ》そうとする、ゴアの提案にも抵抗していた。デュポンはただ、今あるものからお金を稼ぎたかっただけなのだ。

そう考えたゴアは、会社を去った。

それから3年間、彼は妻と息子とともに自宅の地下室で作業を重ね、通信コード、コンピューターケーブル、電気配線など、PTFEを有効活用できる、さまざまな製品を開発した。

1960年、このファミリーチームは、デンバー・ウォーター社から、11キロメートルのコンピューターケーブルの最初の大口注文を獲得した。その年の後半に最初の工場を建設し、1963年には初の特許を取得した。[33]

ゴアは、生き残るためには成長しなければならないことを知っていた。しかし、彼はまたデュポンのような巨大企業を作りたくないとも考えていた。

そしてその時、彼の人生を一変させる本に出会ったのだった。ダグラス・マグレガーの『企業の人間的側面』、経営に対する2つのアプローチを提唱する理論書である。

X理論は、人々は怠け者で、やる気がなく、金銭によってのみ動かされるという仮定に基づいており、そのため、命令し、コントロールし、インセンティブを与える必要があると主張している。

一方、Y理論は、人はやる気があり、好奇心が旺盛《おうせい》で、意義のある仕事をしたがるものであり、したがって、彼らが最高の仕事をするためには、育てられ、励まされ、認められる必要があると考える。[34]

ゴアはX理論を否定し、Y理論の原則に沿ってビジネスを拡大することを決意した。このアプローチであれば、デュポンで経験した問題を回避できる最善の方法が見つかると考えたのである。また、従業員が自ら解決したい問題に取り組み、同じ目標を持つ仲間たちと協力できる環境を作り出すことで、革新的なアイデアを生みだすことができるだろうと信じた。

ジャーナリストのアラン・ドイチュマンは書いている。「ゴアはほとんど上下関係がなく、ランクや肩書きのない場所を作り上げた。彼は直接の、1対1のコミュニケーションにこだわった。要するに、彼はまるで小さなタスクフォースの集まりのように、会社を組織したのだ[35]」

ゴア社に37年間勤務したテリー・ケリーは(そのうち15年間は同社のCEOを務めた)、同社の企業理念を次のように語っている。「私たちの組織は、マトリックスやネットワークであり、ピラミッド構造ではありません。アソシエイトは、成功に必要なものを得るために、組織内の誰にでも直接アクセスできます。私たちには肩書きは必要ありません。組織には責任あるポジションに就いている人がたくさんいますが、肩書きという概念は、人を枠にはめ、さらに悪いことに、他の人に命令する権限があるとする立場に固定してしまうのです。だからこそ、私たちは肩書きに抵抗しているのです[36]」

今日でもゴアは、1960年代に創業者をつき動かした洞察に基づいて運営されている。全ての従業員が「アソシエイト」と呼ばれ、役割と責任はチーム内の他のアソシエイト(通常は5人のチーム)との交渉によって決定する。アソシエイトはまた、年末に自分たちの業績を評価し、ボーナス査定にも発言権を持つ[37]。

さらに、各アソシエイトには「スポンサー」が割り当てられ、これはケリーの言葉を借りれば、「アソシエイトの成功と発展に個人的に関与する」存在である。[38]

新入社員が増えすぎないよう細心の注意が払われており(各事業に月1人以上加わることはほとんどない)、各サイトの従業員数が300人を超えないように管理されている。

ケリーはこのように説明している。「工場や事業規模が大きくなって250人から300人を超えると、ダイナミクスがまったく変わってくるのです。自分の会社だという意識や意思決定への関与、自分が影響を与えられるという感覚が希薄になり始めます[39]」

各サイトは、独自のハブとして機能し、研究、開発、エンジニアリング、製造、販売など、必要なすべての部門がそろっている。そして、サイトが大きくなりすぎる恐れがある場合は、新しい分社が設立され、それぞれが完全な部門を持つ。

ビル・ゴアは、このアプローチを「分けて増やす」と簡潔に表現している。[40]

ケリーはこのように説明している。「私たちは、機能を同じ場所に集約することを好みます。それは、研究、製造、販売が同じ場所にあることで、相互に影響を与えることがイノベーションにつながるからです。これはリーダーの育成にも役立ちます。また、私たちは異なるビジネスを1カ所に集約しています。ある業界が不況に陥っても、アソシエイトに別の機会を与えることができるようにしたいのです。もし私たちの工場がそれぞれ遠く離れた場所にあるとしたら、このようなことはできません。だから私たちは、30キロ圏内に小さな工場がいくつも併設されているキャンパス型の配置を気に入っています。こうすることで、人は他の場に移ることを恐れず、新しい機会に挑戦することをためらわなくなります。これによりアソシエイトが、会社にとってもはや重要ではないビジネスや製品分野を維持しようとするリスクを軽減できます」[41]

ゴアはまた、航空宇宙、化学、医療、軍事など、異なる事業を統合することで、新しい人材を引き付けやすくなることも発見した。というのも、入社志望者は、望めば職務を転換できるという見通しを好むからである。

ゴアは現在、年間売上高30億ドル以上、従業員数1万人以上を擁する、米国最大クラスの非上場企業のひとつである。[42] しかし、同社はゆっくりと慎重に成長を続けており、拡大よりも卓越性と漸進的改善をはるかに重視している。各サイトの従業員数は300人以下で、同社が事業を展開するさまざまな地域には、だいたい30キロ以内に少なくとも2つのサイトがある。創業地のデラウェア州やアリゾナ州から、ドイツ、中国、日本まで及んでいる。

同社の実績は、おのずと明らかになっている。『フォーチュン』誌の「最も働きがいのある企業100社」に過去20年間、毎年ランクインしている。

損失を出したことは1度もなく、毎年、何百もの新製品を開発し、何十ものイノベーション賞を受賞している。宇宙飛行士、探検家、兵士のためのハイテク素材、患者のための心臓パッチや人工血管、そして誰もが使えるゴアテックス製品を生産し、業界の最前線を走り続けている。

こうしたことから『ファスト・カンパニー』誌は、2021年、ゴアを米国で2番目に革新的な企業文化を持つと評価した。これはコロナワクチンを開発したモデルナに次ぐものである。[43]

6

組織が拡大よりも、改善に焦点を合わせれば、様々な利点が生まれ始める。

階層が簡素化され（センテニアルズの管理層は5層以下）、その結果、コストが削減される（センテニアルズが社内管理に充てる費用は、通常、財政支出の約10分の1である）。官僚主義にかかる費用を削減することで、長期的な存続に必要な財政準備に充てる（センテニアルズはいずれも、場合によっては収入の3分の1を基金や投資に充てている）。

また、各サイトの従業員が300人を超えないため、巨大で非効率な組織では難しい柔軟性を実現できる。新しい部門やプログラムを必要に応じて導入することが可能だ。[44]

とりわけこうした組織が採用する小規模でモジュール化された形態は、組織がより創造的になるのを助ける。すでに持っているものからどれだけ多くの利益を生み出せるかに集中するのではなく、どうすれば新しいことができるか、今持っているものをさらに良くできるかを自問するのだ。

何か新しいことを始める機会に際して、急成長しなければならなくなった場合には、通常はスピンオフを設立することで対応する。例えば、NASAのスピンオフ部門や、ロイヤル・シェイクスピア・カンパニーのマチルダ・プログラムなどだ。

こうしたスピンオフは、企業のコアのサイズを維持しつつ、継続的な機動性を確保する。加えてスピンオフは、独自の収益を上げながらコアから学ぶことができ、その結果、コアに影響を与えることなく成長する（場合によっては縮小、閉鎖する）ことができる。[45]

組織に合わせたダンバー理論に基づいた人数の使用も重要である。センテニアルズの構造は単一ではない。

すでに述べたように、人間は自然に5人の「家族」、15人の「拡大家族」、50人の「コミュニティ」、150人の「サイト」に分かれる。このような少数グループによる構成にこだわるからこそ、センテニアルズの組織運営は、一般的な組織とはまったく異なる。ほとんどの企業はトップダウンの構造を持っているが、センテニアルズはそうではない。彼らは最も小さなグループ、つまり「家族」に、新境地を切り開き、物事を推し進める力を求めている。

最初に動くのは「家族」で、組織の上級管理職や経営陣ではない。そして、「家族」はその後、突破口や発見をより大きなグループと共有する。経営陣の役割は、彼らの仕事を規制することではなく、それを可能にすることである。

以下のことは、1979年、米国国家運輸安全委員会が、航空業界で、過去10年間に非常に多くの死亡事故に見舞われた理由を説明するようNASAに要請した際に、苦い経験を通じて発見したことである。[46]

ＮＡＳＡは、これらの失敗は指揮統制型のアプローチから生じたものであり、複雑な最先端の環境下では機能しないという結論に達した。[47] こうした問題は機長や航空管制官だけでなく、コックピット内の緊密なチームに任せた方がはるかに良いと、ＮＡＳＡは結論づけたのである。

結局のところ、着陸装置の故障や警告灯の点灯など何か問題が発生した場合、コックピットチーム全員が即座に対応し、可能な限り迅速にさまざまなアイデアを試し、事態を解決する方法を見つける必要がある。このような状況では、トップダウンのアプローチはあまりにも面倒で時間がかかるだけでなく、トップが答えを持っていない可能性も高い。[48]

これが、ＮＡＳＡが宇宙での重要な決定を、宇宙飛行士のコアチームに任せている理由である。仮に、より大きなグループがミッションの立案に関与していたとしても、である。

分野は異なるが、オールブラックスでも同じことが見られる。コーチ陣は試合前の練習までは密接に関わるが、試合になると、ピッチ上での決断のほとんどは選手たちに委《ゆだ》ねられている。

試合前には、コーチによるモチベーションを高めるためのスピーチが恒例だが、選手が役に立たないと主張したために行われていない。現在では中心選手４人（ピッチ上の選手の約４分の１を占めるチームの重鎮）に、ロッカールームで必要な準備を話し合い、ピッチ上で指揮をとるよう求めている。[49] コーチの役割は、事前に試合の戦略や戦術を練り、試合後に反省し、次の試合のためのトレーニングプランを練ることである。

コーチはまた、ベテラン選手に、選手のコミュニティ（チームを構成する30人ほどの選手）を指導する役割も期待している。3人のベテラン選手は、4人の中心選手と協力し、コミュニティに新しい才能の持ち主を引き込み、シーズンを通してチームのモチベーションを維持し、毎週のチームのスケジュールを管理する役割を持つ。

「家族」、「拡大家族」、「コミュニティ」、「サイト」という4つのグループ間の絶え間ない相互作用は、全体の一貫性を保つ上で絶対に欠かせない。

そして、これは企業の内部だけにとどまらない。このルールは、より一般的にも当てはまる。米国保健福祉省が過去40年間にわたり、数千もの家族に関する研究のレビューを行ったところ、家族やコミュニティが繁栄するのは、次のことを理解している場合のみであることがわかった。

それは、同じような信念や価値観を共有し、お互いを支え合い、時に競い合いながら前進し続ける方法を知っていること。また、時間の経過とともに、役割や責任が変化することの重要性を理解していることである。[50]

私が住んでいるロンドンの通りには約300人が住んでおり、先日のストリート・パーティーで明らかになったのだが、私たちの地域は「上部」と「下部」の2つのエリアに分かれる傾向がある。私の家族は、援助が必要なときに助けてくれる他の2、3家族（合計10人前後）を大いに頼りにしているし、通りの約10家族とあいさつする。これには特別なところは何もない。イタリアの村であれ、シンガポールの高層住宅街であれ、ニューヨークの街区であれ、他の多くの繁栄しているコミュニティでも見られるパターンである。[51]

各コミュニティには、異なる家族や拡大家族が混在しており、そこに集まる人々が助け合い、困難を乗り越え、改善方法を進んで見つけようとする。そうすることで、人々は時間をかけて、コミュニティを存続させ、成功を維持することができる。

同じように、イートン校は、ハウスのコミュニティ原則に基づいているが、すべてのハウスに、芸術と科学の学生がバランスよく混在しており、ハウス間の交流が絶えないようにしている。[52]

ロイヤル・カレッジ・オブ・アートも同様に、各キャンパスでアート、デザイン、テクノロジーのプログラムを提供し、学生が毎月、他のプログラムの学生と一緒にプロジェクトに取り組めるようにしている。[53]

漸進的な改善が「家族」から生まれた場合、それが組織全体に広がり、価値を持つためには、ダンバー理論の人数がさまざまな同心円を通じて浸透する必要がある。

7

要約すると、センテニアルズは、拡大ではなく、改善することに焦点を合わせており、混乱したりコントロールを失ったりしないように、以下の方法を取る。

□メンバーを、5人の「家族」、15人の「拡大家族」、50人の「コミュニティ」、150人の「サイト」に分ける
□2つ以上の「サイト」を近くに配置し、互いに助け合い、サポートできるようにする
□難局を乗り越えるための財政的な備えをする
□急成長が必要な場合はスピンオフを活用し、コアを小さく保つ
□組織の全部門で管理職を5層未満にする
□「家族」がイノベーションを推進し、その学びを他の「拡大家族」、「コミュニティ」、「サイト」と共有し、全体が良くなるようにする

習慣10

すべてを見通す

——すべてのものには公式がある

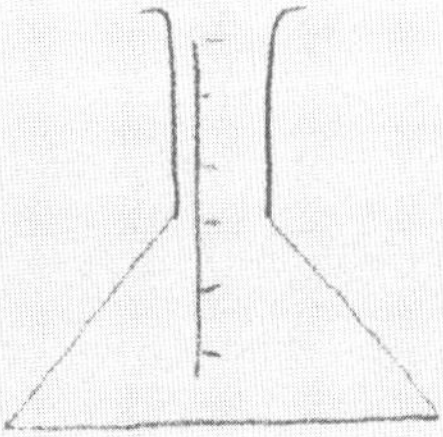

Habit 10

X-ray everything

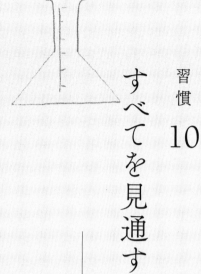

1

2015年12月16日、ロイヤル・カレッジ・オブ・アートの陶芸・ガラスの修士課程1年生シン・ミギョンが、数人の講師とプログラム責任者に対して新しい作品のプレゼンテーションを行っていた。

作品は3体の彫像で構成されていたが、すべて崩れてしまっていた。「ご覧のとおり、課題は計画通りには進みませんでした」と彼女は言った。

続々と質問が投げかけられた。あたりまえの質問もある。「なぜ、どこで、いつ、どのようにうまくいかなかったのか」「次回は違うやり方で何をするのか」などだ。しかし、すぐに質問は、はるかに広範囲に及ぶようになる。「この課題で最も驚いたことは何か」「再び起こってほしいと思うような嬉《うれ》しいアクシデントは何か」「うまくいったことの中で、悪かったと思う点はどこか」などだ。

講師の1人で、陶芸のビジネスでも成功を収めているアリソン・ブリットンは聞いた。「あなたの作品は誰のためのもので、なぜ彼らはそれを買うのでしょうか」「彼らはそれで何をするのですか。そして、彼らにどのような考えや感情を抱かせるのでしょうか」

質疑応答は1時間にもおよび、ミギョンに物事がうまくいかなかった理由だけでなく、次回はどうすればいいのか、より広いゴールは何なのかを探る助言が続いた。

プログラム・ディレクターのフェリシティ・エイリーフはこう説明する。「すべての学生は、ここにいる2年間で5つの主要なプロジェクトを完成させます。最初の年は、彼らを打ちのめすようにデザインされています。彼らがこれまでに出会ったことのないテーマや媒体でワークをさせ、失敗させ、できるだけ多くのことを学ばせます。そして、1年目の終わりには、彼ら一人ひとりと向き合い、卒業後、何をしたいかを尋ねます。2年目は、各学生に合わせてプログラムを設計し、適切な外部講師を付け、個々の学生に適切なチャレンジとサポートを提供します。そうすることで、卒業後にやりたいことが実現できる準備を整えるのです」

これは非常に集中的なアプローチである。最初の数カ月は、失敗を繰り返すばかりで先へ進めないと感じる学生がいても不思議ではない。現在陶芸家として活躍している卒業生は、「トップ合格を果たしたのに、入学した途端に、自分が何をやっているのかわからなくなってしまった」と、悔しそうに振り返る。しかし教官は、毎日、各課題の進行状況を確認し、いつでも話し合えるよう待機している。課題が完成すると、外部講師も含めたクラス全体の前で、より正式な講評が行われる。

元校長で、現在はプログラムの講師であるマーティン・スミスは言う。「学生には、最先端の仕事をしたいのであれば、90%の失敗と50%の驚きを覚悟してほしいと伝えています。失敗も驚きも経験していないなら、もっと冒険的でユニークなことをするように言います。常に限界に挑戦し、決して1カ所に留まらないようにすべきだと」

2

多くの組織が失敗を受け入れると主張するが、「許容する」という言葉の方が正確かもしれない。しかし、ロイヤル・カレッジ・オブ・アートは、他の百年組織センテニアルズと同様に、失敗を積極的に求めている。

センテニアルズは、失敗はあらゆるプロセスに不可避の要素であり、常に私たちの身の回りにあるという単純な事実を認識している（結局のところ、１００年前の世界的大企業の80％が現在は存在していないし、これまで地球上に生息した40億の種の95％も存在していない）。[1] 失敗をそのように受け入れるならば、回避すべきものではなく、人々が真に学ぶべきもの、修業の一形態となる。

それだけでなく、失敗に対する健全な態度は、自惚《うぬぼ》れを防ぐ。どのセンテニアルのリーダーと話をしても、成功を緊張して受け止めている様子がうかがえる。

ブリティッシュ・サイクリングの元パフォーマンス・ディレクター、ピーター・キーンは、チームが過去20年間で、オリンピックの金メダルのほぼ半分、他国の5倍を獲得したことを説明した後に、私に言った。「私たちは何を見逃したのだろう。何かを見落としていることはわかっているんだ」

元オールブラックスのヘッドコーチ、スティーブ・ハンセンも、過去20年間、いかにチームが85％の勝利を収めてきたかを説明した後に、次のことを認めている。「私たちは、常に素晴らしいプレーをしてきたわけではありません」

「かつてほど優秀だとは思っていません」と私に打ち明けたのは、ロイヤル・カレッジ・オブ・アートのデザイン講師である。このカレッジの卒業生は、過去20年間に、アップルのプロダクトデザイナーの半数や、世界をリードする自動車デザイナーの大部分を占めるようになっていたにもかかわらず、である。

失敗の必然性と価値を理解しているからこそ、彼らは皆「破壊と創造の緊張感」と呼べるものを体現している。彼らはひとところに落ち着こうとしない。常に物事をより良くしようとする。彼らにとっての失敗は、ブレークスルーと創造を促すものなのだ。

１９８６年1月28日に起きたスペースシャトル「チャレンジャー号」の爆発事故は、搭乗していた7人の宇宙飛行士全員の命を奪ったが、これはその「破壊と創造の緊張感」が消えると何が起こるかを示す、典型的な警告の物語である。

１９６９年にＮＡＳＡが月面着陸に成功して以来、宇宙機関は内部で大きな変化を遂げてきた。その10年以上前、宇宙開発競争に参入した当初は、社内の専門家の知識を活用していた。あるエンジニアが後に回想しているように、「リスクを取って間違いを犯すことは歓迎されたが、同じミスを2度犯すことは許されなかった」のである。[2]

別のエンジニアも語っている。「成功や失敗に点数をつけるようなことはしてなかったんだ。

哲学が違っていた。個々の成績ではなく、私たちは自分たちが学んでいることが重要だと考えていた」[3]

しかし、月面着陸後、NASAではより局地的で細分化された組織となった。管理職の数は3倍に増え、契約業者の数は5倍に増えた。そして意思決定の権限はワシントンに移った。[4]その過程で、議論はあまりオープンではなくなり、NASAのエンジニアたちは力を失った。

あるエンジニアはこんな不満を漏らしている。「私たちのミーティングは以前ほどオープンではなくなりました。技術的な精緻《せいち》な議論や突っ込んだ質問をするという面でです。誰かがそのような方向から話し始めると、受け手が極端に防衛的になるようなミーティングを何度も経験しました」[5]

別のエンジニアもその言葉を裏付ける。「管理職の上層部はワシントンの官僚主義によって、行政や政治、つまり技術面以外のことに多くの時間を割かねばならなくなった。その反面、技術面やコスト面の説明責任を求める姿勢は、組織全体で緩んでいた」[6]

その結果、もっと興味深い会話はなくなるか裏で行われるようになり、マーシャル宇宙飛行センターの管理者、ハンス・マークの言葉を借りれば「地下での意思決定」がなされるようになったのである。[7]

組織の状態は悪かった。しかしもっと悪いのは、このような変化の中でNASAとNASAの協力者が、「破壊と創造の緊張感」を体現する文化が果たす役割のことを忘れてしまったことだ。チャレンジャー号の事故直前の出来事は、それを示している。

チャレンジャー号打ち上げ前夜、ユタ州のモートン・サイオコール工場で、エンジニアが懸念を表明した。彼らは2基の固体ロケットブースターを密閉するOリングの製造に携わっており、Oリングが打ち上げ時に耐えなければならない低温でのテストが行われていないと、NASAに伝えたのである。しかし、「破壊と創造の緊張感」を誰も真剣に受け止めなくなり、やがて忘却していったNASAには、そのメッセージは伝わらなかった。そこに含まれた警告も聞き入れられなかったのである。

一方、モートン・サイオコール工場のエンジニアも、潜在的な問題を完全に解明できていなかったし、結論も明確ではなかった。[8]彼らがNASAと共有した13枚のスライドには、多くの混乱と矛盾した情報が含まれていた。カリフォルニア大学バークレー校のジョセフ・ホール教授は後に次のように指摘した。「発射準備を急ぐあまり、実際には損傷があったり、シールが完全に機能せずガスや液体が漏れるブローバイ現象があったにもかかわらず、技術チームはOリングに問題はないことを主張するために、飛行準備審査で使用されたスライドを誤って含めてしまったのだ。[9]」

NASAの関係者もモートン・サイオコール工場のエンジニアから提示されたデータを十分精査することを怠り、過去にOリングに問題はなかったのだから、将来も問題が起こることはないだろうという危険な思い込みに陥ってしまった。

当時、シャトル計画責任者のローレンス・マロイはこう叫んだという。「サイオコールはいつまで打ち上げを延期するつもりか。来年の4月か」と。マーシャル宇宙飛行センターの科学技術担当副所長ジョージ・ハーディもまた、サイオコール工場からの勧告に「愕然《がくぜん》とした」と語っている。こうして打ち上げは決行されたのである。[10]

チャレンジャー号の事故後、当然のことながら調査が行われた。そこで明らかになったのは、右ロケットブースターのOリングが破壊された理由である。Oリングは摂氏18度以下では機能しなかったのである。[11]

しかし、活《い》かされた教訓は半分だけだった。NASAはシャトルのその部分を再設計する必要があることは認識した。だが、失敗へのアプローチや、常に起こりうる失敗に対するアプローチを変えなければ、チャレンジャー号の調査によって防げるのはその特別な事故の再発だけだった。

宇宙機関は管理層を増やし続け、外注を増やし、さらなるコスト削減を目指した。[12] ジョージ・メイソン大学の政治学教授、ジュリアン・マーラーは次のように述べた。「今にして思えば、次の事故が起こるのは時間の問題だった」[13]

17年後、それは現実となった。2003年2月1日東部標準時午前8時59分、コロンビア・スペースシャトルが地球の大気圏に再突入し、破壊された。乗船していた7人の宇宙飛行士は全員死亡した。この事故は、離陸時にシャトルのタンクから発泡断熱材の破片が飛び散り、打ち上げ中に翼を損傷したことが原因だった。しかし、より根本的な原因は、1986年と同一のものだった。

NASAはようやく、問題の核心に目を向けたのである。

マーシャル宇宙飛行センターの安全エンジニア、スティーヴン・ジョンソンは次のように述べている。「コロンビア事故調査委員会を始めとした人々が注目したのは、事故に至るまでの決断や要因が、17年前のチャレンジャー事故と酷似していたことだった」

チャレンジャーとコロンビアの事故を詳細に調査したジュリアン・マーラーは、よりわかりやすい言葉で次のように書いている。「事故調査委員会が発見したのは、意思決定者が孤立しており、周囲の意見を聞いていなかったことである」[14]

個々の問題に対して規則を定めるだけでは不十分であることがわかってきた。状況はあまりに複雑であり、さまざまな要因が相互に影響しあっていたからだ。変えるべきは文化だった。[15]

その後、数カ月から数年間、NASAのさまざまな部署に心理学者が招かれ、説明の仕方や話の聞き方の講習が行われた。作業責任は管理職からエンジニアに戻された。全員に「ストップ・ワーク」カードが配られ、何か問題が起こるかもしれないと思った時に使うことが奨励された。[16]

宇宙開発に関する複数の著書を出しているロバート・ジマーマンは、組織文化の変化が少しずつ浸透している時期に、次のように書いている。「こうした簡単な変更が、NASAの仕事のやり方を完全に変えた。コロンビアの事故以前は、管理者が主導権を握っていた。しかし、この2年間で状況は一変した。管理者は背後に回りエンジニアたちに任せている」[17]

20年間NASAに勤務したジェラルド・スミスは次のように語った。「会議では、誰かが懸念や問題を抱いているならば、それを提起することを全員で確認しました。遠慮は禁物です。問題があるなら指摘しましょう。決定が気に入らないなら話し合いましょう、と決めたんです」[18]

今日のNASAのアプローチを最もよく言い表しているのは、チャールズ・カマーダ宇宙飛行士のこの言葉である。「我々のモットーはこうだ。失敗には、成功では得られない知識と理解がある」[19]

この文脈において、次のことを考慮しておく必要がある。米国の調査会社、スタンディッシュグループの4人の研究者が、過去30年間に納品されるはずだった5万件のソフトウェア開発プロジェクトを分析したところ、3分の2が目標を達成できなかったという結論に至った。また、その期間を通じて、失敗と成功の割合は変化していないことも指摘された。失敗は避けられない。重要なのは、それにどうアプローチするかである。[20]

3

しかし、失敗からしか学べないと考えるのも間違っている。私たちは成功からも学ぶ必要があるし、特に、成功を持続させたいのであればなおさらだ。

オールブラックスのモットーは次のものだ。「学ぶために負ける必要はない」[21]。例えば、新しい橋を建設する人は、数少ない崩壊した橋だけでなく、大多数の現存している橋からも学ぶ。

今日、一部の心理学者は、感謝の探究や強みベースに基づく学習としても知られるポジティブ心理学を援用し、うまくいかないことを直そうとするのではなく、うまくいっていることをもっとうまくやることに焦点を合わせようと主張している[22]。このアプローチは、見方によっては、失敗から学ぶことの価値を過小評価していると言える。しかし、私たちに、ネガティブなことからだけ学ぶのではないことを思い出させてくれる。ポジティブな面からも学ぶのだ。

1990年代にベトナムで「セーブ・ザ・チルドレン」のカントリー・ディレクターを務めたジェリー・スターニンの経験は、その好例である。彼がベトナムに到着した1991年12月当時、ベトナムは15年前に終結した戦争からまだ立ち直っていなかった[23]。識字率は低く、衛生環境は劣悪で、食料の供給も不十分だった。共産党政権は、農作物の栽培を奨励するため、国民に農地を所有することを許可したが、農民がどれほど頑張っても、子供たちの半数は栄養失調に陥っていた。ベトナム保健相はスターニンに、「現状を打開してほしい。期限は6カ月だ。もしそれができなければ辞めてもらう」と告げた[24]。

このような巨大な問題に直面したとき、普通は間違っている点を見つけ、それを修正しようとする誘惑に駆られる。しかし、スターニンは異なるアプローチを採用した。

当時、彼はタフツ大学の栄養学者、マリアン・ツァイトリンが行った30に及ぶ開発プロジェクトのレビューを読み、困難な問題に直面した場合は、失敗を修正するよりも、成功を拡大しようとする方が理にかなっていると考えるようになった。[25]

スターニンは自分の専門分野でこの知見を採用し、ツァイトリンが「ポジティブな逸脱」と呼ぶような、栄養失調になってもおかしくないのに栄養失調になっていない子供を探し、その経験から何が学べるかを見ようと考えたのだ。スターニンは後にこのように語っている。「『何が間違っていたか』から『何が正しかったか』に焦点を変更した。あらゆる確率に反して成功する、観察可能な例外を突き止めようとした」[26]

ただ、スターニンが政府を説得し、この方法が正しいと納得させるまでには時間がかかった。しかし、最終的にはハノイの南160キロにあるタインホア省の、4つの集落を調査する同意を取り付けた。各集落の人口は約2万人。食糧自給は米に依存しており、各農家は自家で収穫した米で、子供2～3人を含めた家族を養い、余剰米を他の人々にも販売していた。

スターニンは書いている。「各集落から5人のボランティアを募った。地域全体で20人のボランティアが、地域全体の子供の栄養レベルを向上させる手助けをしてくれた。私たちは彼らを集めて尋ねた。『貧しくても栄養の足りている子供はいないか』と。すると、『コーコー（います！）、コーコー！』と彼らは叫んだ。私たちが何かを掴《つか》んだと確信したのはそのときだ」[27]

それから2カ月間、スターニンはボランティアと協力し、地域全体から、さまざまな家庭環境にある3歳以下の子供たち2000人を選んだ。子供たち一人ひとりの体重を測定し、次の3カ月間にわたって子供の家族が生産した米の量を記録し、体重と家庭の収入をグラフにした。

その結果、驚くべきことに、3分の1の子供は貧困環境にありながらも、栄養状態は良かったのである。

この結果が研究者に示唆したのは、体重と豊かさは相関関係がないことだった。この推測は、比較的裕福な家庭の2人の子供が栄養失調にあったことで、さらに裏付けられた。[28]

そこでスターニンのチームは、貧しいが栄養状態の良い4人の子供の小さなグループに焦点を絞り、彼らがどのように生活しているかを正確に観察するため、2週間を共に過ごした。

3カ月後、彼らの調査報告の準備が整った。

世界保健機関（WHO）のガイドラインでは、子供にはトウモロコシ、米、サツマイモなど消化のよい穀物一人前を、1日2回与えるのが良いとされていた。しかし、貧しいが栄養状態の良い子供は違っていた。彼らはカニ、エビ、カタツムリなどの高タンパク食品少量と穀物を、1日3〜5回補っていた。その結果、彼らは他の子供の2倍の栄養素を摂取しており、栄養の吸収率も高くなっていた。

あるボランティアは次のように説明している。「健康な子供の親は、私たちが『してはいけない』と言ったことをすべてやっていました。私たちの話を理解していないのではなく、実際に効果がないとわかっていたのです[29]」

スターニンは、カニ、エビ、カタツムリは、どの稲作農場でも容易に見つけられることに気づいた。しかも無料であり、簡単に共有することができた。

既存の成功体験から新たな戦略を推測することは、これまでにも多くの人が行ってきたことである。

2005年、メルクはメキシコでの営業手法を変更した。メキシコで最も有能な営業担当者は、会社が義務づけているコールドコール（アポなし電話）の件数を減らし、代わりに一人ひとりの顧客とより長く接し、信頼関係を築いていることに気づいたからだ。[30] 会社全体のわずか10％の営業マンのやり方を広く展開したところ、売上が従来の30％以上増加したのだ。

ゴールドマン・サックスも、顧客管理の改善を目指して同様の施策を取った。また、ヒューレット・パッカードは、全従業員の10％を占める高業績グループが、どのように業務を行っているかを研究させることで、製品やサービスに関する貴重な教訓を得ている。[31]

「ポジティブな逸脱」アプローチは、ニュージャージー州でのギャングによる暴力の減少、南アフリカでの起業家精神の向上、ジャカルタでのＨＩＶ／エイズの蔓延《まんえん》の抑制、パキスタンでの乳児死亡率の減少などにも採用され、成功を収めている。[32] 問題に対する答えをすでに見出《みいだ》している少数の人々（一般には特定の集団の10％弱）に焦点を合わせることが、全体に利益をもたらすのである。

スターニンのベトナムでの成功は、もうひとつの重要な要因にも左右されていた。

スターニンとボランティアチームは、新しいプログラムを展開する際に、無条件に押し付けるのではなく、慎重に実施した。「ほとんどの開発プログラムは、人々が皆に何をすべきかを指示したときに失敗する」とスターニンは語っている。[33]

そうではなく、チームはさらに多くのボランティアを募り、ベトナムの50の省にそれぞれに栄養センターを設置した。保護者はセンターで、毎月子供の身体測定を受け、同じような境遇の子供を育てている他の親から学ぶことができた。人々は意見を交換し、自分たちのペースで解決策を見出し、そして、それを貫いた。

スターニンに与えられた6カ月の期限が終了するころには、2000人の子供の半数以上が、良好な栄養状態となっていた。さらに、スターニンが着任して1年が終わる頃には、ほぼ全員の栄養状態が改善されていた。5年後、ベトナム政府と国立栄養研究所によって、このモデルが全国規模で展開されたときには、国内のほぼすべての子供が栄養改善の恩恵を受けた。[34]

スターニンは説明する。「人は自分で見つけるからこそ、そこから学ぶ。行動を変えるには知識だけでは不十分である。行動を変えるのは、自らの発見なのだ。『ポジティブな逸脱』アプローチの基本的な信条は、外部から誰かが解決策を提供しても、中にいる人々は解決策を受け入れないかもしれないし、それを実行するリソースを持っていないかもしれないということである[35]」

したがって、解決策を見つけることは、課題の半分でしかない。もう半分は、人々に解決策を受け入れさせ、導入させることである。理想を言えば、人々が独力で問題が解決できるよう、手段を提供し、実際にそれが機能することを見守るべきである。

しかし、その方法がいつもうまくいくとは限らない。重要なのは、新しいアイデアに人々を従わせるには、時間と忍耐が必要であるということだ。

専門家はこんな興味深い発見をしている。新しいアイデアを採用しなかった場合に、何が失われるかに焦点を合わせて説明した方が、何が得られるかを説明するよりも、採用率が大幅に向上するというのである。[36]

例えば、二重窓の販売員は、新しい窓を取り付けなかった場合に失うものを明示した方が、取り付けで得られるものを訴求するよりも、多くの顧客を獲得する。

心に留めておくべき貴重な教訓だ。

4

古代ギリシャ人は知識（テクネまたはエピステーメー）と知恵（メティスまたはフロネシス）を区別していた。前者は、同じことを何度も繰り返すことで得られる技術的な知識であり、理論やルールを通じて伝授される。後者は時間をかけて新しいことに取り組み、経験、検証、実験を通じて学ぶ適応のプロセスである。

知識は一般的に特定のタスク（何を、どのように）に関連するため、優先される傾向がある。知恵は文脈（いつ、どこで）を理解し始めることで育《はぐく》まれる。[37]両者とも重要であり、失敗と成功から学ぶ能力を必要とする。

センテニアルズは、あらゆる行動や瞬間、決定を徹底的に分析することで、先を行くために必要な知識と知恵を育むことができる。失敗の中に成功を、成功の中に失敗を見出《みいだ》すことで、前進し続けようとする。

例えばブリティッシュ・サイクリングは、レース中にどのタイヤを使い、どのようにトラックをグリップすべきかを見極めるための必要な知識はすぐに得ることができたが、タイヤのグリップのさせ方が、レース開始直後とレース中盤では異なること、また、レースの進行に応じて異なっていくことが徐々にわかるにつれて、知恵を獲得していった。その知恵が、レースのスタート前にタイヤにアルコールをスプレーし、重要な最初の数メートルでのグリップを強化するというアイデアを組織にもたらした[38]。

王立音楽院は、まず、学生のスキルを伸ばすために必要な経験を特定し（知識）、次にそのスキルが最も効果的に伸ばせる場所と時期を考えた（知恵）。現在、王立音楽院では3年間のプログラムを通じて、最適な順序でスキルが習得されるようになっている。

それは、知識と知恵（テクネとメティス）の両方に依存する、小さいけれども不可欠な改善と洗練である。

そのようなマインドセットを達成するには、時間と努力が必要だ。しかし、それを促進する方法がある。

最初のステップは、特定のタスクや状況において、自分のパフォーマンスに影響すると思われるあらゆることを、体系的かつ科学的に分析する習慣を身につけることだ。

少なくとも10分間、思いつく限りのすべての項目を書き出す。理想的にはメンタルおよびフィジカルヘルス、使用する機器、働く環境、共に働く人々など、約40項目を挙げることを目指す。アイデアは奇抜であればあるほど良い。新しい発見をうながす可能性が高いからだ。

その後、休憩を取り、散歩や運動をする（脳に多くの酸素を送ることで、創造的なインスピレーションが60％以上増加する可能性がある）[39]。もう一度座って、さらに10分間で40のアイデアを出す。追加するものがなくなったと確信できるまで、書き出しと運動のプロセスを繰り返す。再度休憩を取り、もう一度試みる。

そして、チームの他のメンバーにも、個別にこのエクササイズを試してもらう。全員が自身のアイデアや視点を考え出したら、それらをまとめて、どのようなつながりや相互作用が生まれるかを確認する[40]。

次のステップは、最も有望なアイデアを1つ選ぶ。それを改善するための方法を8つ考え、8分間でそれを絵にする（ロイヤル・カレッジ・オブ・アートではこれを「クレイジー8」と呼んでいる）。アイデアを視覚化することは助けになる。雑誌や本をパラパラとめくりながらインスピレーションを探すのも効果的だ。最高のアイデアを考え尽くしたら、ひどいアイデアも試してみるのもいい考えだ。

ロイヤル・カレッジ・オブ・アートのサービスデザイン学科の責任者であるクライヴ・グリニアは、悪いアイデアは「思考を再構築するのに役立つ」と断言している[41]。

ブレインストーミングの最後のステップは、外部の人間に目を向けることである。普段一緒に仕事をしていない組織内の人々や、異なる視点や専門分野を持つ外部の人々にアイデアを求めるのだ。

王立音楽院は、プレッシャーの中でより良い演奏をする方法を模索し、外科医に相談した。ブリティッシュ・サイクリングは、ツアーに関するアイデアを得るためにロイヤル・バレエ団に話を聞きに行った。

NASAは計画の改善の手助けをノルウェーの探検家に依頼した。また、情報機関や軍、セキュリティ・サービスが言うところの「レッドチーミング」を試してみる価値もある。これは、「ブルーチーム」に新しく革新的なアイデアを出させ、「レッドチーム」にそれを徹底的に分析させるというものだ。議論の進行の中でアイデアが実現可能かどうか明らかになることもあるが、実際どうなるかを確かめるために、モデルの作成やシミュレーションが必要な場合もある。[42]

ブリティッシュ・サイクリングでは、このような徹底的なプロセスを経て初めて、パフォーマンスの根本的な問題に本格的に取り組むことが可能になった。レース序盤や各レース中に、自転車のタイヤはどのようにトラックをグリップすべきか。選手はいつ、どこで、どのようにすればレースの合間でも体温を下げず、集中した状態を保てるのか。選手がレース前に、どんな時に、なぜ、どのようにして気を散らしてしまうのか、などだ。

王立音楽院では次のような疑問が浮かび上がってきた。学生たちは、練習以外の時間をどのように一緒に過ごすべきか。学生が学ぶために失敗すべき場所、タイミング、そしてどのように失敗すればいいのか。物事がうまくいかないとき、教官は学生たちが変化するのを、どのように、いつ、なぜ、助けることができるのか。

　このようなオープンなマインドセットが自然に感じられるようになるには、明らかに自己鍛錬が必要だ。そして時間もかかる。だからこそ、センテニアルズは通常、経験則として、少なくとも週のうち1日を費やして、現在取り組んでいるすべてのプロジェクトを見直し、改善できる点や認識すべきパターンが形成されているかどうかを確認している。新しい技術や競争が出現しているか。新たに考慮すべき経済的、社会的要因はあるか。

　そして、少なくとも月に1日は過去のプロジェクトを見直し、有用なパターンやトレンドが明らかになっていないかを確認する。

　このような批判的な自己検証は、現在の成績を最大化するだけでなく、将来への準備にも役立つ。

　コリン・パウエル元米国務長官は、ここでのベストプラクティスを説明するために、彼が「40／70ルール」と呼ぶものを提唱した。

　基本的には、理論を実践に移す前に、解決しようとする問題をある程度は把握している、つまり、40%は理解していると確信する必要がある。しかし、行動は遅れてはならない。すなわち問題の理解が70%になるまで待ってはならないというルールである[43]。言い換えれば、関与している事柄にある程度の把握ができたと感じたら、行動し始める必要がある。しかし、すべての答えがわかるまで待つと手遅れになるのだ。

5

このようなプロセス全体で、適切な客観性を保つことが、もうひとつの大きな課題である（それゆえ、常に外部からの修正をうながす声を取り入れることが重要なのだ）。

イスラエルの心理学者であるダニエル・カーネマンとエイモス・トベルスキーによれば、人間の大きな弱点のひとつは、個々の判断が些細《ささい》な、しばしば無関係なことに影響されて誤った方向に導かれてしまうことである[44]。

ある実験では、2人の研究者が、ボランティア被験者に、数字を書いた回転式の円盤を回してもらった。その回転盤のひとつは10、もうひとつは65の数字がかならず出るように仕掛けがしてあった。次に、被験者に「国連に加盟しているアフリカ諸国の比率はどれくらいでしょうか」という質問をした。そこで、10を出したグループは、アフリカ諸国の国連加盟比率を低く推定する傾向があった。平均で20％も低く見積もられたのである。もちろん、回転盤の数字とその後に出された質問にはまったく関連性がなかったにもかかわらずである。

他の実験では、電話番号の下3桁《けた》を書くように指示された人は、その後、ビンの中のビー玉の数を推測する時、自分の書いた数字に無意識に影響されることが明らかになった。サイコロで出た目の数は、万引きの量刑に影響し、選手の背番号は、その選手のゴール数の予測に影響した。[45]

このような無関係の要因による影響を防ぐ唯一の方法は、プロジェクトや意思決定に日常的に関与していない人たちから、現実的なチェックを常に受けることである。[46]

一見して疑いのないデータや統計でさえ、解釈が難しい場合がある。ある実験では、学生に米国の地図を使い、過去10年間で腎臓《じんぞう》がんによる死亡率が最も高かった郡に色付けするよう求めた。データは明確に、大多数の死亡者が農村部に偏っていることを示していた。[47]

理由を尋ねられた学生たちは、農村部に住む人々は平均的に高齢で、食生活が悪く、良い医療を受ける機会が限られており、農薬にさらされているからだと答えた。言い換えれば、彼らはデータを基に、もっともらしい結論を導き出したのである。

しかし、続いて腎臓がんによる死亡率が最も低い地域と比較するよう求められた時、学生たちは死亡率が低い地域も、同様に農村部に偏っていることに気がついた。そのときに初めて、自分たちが元のデータにいかに惑わされていたか、そしていかに早く結論に飛びつこうとしていたかに気づいたのである。

実際、彼らが目の当たりにしたのは、統計的根拠が弱い時に必ず起きる、結果の大きなブレだった。米国の農村部は都市部と比較すると人口密度が低い。そのため、たまたま死亡者がいるかいないかだけで、統計調査の結果が大きく変わる可能性があるのだ。

また、間違ったデータを測定することが非常に容易であることも懸念される。ベトナム戦争初期に国防長官を務めたロバート・マクナマラは、以前はフォード・モーター社の優秀なリーダーだった。彼はそこで、数学者、統計学者としての経験を生かしてコストを削減し、規模の経済を実現した。その結果、フォードは市場で最も低価格の車を生産し、在職した15年間、一貫して増収を続けた。1946年の着任から1961年の退社までの間に、収益は40倍に増加したのである。[48]

彼の分析的アプローチは、当時非常に安定していた業界で、見事に機能した。しかし、同じ考え方を戦争の遂行に適用した結果、壊滅的な失敗を招いたのだ。[49]

彼の質問は、まさに彼のような経歴の持ち主が問うものだった。「我々は何発の爆弾を落としたのか」「どれだけの目標を攻撃したのか」「何人の敵を殺したか[50]」。これらに答えることで、彼は「可能な限り低いコストで最高の国家安全保障を創出できる」と考えたのである。[51]

しかし、それはうまくいかなかった。マクナマラのデータ収集は、米国が何をしたかを示すものであり、「次に」何をすべきかを示すものではなかった。

なぜなら、その答えは米軍の努力を測定するものではあったが、軍事戦術の成功を測定するものではなかったからである。その結果、よくて膠着《こうちゃく》状態だったにもかかわらず、戦争がうまくいっているかのような印象を与えた。

そして、より大きな問題、例えば、「従来の軍事力は、ゲリラ部隊に対してどのように『勝利』するのか」といった問題を明確にすることができなかったために、米国の戦略と戦術は歪《ゆが》められたのである。

米国はこの戦争を、昼間のジャングルでの地上戦闘も含めて、共産主義の超大国との代理戦争とみなしていた。実際には、夜間にトンネル網を使って戦闘を繰り広げるゲリラが関与する内戦だった。同時に、南ベトナム軍の低い士気や、ベトナム農民の共産主義ベトコンに寄せる相対的な同情など、極めて重要な要素はほとんど無視されていた。

当時ベトナムで兵士として従軍していたコリン・パウエルは、パウエルが駐留していたキャンプにマクナマラが訪れたときのことを後に回想している。マクナマラは48時間滞在した後に、こう発表した。「あらゆる定量的測定が、我々が戦争に勝利していることを示している」

パウエルはこの時のことを次のように振り返る。「測定すれば数字に意味が生まれる。しかし、私がア・シャウ渓谷で目撃したことは、我々がベトコンに勝っていることを示すものではなかった。打ち負かすだって？　ほとんどの場合、我々は彼らを見つけることさえできなかったんだ[52]」

誤ったデータを7年間も収集し続けたマクナマラは、１９６８年についに辞任した。その5年後、米国はベトナムから撤退した。間違った戦争を、間違った時期に、間違った場所で、間違った理由で戦った結果、約２００万人のベトナム人と6万人の米国人の命が失われた[53]。

マクナマラの経験や腎臓がんの死亡率のパターンを研究していた学生たちの経験から、２つの重要な教訓が得られる。

第一に、何を見ているのか、つまりタスク（何を、どのように）と、文脈（いつ、どこで）を理解することが不可欠である。そのためには、自省と分析に心を開き、他者の質問と助言を求める必要がある。

第二に、収集するデータセットは、できるだけ大きく、クリーンで、偏りのないものにする必要がある。これは人口全体か、できるだけ多くの人々や事例を調べることで実現できる。[54]

例えば、ある病気の致死率を知りたければ、特定の地域の人々だけを見るのではなく、他の地域の人々も見る必要がある。

仮に、調査結果に80％の自信を持ちたいのであれば、経験則として、またデータがクリーンでバイアスがないと仮定した場合、90％の信頼水準（調査結果が正確である可能性の高さ）と10％の誤差範囲（サンプルが全体の人口を反映する可能性の高さ）を達成するために、１００人に対する病気の影響を調査する必要がある。そうすると、全体として81％の信頼水準（90％×（１００−10％））になる。調査結果に90％の自信を持ちたいのであれば、２００人のサンプルが必要だ。95％の信頼度を達成するには、１０００人のサンプルが必要である。必要なサンプル数を知るためには、インターネットで入手できる「サンプルサイズ計算機」が役に立つ。[55]

信頼できる統計的証拠を慎重に活用した結果、かつての世界的な大殺戮《さつりく》者として毎年何百万人もの死者を出していた天然痘《てんねんとう》は、最終的に根絶された。

１９６７年、包括的な予防接種プログラムを通じてこの病気を根絶することを目標に掲げたＷＨＯは、常時監視と必要に応じた封じ込めを含む多方面からのアプローチを展開した。ＷＨＯはそのプロセスを通じて、重要な関連データに焦点を合わせてきた。しかし、その対象は、ワクチン接種の回数や支出された資金（マクナマラのような人ならば間違いなく考慮したであろう要素）ではなく、報告された実際の症例だった。[56]

その結果、いくつもの重要な発見がなされた。成人女性が罹患《りかん》することはほとんどないこと（したがってワクチン接種の必要はないこと）、罹患者の95％以上が以前にワクチン接種を受けたことがないこと（したがって、2回目の接種を実施する前にできるだけ多くの初回接種を実施することが、最も理にかなっていること）[57]、発生パターンには地域的・文化的側面があること（例えば、インドでは罹患者の家族が遠隔地の村々を行き来する傾向があったため、天然痘の根絶が困難であることが判明）[58]などである。

こうした発見のたびに、WHOは常にそのアプローチを洗練し、適応させていったのである。1977年10月のソマリアの事例を最後に、天然痘の発症は記録されていない。[59]

6

ほとんどの組織にとって自己検証は、繰り返し行われるものではない。重大な問題が出来した時や、重い決断を下す必要がある場合に限られる。それ以外の時には、自己検証には時間と強い自制心が求められるために、後回しになることも多い。

それに対してセンテニアルズは、自己検証を組織のDNAに組み込んでいる。

例えば、オールブラックスの選手たちは、軍隊から始まった「OODAループ」と呼ばれるプロセスを重視している。これは、彼らのあらゆる行動の中心にあるもので、「Observe（観察－何が起こっているか）」「Orientate（方向づけ－利用可能なすべての情報を総合する）」「Decide（決定－前進すべきか、どのように前進すべきか）」「Act（行動－迅速かつ決断力を持って行動する）」、そこから再び「観察」というサイクルである。

同様に、ロイヤル・カレッジ・オブ・アートの学生は「デザイン思考ループ」を使用しており、「発見（すでに存在して、機能しているものや機能していないもの）」「定義（何がより機能するか）」「デザイン（新しく驚きのある、人々の生活を変えるもの）」「提供（そのアイデアの実現）」そこから再び「発見」というプロセスを繰り返している。[60]

このような深い自己洞察的な実践は、彼らの行動すべてに組み込まれている。それは、「破壊と創造の緊張感」を、彼らが真の成果に変える方法なのである。

7

要約すると、センテニアルズは成功と失敗を分析することで、自己満足を避け、確実に前進し続けるために、次のことを行っている。

□現在のプロジェクトを改善する方法を見つけるために、少なくとも週のうち1日を費やして、振り返りを行う。過去のプロジェクトを見直し、そこから学べるパターンがないか確認するために、少なくとも月に1日を費やす
□内部と外部、両方の人々に、質疑や課題に参加してもらい、協力して組織の活動を見直す
□失敗のなかに成功を、成功のなかに失敗を探し、新しい改善方法を見つける
□パフォーマンスに影響を与える可能性があるものを科学的に分析し、何が効果的かを見極めるために、微調整を続ける

Accidents

習慣 11

偶然の出会いのための時間を用意する

——チャンスの可能性を高める

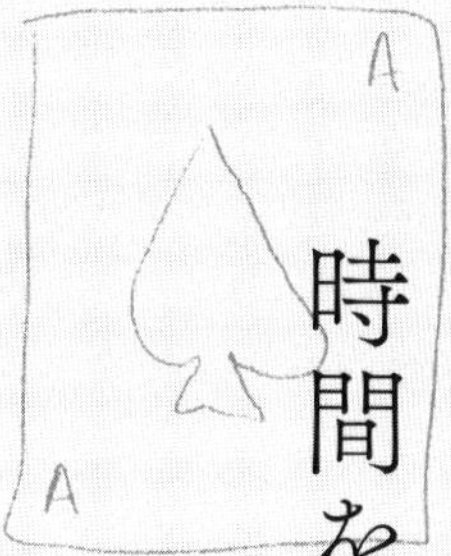

Habit 11

Make time for random

1

シックスシグマは、海軍のエンジニアから企業重役に転身したビル・スミスの発案である。それは、悩ましい課題に対する万能の答えのように思われた。スミスが１９８０年代半ばから１９９３年に亡くなるまで勤務していたモトローラは、１９２０年代にポータブルラジオの電源「バッテリーエリミネーター」を製造することから事業をスタートさせた。バッテリーエリミネーターのおかげで、ポータブルラジオを固定された場所で使用する場合は、電源に接続できるようになった。その後、第二次世界大戦中は軍と、１９６０年代にはＮＡＳＡと協力し、半世紀にわたってモバイル技術の最前線に、モトローラはいた。また、１９７０年代には初の商用携帯電話のプロトタイプを、１９８０年代には初の大衆向け携帯電話を製造した。しかし、品質管理が問題になっていた。

スミスが入社した当時、モトローラはモバイル製品のチェックと修理に、年間８億ポンドを費やしていたと推定される。モトローラが製造した製品の約10分の１が、出荷後に調整が必要になると推定されていた。モトローラの社長兼ＣＥＯであるボブ・ガルビンは、特別招集した会議で何が問題なのかと尋ねたところ、営業部長の１人アート・サンドリーは歯に衣《きぬ》着せずこう言った。「この会社の問題を教えて差し上げましょう。品質が最悪です」[1]

ビル・スミスは、事態を改善する唯一の方法は、実証的かつ統計的なアプローチを品質管理に採用することだと、ガルビンを説得した。

彼が数年かけて磨き上げたシックスシグマの原則(DMAIC)は、すべてを定義(Define)し、測定(Measure)し、分析(Analyze)し、改善(Improve)し、制御(Control)するための、正確な手法とモデルを適用することだった。目標は一貫性であり、エラーとばらつきは忌避されるべきものだった。

スミスの目標、そして彼がシックスシグマを指導したエンジニアの最高位「ブラックベルト」たちの目標は、100万回行ったことに対して、ミスを3回以下に抑えるような環境を作ることだった。「工程でミスがなければ、製品は最短時間、最低コストで製造される」とスミスは説明した。[2]

この原則をモトローラの製造プロセスに適用したところ、驚くほどの成功を収めた。事実、スミスが勤務していた最初の4年間で、製造コストは20億ドル以上も圧縮した。[3] そこで同社は、シックスシグマに組み込まれた原則を他の業務分野、特に、研究開発に展開した。

そこから他の企業がシックスシグマを導入し始めるまで、時間はかからなかった。ポラロイド、クライスラー、ゼネラルモーターズ、ノーテル、ゼネラル・エレクトリックがシックスシグマの信奉者となった。『フォーチュン誌』によると、2000年代半ばまでに、米国の大企業200社のうち3割がシックスシグマの手法を採用していた。モトローラと同様、すべての企業が、精度、コスト、品質の面で即座に利益を享受するようになった。[4]

そして、各社は、1社、また1社と失速したのである。ポラロイドは2001年と2008年に2度破産した。クライスラー、ゼネラルモーターズ、ノーテルは2009年に経営破綻《はたん》した。ゼネラル・エレクトリックは2017年、株価の暴落を経験した。モトローラ自体も、2000年代後半に利益が半減した。2008年最終四半期には36億ドルの損失を計上した。[5]

その理由は何だったのか。

シックスシグマが反復的な製造工程に適用されたときには、そのメリットは間違いなくあった。しかし、全体的なビジネスアプローチとして採用された時、シックスシグマは重大な欠陥を露呈した。測定や成果の保証、エラー及びエラーの可能性の排除など、各要素への執着は、重要な短期目標を確かに成し遂げた。コスト削減、廃棄率の減少、収益の向上を通じて利益を増加させた。だが、それだけだった。長期的な企業の生存戦略に関しては、取り返しのつかない失敗だった。

2013年、デロイトの経営コンサルタント、マイケル・レイナーとマンタズ・アーメッドによって発表された研究は、「今ここ」に焦点を絞りすぎることの問題に、貴重な光を当てた。[6]

彼らの分析によると、過去45年間に米国の株式市場で取引された2万5000社のうち、コスト削減と価格競争という戦略を採用した企業は、長期的には生き残ることができなかった。すでにやっていることを、あるいはすでに持っているものを、できるだけ安く効率的に売ることは、即座に結果をもたらすかもしれないが、将来の不測の事態や新たな競争への備えにはならない。

レイナーは指摘する。「価格で勝負しようとすると、かならずもっと低い価格を提示する企業が現れる」[7]。また、レイナーはこう結論付けている。「企業はコストや資産を削減することで真に偉大になることはない。偉大な企業は、偉大となるために努力を惜しまない。卓越した企業は多くの場合、卓越性の代償として、コストが高くなることをいとわない」[8]

シックスシグマの主要な支持者たちの運命が示すように、企業が特定の戦略に依存しすぎると、その安定性は長続きしない。また、彼らが直面する競争環境も変化し続けている。

モトローラは、競合の中で最初に脱落したが、その理由は、最初にノキアが2年ごとに革新的な新製品の発表を始め、アップルやサムスンもそれに追随したことにある。ゼネラルモーターズの場合は、競合の動きが比較的ゆるやかだったことと、顧客が車を買い替えるのが5年から10年ごとだったため、比較的長く持ちこたえることができた。

ゼネラル・エレクトリックは、業界内での技術革新がほとんどなく、顧客は購入した製品を10年から15年ごとにしか更新しない傾向があったため、最後まで持ちこたえることができた[9]。しかし、遅かれ早かれ、シックスシグマを採用した組織が技術革新を怠った結果、他の企業に追いつかれてしまい、崩壊するか、消滅したのである。

驚くことではないが、デロイトの研究者たちは、長期的に成功するためには、まったく異なるアプローチが必要だと主張した。

コスト削減に焦点を合わせるのではなく、価格を上げる方法を見つけることに焦点を合わせるべきだ。価格で競争するのではなく、競合他社とは違うより良い方法を見つけることに集中すべきである、と言ったのである。

レイナーは述べている。「収益の優位性は、単価の上昇または販売量の増加のどちらか、または両方の要因があるが、卓越した企業は、単価を上げることで収益を伸ばす傾向が強い[10]」

レイナーとアーメッドの発表は、ＯＥＣＤの２００７年の報告書の結果と一致している。報告書では、国の長期的な経済実績と生活水準の原動力は、イノベーション能力であることが指摘されており、次のように結論づけられている。[11]「研究開発費、技術への投資、特許や商標の新規出願の水準は、すべて国の将来の経済的・社会的健全性を示す格好の指標であり、世界全体の長期的成功においても極めて重要である[12]」

2

コスト重視とイノベーション重視という、まったく異なる２つの哲学がもたらす影響は、２０００年代初頭の３Ｍの運命の変動によく表れている。

２００１年から２００５年まで、ジム・マクナーニーの指導の下、同社は徹底してシックスシグマの手法に従った。マクナーニーは以前、ゼネラル・エレクトリック社に20年間在籍し、当時のCEOジャック・ウェルチを通じてシックスシグマの原則を吸収していた。[13]

また、マクナーニーはマッキンゼーで経営コンサルタントを務めており、ハーバード大学ではMBAを取得していた。3M在籍中、彼はシックスシグマを容赦なく適用し、経費を削減しより多くの利益を引き出すために組織を引き締めた。従業員の10分の1が削減・リストラされ、3Mの研究予算の4分の1、設備投資の3分の2が削減された。[14]

短期的には、マクナーニーのアプローチは成果を上げた。利益は倍増し配当も急増した。しかし、2005年にマクナーニーが3Mを退社してボーイングに移籍することを発表し、ジョージ・バックリーが暫定CEOとして、その後、正式にCEOに迎えられたとき、マクナーニーのアプローチの長期的な代償が明らかになった。

バックリーは、前年の売上のうち、過去5年間に開発された製品がどのくらいの割合を占めているか（3Mはこれを「活力指数」と呼んでいた）を確認するよう求めた。彼は、3Mの顧客は一般的に15年ごとに新製品を購入していると知っていたので、答えは「3分の1」くらいだろうと予測した。しかし、数週間後に出てきた答えは「12分の1」だったのだ。

バックリーとともに働いたデニス・ケアリーによれば、「いくつかの重要な部門では、新製品開発や技術革新が完全に排除され、新製品の割合はゼロだった」[15]とのことだ。

バックリーは後に語っている。「社内の誰も、活力指数の数値を知らなくなってしまった。この数値は社員にとって重要な指標であるはずなのに、使われなくなっていた。私が導き出した数値をチームに示した際、誰もが驚き、言葉を失った。だから私はこう伝えた。『いいか、みんな。我々はイノベーションに戻らなければならない』と[16]」

科学者や開発者に、バックリーは、短期的な財務目標を重視するのをやめるように言った。その代わりに、再び夢を持ち、実験をすべきだと伝えた。開発予算も20％増やした。その後5年間で、3Mは数千の新製品を開発し、活力指数は4倍になった。2010年までに、売上の3分の1以上がこの5年間に開発された製品で占められていた。

3Mは、再挑戦するための正しい場所に戻ってきたのだ。[17] バックリーは次のように説明した。「3Mはテクノロジー企業である。新しいテクノロジーへの投資と創造を続けることが不可欠だ[18]」

ポスト・イットを発明した科学者アート・フライはこう言っている。「文化は恐るべき速さで崩壊する。だが、（マクナーニーは）文化を破壊することはできなかった。それほどここに長くいたわけではないからね。もし彼がもっと長くいたら、文化までも壊していただろうね[19]」

一方、マクナーニーは、3Mで適用した原則をボーイングでも実行していた。予算は削減され、コストは削減され、利益は最大化された。短期的には効果が上がった。しかし、それはボーイングにとって予想外の苦境をもたらすものとなった。

ボーイング社の737ネクストジェネレーションが、エアバスの新型機A320neoとの競争に直面したのである。A320neoは、客室、エンジン、翼の設計に優れ、ボーイング737ネクストジェネレーションより燃料消費量が2割も少なかった。そのため、ボーイング社は対抗機である737MAXを開発するために、急ピッチで動かなければならなかった。それは、新しい航空機を開発するのに通常必要な時間の半分、つまり8年ではなく4年で行う必要があった。

ボーイング社に勤務していたエンジニアのリック・ラドギーは、次のように話している。「会社はコストを削減しながら、その影響を抑えようとしていました。会社が求めたのは、コスト削減のため変更を最小限に抑えることであり、変更を最小限にすることでトレーニングを簡素化させ、そして迅速に完了させようとしていました」[20]

別のエンジニアもこう証言する。「スケジュールは極端に圧縮されていました。まさに、ゴー、ゴー、ゴーと、せかされていたのです」[21]

厳しい工数とそのしわ寄せ、エラーや計算ミスの可能性すら排除しようとした企業文化が組み合わさり、致命的な結果を招いた。ボーイングは、新しい、通常よりも高い位置にあるエンジンが生み出す揚力を修正し、機首を下げるために使用された自動化ソフトウェアが、特定の条件下では機能していないことに気づけなかった[22]。新しい航空機は、手順通りのテストを受けていなかったのだ。

3年後、300人以上が死亡する2件の致命的な墜落事故が発生した。その後、全機が運航停止となった。ボーイングにとっての財務的な影響は深刻で、株価は下落し、売上は低迷した。事故によって引き起こされた人的被害はあまりに大きく、数値で表し得ないものとなった[23]。

イノベーションが長期的な成功に不可欠であることは、当然の主張だと思えるかもしれない。しかし、それを受け入れている組織は非常に少ない。２０１３年のレイナーとアーメッドによる調査では、わずか１％だ。[24]

イノベーションのために、空間と時間を作ることや、実験許可を与えることについては、語られることはあるものの、実行されることはない。彼らは、部門横断的な従業員チームを結成し、新しいアイデアを創出するのを望んでいると主張するが、実際は、さらに効率を高めるために、従業員をサイロ化された部門に配置しているにすぎない。

ボーイング、クライスラー、ゼネラル・エレクトリック、ゼネラルモーターズ、モトローラ、ポラロイドなどの運命を見れば、そのようなやり方は創造性や新しい考え方とは相容《あいい》れないことがわかる。このような企業は、可能な限りのコスト削減を行ったため、しばしば突然悪化する前年に、財務的に大きな成功を収めることがある。だが、その後、イノベーションの欠如が影響を及ぼし始めるのである。[25]

3

対照的に、百年組織センテニアルズは、こうしたアプローチが最終的にうまくいかないことを理解している。そのため、無駄を省いた生産ラインとは正反対の方向に、組織環境を整えている。

異なる視点、異なる部署に所属する者同士が隣り合って座る。定期的に移動し、偶然の出会いを最大限に利用する。間違いを回避するために無理をする必要はなく、むしろ失敗が歓迎される。

例えばNASAは、固定したチームを作るのではなく、さまざまな人々と協力できる流動的なチーム編成を行っている。ブリティッシュ・サイクリングはトレーニングセッションを入れ替え、毎週異なる選手が異なるコーチと異なる施設でトレーニングを行う。イートン校では、生徒が毎日数回、異なるクラス、教室、教師の間を移動する。トヨタは、製造工程における7つの「無駄」（待機、運搬、加工、在庫、動作、不良品や手直し、過剰生産）を排除しようとしたことで有名である。これは、いかなるシックスシグマやリーン（無駄をなくして生産効率を向上させる）の取り組みにおいても中核となる原則である[26]。

センテニアルズは、動作と欠陥の双方を維持することに重点を置いている。そして、多少の待機時間があったとしても、かなり満足している。

シックスシグマの目的は、無駄を省き、コストを削減することである。しかし、「創造的な非効率性」を意図的に組み込むことは、追加のコストを伴う可能性がある。そして、実際にその通りなのである。創造的なプロセスは、その性質上、非常に時間がかかるものであり、何度も回り道や反復を要求されることもある。

しかし、シックスシグマ・プロセスが必要とするような、多くのチェック、コントロール、管理層を取り除き、メンバーに自己管理と新しいことを試す自由を与えるという行為には、別の形でのメリットがある。

王立音楽院のティモシー・ジョーンズ副校長は私にこう言った。「私たちはできるだけ優れた人材を採用し、彼らに仕事を任せています。彼らが成し遂げたことを証明するために、多くの書類に記入させたり、それをチェックするために多くの管理職を雇ったりはしません」[27]

実務的には、これは官僚主義や管理を減らし、スリムな運営を行うことを意味する。ほとんどの組織では、間接費が売上の少なくとも20%、場合によっては半分を占めると予想されている[28]。センテニアルズの間接費は、通常10%に抑えられている[29]。

ロイヤル・カレッジ・オブ・アート（RCA）は、創造的な組織の実際のあり方を、わかりやすく示している。例えば、オープン・プランのスタジオでは、ファッション学科の学生が建築学科の学生の隣に座り、陶芸・ガラス工芸を専攻する学生が情報体験デザインコースの学生の隣に座っている。建物の入り口、カフェ、トイレは戦略的に中心となる場所に配置されているため、誰もが毎日建物の周りを歩かなければならない。「毎日4、5回は建物の周りを歩くと思います」と、建築、工芸、ファッション、デザインの各学科から集まった学生たちから成るグループの1人も言っている。

また、毎年少なくとも1つの新しいプログラムが作られ、斬新《ざんしん》なアイデアを刺激する。さらに、学生は毎年、他のプログラムの学生と協力して取り組む「アクロスRCA」プロジェクトに少なくとも1回は取り組まなければならない。「ロンドン救急車プロジェクト」では、情報体験デザイン、ファッション、ヘルスケア、車両デザインの各専攻の学生が参加し、救急隊員とともに緊急車両のレイアウトや設備デザインの改善を提案し、その改善が実際にどのように機能するかを示す実物大モデルを開発した。[30]

「認知症プロジェクト」では、建築、情報体験デザイン、ヘルスケア、視覚コミュニケーションの各専攻の学生が、介護者や患者と共に住宅型ケアハウスの寝室や食事スペースを再設計し、移動が困難だったり記憶力や視力が低下している人たちが、より使いやすくなる改善を行った。

横断型プログラムのチームは、その他にも、より持続可能な衣服の製作や、生ごみの再利用、都市移動の改善といった課題に取り組んでいる。[31]

このようなプロジェクトは、重要な社会問題を解決するのに役立つだけでなく、学生にとっても非常に有益である。ポール・トンプソン副学長は私にこのように説明してくれた。「中には嫌がる学生もいます。というのも、彼らははっきりした目的を持ってRCAに来るからです。例えば、車のデザイナーになりたい学生は、グローバルな課題に挑戦するプロジェクトや、他の人々と関わることに時間を浪費したくないので、時には抵抗を感じながら取り組むこともあるようです。でも、最終的に彼らはこう言います。『今までで一番素晴らしい経験だった』と。このプロジェクトは、学生満足度調査で常に最上位の評価を得ているのですが、皮肉なことに、RCAで行っているものの中で、最もコストがかからないプログラムでもあります。プログラムを実施するための費用はそれほどかかりませんが、信じられないほどの成功を収めています」[32]

RCAの共同スペースでの、まったく偶然で無計画な出会いからも、新鮮なアイデアは生まれる。トンプソンは、学生がまったく関係のない分野で働く人から、技術的なアプローチや機材の話を聞いた瞬間、自分の作品や研究に必要な何かを直感的につかみとることがある、と話してくれた。

あるいは、自分のコースや他のコースで、共同研究をすることになる人に出会うかもしれない。過去15年間で、イノベーションRCAセンターが100人以上の卒業生の50以上のスピンオフ企業の立ち上げを支援し、1億ポンド以上の売上を生み出し、1000人以上の雇用を創出したことは驚くにはあたらない。

例えば、コンクリート・キャンバス社は、耐火性・耐水性の構造物を迅速に構築できるコンクリート生地を考案した、2人のイノベーションデザインコースの学生によって設立された。また、クワーク・マネーは、人々がよりよく家計を管理できるようにしたいと考えた、2人のサービスデザイン学科の学生が発案した。

オロンブリアは、建築、情報体験デザイン、ファッションの各学科の学生たちのまったく異なるスキルを結集し、ミツバチの個体数が減少している地域で受粉レベルの低下に対処するために、フェロモンを使用してアブによる受粉を増加させようとしている。

リバイブ・イノベーションズは、クリティカル・ライティングとデザインプロダクトの学生のスキルを組み合わせ、重度のアレルギーに悩む人々のために、ウェアラブルのアドレナリン自動注射器を開発した。[33]

4

おそらく、このアプローチの最も優れた非センテニアル、100年に満たない組織の例は、組織ではなく国、つまりイスラエルである。人口930万人のイスラエルは、規模は世界第90位だが、世界生産高ランキングでは第30位で、生活水準は第20位である。[34]

OECDによれば、イスラエルは世界で最もイノベーションに意欲的な国でもある。人口当たりのスタートアップの起業数（1400人に1社）と、1人当たりのベンチャー・キャピタル投資額（1人当たり170ドル）の両方で世界一となっている。[35]

世界中から投資が集まり、3M、アマゾン、アップル、イーベイ、フェイスブック、グーグル、インテル、IBM、マイクロソフト、ノキア、ペイパル、サムスン、スターバックス、テスラなど、世界で最も革新的な企業が、イスラエルに拠点を置いている。

デル・テクノロジーズ・キャピタルのマネージング・ディレクターであるヤール・スニールはこう語る。「今日、多国籍企業であろうとするなら、必ずイスラエルに研究開発センターを持たなければならない」[36]

2022年には、過去20年間にイスラエルで設立された企業のうち100社以上が「ユニコーン」とみなされ、評価額が10億ドルを超えている。[37] この国が「スタートアップ国家」として知られているのも、無理からぬことである。[38]

イスラエルがこの地位を獲得したのは、低い税率や高い資本調達力によって、内外からの投資を呼び込んでいるからだと考える人もいるかもしれない。あるいは、高い資質と才能を持つ外国人の定住を奨励しているからとも考えられる。しかし、この2つの分野での実績は、他のOECD加盟国とさほど変わらない。[39]

違いがあるとすれば、その文化である。基本的にイスラエル人は、他の多くの国の国民よりもはるかにサイロ化されておらず、流動的に行動している。彼らにとって協力は容易であり、異なる分野の人々とも喜んで仕事をする。

その主な理由は、ほとんどのイスラエル人が言うように、宗教上の理由で免除されない限りは、成人する前に少なくとも2年間は兵役に就かなければならないからだ。イスラエルの成功について広く執筆しているダン・セニョールはこう述べている。「他の国の学生がどの大学に進学するかで頭がいっぱいな時期に、イスラエルの学生はどの軍事部隊に所属するか、利点や特性を慎重に検討している」[40]

軍隊で彼らは、同じ年齢でありながら、まったく異なる背景を持つ者たちと一緒になる。彼らは互いにうまくやっていくこと、協力すること、定められた厳しい任務を達成すること、さらに、実動部隊として協力することを学ばなければならない。

軍を除隊後にイントゥイション・ロボティクスを設立したドール・スクーラーは次のように

説明する。「誰も何をすべきかを教えてくれない。上官は『これが問題だ、すぐ解決するように』と言う。期限は厳しい。だから、発明し、起業家精神を発揮し、その時は自分が何をしているのかわからないまま、それでもやるしかない。なぜなら、与えられた任務を果たすために他に選択肢がないのだから[41]」

それだけではない。イスラエル人は軍務の期間中、市民生活に戻ってからも長く活用できる人脈を築く。過去40年間に80社以上の企業の設立を支援してきた、起業家であり投資家でもあるヨッシ・バルディは説明する。「この国全体が小さなコミュニティで、誰とでもすぐにつながることができます。ここでは社会的なつながりが非常にシンプルです。誰もが互いを知っていて、誰もが誰かの兄弟と一緒に兵役に就いていました。みんなが通った学校の先生は、誰かのお母さんで、誰かの部隊の指揮官は別の誰かの叔父《おじ》さんでした。誰も隠れることはできません[42]」

このようなつながりは、徴兵期間終了後も、予備役に編入され、定期的な訓練を通じて再活性化し強化される。

イスラエルで最も成功したスタートアップのひとつ、ウェイズは、このネットワーク効果によって実現されたものと言えるだろう[43]。

ウェイズは、2006年、コミュニティ・プロジェクトとして始まった。イスラエル初のヘブライ語のロードマップを作成したいという、コンピューターサイエンスを専攻する学生と哲学を専攻する学生によって立ち上げられたのである。

その2年後、テルアビブで開かれた交流会で、彼らは友人の友人を通じて、イスラエルの起業家に出会った。その起業家は、彼らが開発したソフトウェアが、ユーザーを通じて交通の流れやリアルタイムの事故情報を収集することで、イスラエル全土の道路利用者に役立てることができると指摘した。

さらに2年後、今度は米国の投資家との偶然の出会いを経て、同社は米国にオフィスを開設し、米国各州を広く網羅する地図の作成を開始することにした。そして、最初の設立から7年後、またしても偶然の出会いがあり、ウェイズはグーグルに10億ドルで買収された。現在、ウェイズは交通の流れを分析し、最適なルートを選定し、緊急サービス機関に情報を提供することで、世界中の政府やドライバーに利用されている。[44]

この世界的な成功までの道のりは、決して平坦《へいたん》ではなかった。さまざまな部門やコミュニティ、学問分野を巻き込みながら、何年にもわたって進展と挫折《ざせつ》を繰り返したのである。本質的にはイスラエルの科学者と哲学者が夢見たアイデアが、ヘブライ語を話すコミュニティによって具現化され、イスラエルの起業家によって企業化され、米国の投資家によってスケールアップされた後、世界的な巨大テクノロジー企業に買収されたのである。その成功はあらかじめ用意されたものではなく、ネットワークによって生まれたものだった。

興味深いことに、グーグルに買収された後も、ウェイズは研究開発チームをイスラエルに残すことを選択した。その理由は、イスラエルがそのネットワークの中心であり、将来のネットワーク型イノベーションが「より起こりやすい場所」だと考えたからである。[45]

これは、ジム・マクナーニーが登場する以前、20世紀最後の数十年間に3Mを世界的な大企業にした発明のひとつ、ポスト・イットの誕生の経緯に非常によく似ている。そもそも、それは偶然から生まれたものだった。

1968年、3Mの化学博士スペンサー・シルバーは、強力な接着剤を研究している際に、偶然、非常に弱い接着剤を発見した。彼はすぐに、それが従来の接着剤とは異なるもの、何か新しいものであることはわかったが、広い世界でどのように応用できるか確信が持てなかった。それでも、彼はそのアイデアに夢中になり、友人や同僚に延々と話し続けた。

後に当時のことを振り返り、彼はこう語っている。「私は『ミスター粘着力』と呼ばれるまでになりました。なぜなら、決してあきらめなかったからです[46]」

6年後、同僚のアート・フライが教会で讃美歌を歌っているときに、しおりを讃美歌集から落としてしまった。そこで以前セミナーで聞いた、シルバーの発明を試してみることにした。その接着剤はしおりが滑り落ちるのを防ぐだけでなく、粘着力が弱いため、しおりを移動させても本のページを傷めることがなかった。

しかし、讃美歌集のしおりを対象とする市場がほとんどなく、1977年に3Mが「プレスンピール」（初期のポスト・イット）として発売したものの、目立った成功を収めることはできなかった。シルバーが最終的にポスト・イット・ノートを考案したのは、さらに3年の開発期間と、さまざまな人々との数え切れないほどの会話の後だった。

そしてそれが、10年後に10億ドル規模のビジネスとなった。

ジョージ・バックリーは、かつてこのように言っている。「発明はその性質上、無秩序なプロセスだ。そこにシックスシグマのプロセスを適用し、発明が遅れているから水曜日に3つ良いアイデアを、金曜日に2つ素晴らしいアイデアを出せるように、前もって予定を組むなんてことは不可能だ。そんなのは創造的な仕事のやり方ではない」[47]

ダートマス大学タック・スクール・オブ・ビジネスでイノベーションを研究するビジャイ・ゴビンダラジャン教授は、次のように述べている。「企業を、総合的品質管理に厳密に組み込めば組み込むほど、画期的なイノベーションを阻害することになります。破壊的イノベーションに必要なマインドセットや能力、指標、文化全体は、根本的に異なります」[48]

言い換えれば、イノベーションは正確に設計することはできない。しかし、イノベーションが根付く環境は確実に育成することができる。

5

しかし、それは一夜にして成し遂げられるプロセスではない。革新的な組織文化を創造するには時間がかかる。また、プロセス重視から脱却し、柔軟な発想を大切にするマインドセットも必要である。

おそらく、最良の出発点は、組織に仕える人々のさまざまな性質を見極めることである。物事を前進させる破壊的イノベーターは誰か。物事を軌道に乗せる安定したスチュワードは誰か。個々のスタッフは具体的に何をしているのか。新しい顧客やサプライヤー、プロセスや製品、才能や技術、慣習や方針を開発しているか。本質的に実行する人なのか、考える人なのか。実践的か理論的か。論理的か共感的か。計画的か自発的か。購買者か販売者か、それともサービス提供者か。アイデアを形にするのが得意なのか、もの作りが得意なのか、それとも測定に長《た》けているのか。学ぶ側か、教える側か。

こうして個々の特性が明確になったら、次のステップは、何らかの形で対極を体現する人々を探すことだ。彼らの目的は同じかもしれないが、性格や視点は異なっている。性格は似ているかもしれないが、目的や視点が異なるかもしれない。あるいは、視点は似ていても、異なる目的や性格を有している場合もあるはずだ。

例えばブリティッシュ・サイクリングは、エンジニアと心理学者を組ませた。彼らに共通していたのは、その性格だった（どちらのグループも論理的で計画的な傾向がある）。

両者で異なるのは、その目的（エンジニアは新しい技術や方針を開発し、心理学者は新しい才能や実践方法を開発する）と、視点（エンジニアは作り、心理学者は測る）だ。

同様に、NASAもエンジニアと気象学者をペアにする。両者の性格（論理的で計画的）は共通するが、目的が異なり（エンジニアの目的は新製品や実践方法の開発であり、気象学者の目的は新しい手順や方針の開発である）、視点が異なる（エンジニアは製造し、気象学者は測定する）。

一方、ロイヤル・カレッジ・オブ・アートでは、ファッション学科と建築学科の学生を一緒にした。目的は似ている（どちらも新しい顧客のために新製品を開発する）し、視点も似ている（どちらもものを作る）が、異なる性格（ファッションの学生はより共感的で自発的な傾向、建築の学生はより論理的で計画的な傾向）を持つ。

言うまでもなく、これは厳密な科学ではない。個人を完全に区分けすることはできず、どんなグループのメンバーも誰一人同じ人間はいない。したがって探す上で留意すべきは、具体的な特徴ではなく、全体的な傾向や個性である。共通点もあるが相違点もある人々を見つけ、彼らをペアにすることがカギとなる。

また、そのプロセスは一朝一夕に実現できるものではない。センテニアルズがこうしたアプローチを発展させ、組織に定着させるには何年もかかった。その上、彼らでさえ時には間違った道を選ぶこともある。

だから、何かがうまくいかない場合には、別のアプローチを試してほしい。ペアリングを変えたり、いったん何もかもごちゃまぜにしたり、試行錯誤や偶然に期待してもいい。これはすべて、あなたが作り出す文化の一部であり、あなたが模範を示す必要がある。

6

対照的な人々を特定し、一緒に配置することは、始まりに過ぎない。結局のところ、異なるグループを一緒にするだけで、協働をうながすことができるという保証にはならない。

彼らの日課や決まりごとを活用し、協力を促す必要がある。会議室やコーヒーマシンを移動し、職場の中心に据えれば、効果が表れるかもしれない。また、カフェの小さなテーブルをより広々としたものに取り替えたり、特定の日に共同スペースで無料の飲食物を提供したり、一緒に休憩時間を過ごせるように、デスクで1人、食事をとることを禁じるルールを設けたり、廊下を片付けて人々が立ち止まっておしゃべりしやすいようにしたり、各ビルの入り口を1つにしてスタッフ同士が出会いやすいようにしたりすることも、検討する価値があるだろう。[49]

このアプローチを完全に体現している場所として挙げられるのが、カリフォルニアのピクサー本社である。この建物は、1999年にスティーブ・ジョブズが再設計し、映像には携わらないジョブズが作り上げた「スティーブによる映画」とも言われている作品である。

ジョブズは、1996年末、アップルに復帰する前後の数年間、ピクサーに密接に協力していた。ピクサーは、日常業務はチームの自律性を保ちつつも、オフィスの再設計に関してはジョブズの想像力や洞察力を活用したいと考えていた。

ジョブズはさまざまなアイデアを試した。ピクサーのクリエイター、エンジニア、経営陣を3つの別々の建物に配置するというアイデアや、制作中の各作品にそれぞれ専用の建物を与えるなどである。しかし、ロッキード・マーチンを訪れ、ジェット戦闘機や偵察機の開発に携わる極秘部門スカンクワークスに触発されて、彼は全員がひとつの建物で常に一緒に働くべきだと考えるようになった。

ジョブズは次のように言う。「ネットワーク時代には、電子メールやチャットでアイデアを発展させていくと考えがちだ。しかし、それは馬鹿げた考えだ。クリエイティビティは、偶然の出会いやカジュアルな会話から生まれるものだ。誰かに会って、何をしているのか聞いてみて、『すごい！』と刺激を受け、そしてすぐに、いろいろなアイデアが浮かんでくるようになるのだ[50]」

現在も、ジョブズの時代と同様に、ピクサーのクリエイティブ・チームが片側を占め、エンジニアが反対側で、幹部が2階に居て、そして建物の中央には、1000人のスタッフ全員を収容できる広大なアトリウムがある。この建物のダイナミックなハブであるアトリウムには、受付、トイレ、カフェ、映画館、ジム、郵便受け、ゲーム、ソファ、テーブル、椅子が完備されている。

『Mr．インクレディブル』や『レミーのおいしいレストラン』の監督を務めたブラッド・バードはこう言っている。「アトリウムは、当初はスペースの無駄に見えたかもしれません。しかしスティーブは、人々が互いにすれ違い、目が合った瞬間に何かが起こることを理解していました[51]」

ピクサーの元社長、エド・キャットムルは、アトリウムが生み出す「相互交流」について、次のように説明する。「コミュニケーションの流れを良くし、偶然の出会いの可能性を高めている。建物の中にエネルギーを感じた[52]」と。

ピクサーのアプローチは誰にでも実践できるものではないかもしれない。しかし、その背景の原則は、実行可能なものだ。

人々を結びつけることは、明確に定義された終点を持つプロセスではない。ダイナミックで継続的でなければならない。そして個々の人々は、異なるアイデアやプロジェクトに取り組むように、常に奨励される必要がある。

これが、ブリティッシュ・サイクリングが、新しいオリンピックごとに科学者を入れ替える理由である。また、ロイヤル・シェイクスピア・カンパニーも、新しい上演作ごとに制作陣を入れ替え、NASAがエンジニアに直接関与していないプログラムのレビューをさせる理由であり、王立音楽院が講師に、自身が教えていない教科を評価させる理由である。

王立音楽院のティモシー・ジョーンズ副校長はこう語る。「私たちは問いの文化、つまり扉を打ち破り、新しい道を見つけ、新しいものを生み出す触媒となる、質問を柱とする文化を作ろうとしています。先に挙げた質問に対する答えを、次の一連の問いへの足がかりと考えています。常に自分が何をどのように行うかを検証し、疑問を抱くことで、継続的に改善し、進化し続けることができます[53]」

ここでも、ピクサーが役立つモデルを提供している。最初の映画『トイ・ストーリー』を完成させてから4年後、本社の改装中に、ピクサーは「ブレイントラスト」を設立した。これは、12人の監督と脚本家からなるチームで、映画の制作において何らかの理由で行き詰まった人を助けるためのものである。

　重要なのは、ブレイントラストの目的は、答えを考案したり押し付けたりすることではない。これは、管理ツールでも、即効性のある手段でもない。さまざまなアイデアや角度を引き出すための問いを投げかけることで、監督の視野を広げ、これまで考えつかなかった解決策を検討できるようにするのが目的だ。監督の心を開き、解決策を考えられる余地を与えるのだ。

　キャットムルは彼の著書『ピクサー流　創造するちから　小さな可能性から、大きな価値を生み出す方法』で、その哲学をこう説明している。「ブレイントラストは他のフィードバックメカニズムとどう違うのかと、あなたは考えるかもしれない。私が思うに2つの重要な違いがある。第一に、ブレイントラストは物語に深い理解を持つ人々、通常は制作プロセスを経験した人々で構成されている。監督は、制作プロセスでさまざまな情報源からの批評を歓迎する（実際、ピクサー作品が社内で上映される際には、全従業員がコメントを送るように求められている）が、仲間の監督や物語制作に携わる専門家からのフィードバックは特に重視される[54]」

　キャットムルは続ける。「第二の違いは、ブレイントラストには権限がないことである。これは極めて重要なことで、監督は、寄せられた具体的な提案に従う必要はない。ブレイントラスト・ミーティングの後、そのフィードバックにどう対処するかは監督次第だ。これは、トップダウンの指示ではない。解決策を強制する権限をブレイントラストから取り除くことで、グループのダイナミクスに重要な影響を与えると私は考えている[55]」

　実際にブレイントラストは、『ファインディング・ニモ』や『Ｍｒ．インクレディブル』、『インサイド・ヘッド』などの映画が行き詰まったときの助けになった。

2006年にキャットムルがディズニー・アニメーションを引き継いだとき、彼が設立したストーリートラストは、『塔の上のラプンツェル』や『アナと雪の女王』『ライオン・キング』などの作品を助けた。これらの作品の成功は、真に革新的な思考の力を証明している。

ブレイントラストは、異なる人々を集めて新鮮な視点を提供し、新しいアプローチを刺激するという、課題に対する巧妙な「組織的解決策」である。その点において、模倣することも比較的簡単である。つまり、どのような組織でも、さまざまな部署からチームを編成し、助言したり、励ましたりができる。しかし、組織が真に革新的なマインドセットをDNAに組み込むためには、さらに前進する必要がある。

企業のありようを変えず、従来のままブレイントラスト・セッションを設けたとしても、単なる会議のひとつになってしまう可能性が高い。多様な人々が集まり、アイデアの交換が奨励される文化を持つ企業だけが、ブレイントラストが達成するであろう真の恩恵を受けられるのだ。

7

要約すると、センテニアルズは、人々が新しいことや新しい方法を見つける「建設的な摩擦を生み出す文化」を創造するのである。その方法は以下のとおりである。

□自分とは異なる目的、性格、視点を持つ人の隣に座らせること
□少なくとも2つ（通常は3つ）の異なるプロジェクト、および、少なくとも2つ（通常は3つ）の異なるチームで同時に取り組むようにすること
□外部の人に、プロジェクトの影響や進捗《しんちょく》状況を毎月、レビューしてもらうこと
□プロジェクトごとに、人々が所属するチームを定期的に変更すること
□人々が一緒に過ごし、偶然の出会いから利益を得やすくするために、建物の中心部にカフェや会議室を戦略的に配置すること

Actions

習慣 12

共に食事を

——上質な時間は最高の時間

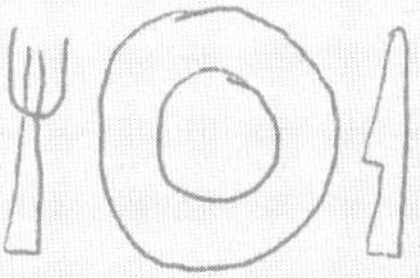

Habit 12 Break bread

1

兵士たちはなぜ危険に身をさらす覚悟があるのか。重傷を負ったり、命を落とす危険性のある命令を、なぜ彼らはためらうことなく受け入れるのか。彼らが生まれつき他の人たちよりも、特定の国や大義に献身的だからか。それとも、ほかに理由があるのだろうか。

これは、2003年、米国と西側同盟国がイラクの指導者サダム・フセイン打倒のためにイラクへの本格的な攻撃を開始した際に、1人の学者と3人の軍人からなる研究チームが自問自答した問いである。[1]

約20万人の兵士がイラクに投入され、続く6週間にわたり激しい戦闘が繰り広げられる中、研究者たちは数十人の兵士のヘルメットにカメラを装着し、彼らの行動を追跡し、互いの交流を観察し、前線での日常生活を理解しようとした。その後、彼らは兵士一人ひとりに集中的なインタビューを行い、彼らが何をし、なぜそうしたのかをより深く理解しようとした。異なる視点を得るため、捕虜となったイラク人たちにも話を聞いた。

調査の結果は疑いの余地がないものだった。彼らが発見したのは、兵士は指導者や作戦のため、あるいは個々の任務のために戦うのではないということだ。彼らもなぜ戦うのか、戦うことで何が達成できるのか知りたいのかもしれない。確かに、自分たちを戦場に送り込んだ政治家を信頼できなければ、軍事行動などできはしない。しかし、戦闘に突入し、銃火が飛び交う決定的な瞬間、彼らは大義のためではなく、互いのため、つまり仲間のために戦っている。

イラク戦争の兵士の1人はこう語っている。「私たちはほかの誰のためでもなく、自分たちのために戦った。誰か偉い人のために戦ったのではなく、ただ、お互いのために戦ったんだ」[2]別の兵士はこう語った。「仲間が私の背中を守り、私も仲間の背中を守る。そうすれば不意打ちされることもない」[3]

このような強力な仲間意識は、訓練や衝突の結果生まれたものではない。それは、兵士たちが共に過ごす時間の結果として直接生まれた意識だ。

調査に参加した数多くの兵士が、仲間意識の高まりが彼らの行動や態度に力を与えたことを証言している。1人の兵士はこう語った。「塹壕《ざんごう》の中で誰かと何時間も一緒にいると、他に話すことがないから、相手のことを本当によく知るようになる。本物の親友になる」[4]

別の兵士もこう証言する。「何時間も土の中に座って周囲の様子をうかがう。話し相手といったら彼しかいなくて、すぐ横の18センチぐらいしか離れていないところで並んで座っている。そんな風にして1カ月ほど一緒に塹壕の中にいると、いろいろ話すようになる。家族、友人、近況、自分の生活全般、家庭でうまくいっていないことなど、あらゆることを話し始める。まさにあらゆることだ」[5]

3人目の兵士もこう証言している。「毎週5日間、1日の大半を一緒に過ごしていると、人が何でイライラするのか、何で喜ぶのか、一緒に仕事をするために何が必要なのかがわかるようになる。絆《きずな》なんていうのは、そうやって生まれるんだ[6]」

こうやって育《はぐく》まれていく関係を説明するために、多くの兵士が「家族」という言葉を使った。ある兵士の言葉だ。「まるで大きな家族のようだ。彼らは私たちの盾であり、壁であるように感じられた。なんだか心が安らぐんだ[7]」

別の兵士はこう証言する。「ここにいる全員が家族になる。結婚して最初の2、3年は、妻と生活するということを学ばなければならなかった。妻の朝の習慣と私の習慣をどうすり合わせるか、誰が先にバスルームを使うか、というようなことだ。大勢の兵士がうろうろする中で生活するのも同じことだ。朝は誰が不機嫌か、夜は誰が不機嫌か、ご飯を食べ損ねると誰が不機嫌か、途中で起こされると誰が不機嫌か。ほとんど同じようなものだ[8]」

別の兵士も同意した。「食べるのも、飲むのも(トイレに行くのも)、全部一緒だ。そうあるべきだと思う。一緒に戦い、一緒に楽しむからだ。私たちは分隊長を『親父』と呼ぶほどだった[9]」

友情を築き、規則正しい生活をし、好きなことや嫌いなこと、望むことや不安なことを常に語り合うことが、個々の部隊をひとつにする。ひとたび家族になれば、互いのためなら何でもする。その過程では命を懸ける覚悟もある。調査に参加した数多くの兵士が、このことを証言している。ある兵士は言った。「母親や父親、ガールフレンド、妻といった最愛の人より、誰よりも仲間を信頼しなければならない。守護天使のようなものだ[10]」

また別の兵士は、テイラーという仲間の兵士と築いた友情の力について語った。「テイラーが私のことを見守ってくれているのは気がついていた。『おい、お前にはハグが必要だ』みたいに言って、こっちへきてハグをしてくれた。彼は私が見守っていることを知っていたし、その逆も然《しか》りだ。運転する時は、自分のことなんか気にしちゃいられないが、不安を感じたことがなかった。テイラーがどこでも見守ってくれていたからだ。道を走るときは、位置を見失わないように、ぶつかったりしないように、必死で前を見ていなきゃならない。後ろに何があるのかわからない。横から敵が来るかもしれない。だが、テイラーが見てくれていることがわかっていた。彼はいつもそうだったから、その瞬間もそうしてくれているのは明らかだった。だからこそ、私たちはまだここにいる。神に感謝しているよ」[11]

2

軍の家族意識は、緊密な職業関係を築く方法としては極端な例かもしれないが、その基本原則は、メーカーからサービス会社、文化団体からスポーツチームまで、あらゆる組織にも当てはまる。家族や親密さの感覚を育成する企業は、必ず繁栄する。従業員は幸せになり、ストレスも低下し、より創造的である。[12]

120の過去の研究をメタ分析した結果、自分が家族の一員であると感じる人々は、より仕事に集中するようになり、熱心に打ち込み、仕事に対するモチベーションも高まることがわかった。また、チームの業績は一般的に約15%向上している。[13] 一方で、家族的な文化を育むことに失敗した組織は、遅かれ早かれ、必ずその代償を払うことになる。

リバプールFCの、1960年代から1970年代にかけての並外れた成績に、軍隊に近い家族意識の影響を見て取ることは、的外れとは言えないだろう。

監督のビル・シャンクリーは従軍経験があり、第二次世界大戦中は英国空軍の伍長《ごちょう》だった。そのため、親密な親族的な関係を築くことが何をもたらすかを、彼は身をもって体験していた。

リバプールFC時代を振り返り、シャンクリーはこう語っている。「私はどんな時も、サッカーの監督になるための準備をしていた。自分がリーダーになれることもわかっていた。自分の能力には自信があったが、私は時間を無駄にしてきたわけではない。将来のために働いていた」[14]

リバプールでは、毎日何時間もコーチや他のスタッフと雑談し、アイデアや戦略を徹底的に議論し、問題を解決した。クラブのアンフィールドの更衣室近くにある、小さな「ブートルーム」では、こうした議論が重ねられ、シャンクリーが育てようとした文化の象徴となった。

1974年にシャンクリーが去った後、新たにチームを率いたのは、シャンクリー時代のトップチームトレーナーだったボブ・ペイズリーである。ペイズリーによれば、「ブートルームは、ジョー・フェイガンと私が、うちに来た監督や裏方スタッフと酒を飲む場所として始めた。私たちは試合に勝つために全力を尽くしたし、試合がどれほど厳しくても、試合後はリラックスして対戦相手と飲むのが好きだった。試合について話すことは、サッカーの最も興味深い一面だ」

「日曜の朝はブートルームに戻って、土曜の試合について話し合った。意見の相違や対立があり、誰もが自分の意見を述べた。しかし、その方法は適切なものだった。ブートルームでは、取締役会よりも幅広い議論ができたと思う。しかも、そこから何も漏れることはなかった。そこで起こったことは壁の内側でとどまっていた。ブートルームには特有の神秘性があり、私はそれがドレッシングルームにも必要だと信じている。そこで語られることは、基本的には秘密裡であるべきだ[15]」

この家族的親密感は、他の新しい習慣によっても強化された。ペイズリーは、各トレーニングセッションの後と、選手が入浴する前に、40分間のクールダウン時間を設けることを提案した。身体的な理由としては、入浴前に選手の毛穴が閉じる時間を確保するためだ。当時の理解では運動直後にシャワーを浴びると、毛穴が開いているので、風邪を引いたり筋肉を痛めたりしやすくなると考えられていたのだ。しかし、それによって選手たちが親しく付き合い、一緒に過ごす時間も増えた。

一方、チームのリザーブコーチであるジョー・フェイガンは、選手たちがホームグラウンドのアンフィールドに集合し、毎日バスでメルウッドにあるトレーニンググラウンドまで往復することを提案した。これにより、選手が一緒に過ごす時間は、1日1時間から3時間へと、一気に3倍になった。

同時に、リバプールは流動的で協力的なプレースタイルを発展させた。その結果、1962年にディビジョン2のチャンピオンシップを獲得し、その後28年間で13回、ディビジョン1を制覇した。

しかし、1991年にクラブの元キャプテン、グレアム・スーネスが監督に就任すると、すべてが変わった。

ブートルームは広報室に変わった（これはスーネスの決定ではないと彼は後に語っている）。選手たちがアンフィールドで集まってから、バスでメルウッドに移動してトレーニングをすることは中止になった（時間を節約するためと新経営陣は主張した）。要するに、チームとコーチたちが一緒に過ごす時間がなくなったのである。

チームの成績は悪化した。1992年のリーグ戦は6位に終わり、27年間でも不振な成績になった。26年間で13回のリーグ優勝を遂げたチームが、次に優勝するまで四半世紀の時がかかったのである。

2015年、ユルゲン・クロップが監督に就任した。14年の選手経験と14年の豊富な監督経験を持つドイツ人の彼は、チームが勝利する上で人間関係がいかに重要かを学んでいた。「人生での行動は、すべて人と人との間に起こると私は理解している。自分のすること以外に責任を持たず、他の誰とも関わりたくないのなら、森の中にたった1人で住むしかない[16]」

クロップも家族思いの人で、20歳の若さで父親になった。当時を振り返り彼はこのように語っている。「正直なところ、それは完璧《かんぺき》なタイミングではなかった。アマチュアでサッカーをしながら昼間は大学に通い、学費を稼ぐために、映画フィルムを保管する倉庫で働いていた。毎晩5時間睡眠で、朝は倉庫に行き、昼間は授業に出る。夜はトレーニングに行き、家に帰って息子と過ごすようにしていた。とても辛《つら》い時期だったよ。だけど、その経験が現実の人生を教えてくれた。[17]私はとても若い父親で、準備ができていなかったが、自分より若い人たちの面倒を見る機会を得たとも言える。若い人たちの気持ちがわかるし、選手たちに自分の経験を伝えることもできる。父親のような役割としてね[18]」

クロップがリバプールにやってきて、シャンクリーの時代以降は失われてしまった決まりごとや価値観を、彼は復活させ始めた。クロップが加入した翌年に拡張されたスタジアムでは、ブートルームも再開した。

「リバプールに着いて初めてスタジアムに行ったとき、ドレッシングルームを見せてもらったが、特に印象には残らなかった。次に1階下に下りて『ここが監督の小さなブートルームですよ』と言われた。それが何なのかを私が聞くと、スタッフが説明してくれて、本当に素晴らしい部屋だと思ったよ。スタジアムの中にある小さなパブみたいなもので、監督やコーチのためだけの場所だった。とても気に入った。だから、新しいスタジアムでも、自分たちでブートルームを作ったんだ。家具や内装のデザインは、妻のウラがほとんどを担当した」

「私にとっては、リバプールで最高のパブだった。試合が終わった後、スタッフ全員と一緒にそこに行くのが大好きだった。友人や、その家族とも。本当に素晴らしい場所だった。ドイツにはそんな場所はない。試合後に行けるパブはあるが、せいぜいVIPエリアの隅ぐらいだ。試合後、あまり人と話したくないときに、いろんな人と話さなければならないのは辛いものだ。よく知っている人たちと一緒にいる方がいい。そしてそれが、私たちにとっての安全な場所なんだ。これこそが、私にとってのブートルームだ[19]」

チームはまた一緒に過ごすようになり、絆を深め、学び始めた。そして3年後の2019年、彼らは30年の中で初のプレミアリーグのタイトルを獲得した。

元リバプールの選手で、現在は解説者のマーク・ローレンソンは、新監督がもたらした変革についてこう表現した。「ユルゲン・クロップがクラブに来たとき、大きな変化を感じた。数カ月もしたら、これはまったく違う何かだと感じるようになった。例えば、小柄でアルゼンチン人の選手が現れると、かならず、『リオネル・メッシ二世』と言われるが、私はこんな言い方は好きではなかったよ。そうではないんだ。その選手は誰か似ではなく、彼自身なんだ。でも、クロップが来た時、みんなが『シャンクリー二世だ』と言った。クロップに関しては、本当にそうだった。彼はすべてにおいてシャンクリー的だった。クロップはチームの選手全員を、より良くしたんだ。1人残らずだ[20]」

クロップのアシスタントコーチであるペピン・リンダースは、次のように言っている。「クロップは家族を作る。私たちはいつも言っているんだ。戦術が30%、チームビルディングが70%だとね[21]」

ゴールキーパーのアリソン・ベッカーは、クロップのことをこう賞賛する。「クロップはチームに安心感と緊張感の両方を与えてくれる。彼はいつもハッピーな男だ。しかし、ピッチに立てば、ハードワーカーであり、真剣な仕事をする。彼がチームのトップにいると、こうしたすべての要素がチームのいい関係につながる。このチームで彼と一緒に仕事をすることが本当に好きだ。ここリバプールでの生活が大好きなんだ」[22]

3

百年組織センテニアルズにとって、家族意識を育むことが重要であることは、驚くにはあたらない。

例えば、ブリティッシュ・サイクリングを見てみよう。選手たちはずっと一緒にトレーニングを行う。加えて年に4回、チームの選手、コーチ、栄養士、心理学者、理学療法士が一緒に、5日間の合宿に行く。その期間中彼らは一緒に過ごし、議論を続け、実験し、トレーニングし、戦略を練る。これは、集中的な日々のスケジュールに従って行われる。

06:00 起床、洗顔、着替え
06:30 栄養士が用意した朝食を一緒に食べる。通常はシリアル、オートミール、卵の組み合わせ
08:00 コーチ、心理学者と共に持久力トレーニング——20分間のウォームアップの後、オートバイと競う20分間のレースセッションを4回、5分間のインターバルで回復と水分補給

10：00チームの理学療法士と1時間のセッション――休息、回復、ストレッチ、クールダウン、フィジカルチェック
11：00他の選手、コーチ、心理学者と共に、午前中の活動の振り返り
12：00昼食――通常はチキン、ハム、キヌアとライスの組み合わせ
14：00コーチ、心理学者と共にスピードトレーニング――20分間のウォームアップの後、個人、ペア、チームで5分間のセッションを8回、20分間のインターバルを挟んで回復と水分補給
17：00クールダウンのための理学療法士との1時間のセッション
18：00コーチ、心理学者と共に午後の活動の振り返り
19：00夕食――通常はチキン、クスクス、パスタ、リゾットの組み合わせ
21：00他のアスリートとリラックス
22：00就寝

表面的には、このスケジュール表で目につくのは、長時間のトレーニングセッションである。しかし、パフォーマンス・ディレクターが指摘するように、通常時に行われるトレーニングと、時間や強度も同程度である。しかし、自己変革に向けて影響を及ぼすのは、人々がただ一緒に過ごす時間だ。朝の準備をしている時、食事の時間、定期的なレビューの間、そしてリラックスしている時がそれに相当する。

オリンピックで7個の金メダルを獲得したジェイソン・ケニーは、こうした休息時間を通じて、クリス・ホイ（6個の金メダル獲得）を、真に知ることができたと語っている。[23]

金メダルを2個獲得したビクトリア・ペンドルトンは、他のアスリートとリビングルームにいる時と、たった1人で「小さな箱の中で、迷子になり孤独を感じる」時とが、どれほどちがうかを話している。[24] オリンピック金メダル5個を獲得したローラ・ケニーは、一緒に食事をしてリラックスすることで、アスリートが抱える不安や問題を話し合うことができると説明した。[25]

ダン・ハント持久力ヘッドコーチは次のように説明する。「これには、身体的な要素とチームワークの要素があります。チームは一緒に物事を経験し、お互いを助け合っている。こうしたことを実行し、団結している選手たちが金メダルを獲得するだろう。レースの24時間前に行われるセッションは、これまでに積み重ねてきた重要な練習内容や、戦略を再確認するためのものに過ぎない[26]」

ブリティッシュ・サイクリングのチームが、もっと長時間一緒にいれば、もっとうまくいくだろうという考えは魅力的ではある。しかし、実際にはそううまくいかない。

チームメンバーは、練習と練習の間に間隔を置く必要がある。そうすることで、新しいアイデアを吸収し、それを試してみて、それがうまくいくかどうかを確認する機会が得られる。ちなみに、主要な競技大会の6カ月前に、新しい取り組みが行われない理由でもある。その時期には、選手らは新しいことを試みるのではなく、すでに知っていることをマスターする必要があるのだ。

とはいえ、チームが一緒に過ごす時間の積み重ねによって築かれる絆は、紛れもなく強力なものだ。チームの元パフォーマンス・ディレクター、ピーター・キーンは私に言った。「人はよく私に、サイクリングから何を学べるのかと聞く。そして私はいつもこう答える。チームを1週間連れ出して、家族のように一緒に生活してみたらいいと。そのとき、チームのダイナミクスに大きな変化が起こる」[27]

ブリティッシュ・サイクリングにとって、このような戦略をとった結果は自明のものである。チームは過去3回のオリンピックで、他国の2倍のメダル、そして5倍の金メダルを獲得している。

4

多くの人にとって、同僚と長期間出張することは、悪夢のように思えるかもしれない。

しかし、絆はもっと短い時間にも生まれる。それは、オールブラックスのトレーニングセッションの合間の5分間の休憩中や、イートン校での授業の間の10分間の移動時間、NASAが許可するミーティングとミーティングの間の15分間など、絆が生じる機会はいくらでもある。何よりも、ランチやディナーで根付くのである。

リラックスしてくつろいでいるときこそ、友人や同僚との自由で無計画な会話を楽しむことができ、新しいアイデアを探求し、新しい友情を築き、プレッシャーのかかる場面でパフォーマンスを発揮する際に、カギとなる重要な絆を築くことができる。

ロイヤル・カレッジ・オブ・アートの講師が私に言った。「私の最高のアイデアはいつも、誰かと食事をしたり飲んだりしているときに生まれます。時々、私は自分のプログラムの人たちと食事をして、午前中を振り返り、午後の計画を立てます。でも、普段は他のプログラムの人たちと一緒に食事をして、彼らを知り、何か学べることはないかを見つけるようにしています[28]」

一般的には、「毎日同僚と一緒に働いているのに、なぜ食事まで一緒にする必要があるのか」と考える人も多いだろう。

しかし、それは誤った見方である。オックスフォード大学の人類学者で心理学者でもあるロビン・ダンバー教授が主導した研究では、一緒に食事をすることで強力な絆が生まれる科学的根拠が明らかにされている。

２０１６年、彼は「ビッグランチ」と呼ばれるプロジェクトと提携した。このプロジェクトは、異なるコミュニティに所属する人々が集まって、食べたり飲んだりおしゃべりしたりすることを奨励するものだった。この取り組みを通じてダンバーは、人々が他者と「集まる」際に何が起こるのかを正確に突き止めることができた[29]。

ダンバーの調査報告は明確に次のことを指摘していた。「社交的な食事を頻繁に行う人は、そうでない人よりも幸福を感じ、人生に満足し、他人を信頼し、地域社会との関わりを深め、頼れる友人が多い[30]」

彼の結論は、食事を共にするという行為が、エンドルフィンの分泌を誘発することを示す他の研究によっても支持されている。エンドルフィンは、ストレスを和らげ痛みを軽減し、全体的な幸福感をもたらすだけでなく、人間（および霊長類）の間に、絆の感覚を生み出すホルモンである。

ダンス、飲酒、笑い、歌、物語を話すことなど、他の社会的活動にもよく似た効果があると、ダンバーは指摘している。[31]こうした活動がいくつか食事と組み合わさることで、その効果は相乗的に増大する。

ダンバーは、夕食を共にすることが大きな効果をあげる理由をこのように説明している。「私たちの最も重要な社会活動は、夜に行われる。夜にこうしたことを行うことによって、追加の『魔法』が加わるようだ[32]」

一緒に食事をしないことから生じるデメリットも、メリット同様に注目に値する。例えば、親と一緒に規則正しく食事をとらない子供は、うつ病を患ったり、学校をさぼったり、薬物を使用したりする可能性が高いことが明らかになっている。[33]

デラウェア大学の栄養学者であるシャノン・ロブソンは、このテーマに関する1000以上の研究に目を通した。ロブソンは次のように述べている。「家族との食事は、健康的な食行動、食事の質の向上、心理社会的な結果、高リスク行動の関与の低減と、正の相関がある。家族との食事は、子供たちを守る役割を果たし、健康増進のために推奨されることも多い[34]」

研究者の中には、米国の家庭では、一緒に食事をする機会の減少（例えば全食事の20％が車中で取られていると推測されている）と、離婚率の上昇（米国の離婚率は、ヨーロッパ平均の2倍、さらに家族が日常的に一緒に食事をしたり踊ったり歌ったりするメキシコの15倍と、非常に高い水準にある）には、相関関係があると主張する人もいる[35]。

食品業界の専門家であるダレン・サイファーは説明する。「米国では、すべての食事が孤独なものになりつつあり、夕食ですらそうなっている。人々は自宅でも外出先でも、1人で食事をしている[36]」

仮に組織が家族のようなものであるならば、人々が親しく交流する時間を十分に確保していない職場への影響は、こうした憂慮すべき数値や傾向から容易に想像がつく。

食事文化を重視する影響力の高い人物に、グレッグ・ポポビッチがいる。彼は同時に、米国のトップバスケットボールチームのひとつ、サンアントニオ・スパーズの社長兼ヘッドコーチでもある。

ビル・シャンクリーと同様、ポップ（ポポビッチの愛称）も従軍経験があり、米国空軍に5年間所属していた。シャンクリーと同じく、彼はチームスピリットを育むことに高い意欲を持っている。彼はこのように言っている。「誰か1人の問題ではない。個人のエゴや自己中心的な考えを乗り越え、目標を達成するためには、チームが必要だと理解しなければならない[37]」

そのため、ポップはスパーズの選手たちが、他の人々と共に時間を過ごす時間を十分に確保し、リラックスし、おしゃべりし、何よりも一緒に食事ができるようにしている。

彼はレストランを予約し、適切な料理、適切な音楽、適切な雰囲気などすべてが整っていることを確認するために、1時間前に到着する。そして、到着したすべての人を出迎え、握手をし、来てくれたことに感謝し、席に案内する。それから3時間、彼は部屋を回って選手やコーチ、同行の家族と談笑する。

元スパーズのアシスタントコーチ、チャド・フォーシャーはこう振り返る。「初めて見たときは驚きました。それは、これまで見た中で最も素晴らしいリーダーシップの表れのひとつでした[38]」

ポップはレストランの座席の配置にも気を配った。15人の選手が中央の4つのテーブルに座り、チームの5人のコーチも均等に配置され、家族は近くのテーブルに座るように指定された。各テーブルの人数は6人までにすべきだとポップはいう。そうすることで、誰もが話の内容を聞くことができ、誰もが貢献する機会を持つことができる。ポップは学び、絆を深め、チームビルディングのレベルを高めたいときには、4時間にわたって2回の食事会を連続して開催することもある。

ポップの行動には、見せかけや演技的な要素は一切なかった。彼はチームを家族のように考えており、チームメンバーに対しても家族のように接する。ミシュランの2つ星を獲得したレストラン経営者であり、スパーズに料理を提供したシェフのマイケル・ミーナは、ポップの「優しさ」に驚いたと語っている。[39]

また、ポップの下で4年間プレーしたウィル・パーデューは、ポップが選手を「第一に人間として、そして第二にバスケットボール選手として」理解しようとする彼の能力について語っている。[40] スパーズでのプレーをやめてから20年ほど経った今でも、出会った時には温かく迎えてくれ、元気かと声をかけてくれるとパーデューは言う。

「ポップは、相手が本当の気持ちを打ち明けてくれたと確信できるまで、じっと手を握ってくれるような人です。[41] 彼自身が言っているように、『人との関係こそがすべて』なんです。自分が選手を気にかけていることを、相手にも気づいてほしい。そしてお互いが相手を気にかけ、興味を持たなければなりません。そうすることで、人はお互いに責任を感じ始めます。そこで初めて、人は相手のために何かをしてあげたいと思うようになるのです[42]」

ポップの指導と見守りの下で、スパーズは長い低迷期を脱し、その後の15年間で5度のNBAチャンピオンになった。

もちろん、一緒に食事をすることが唯一の要因ではない。しかし、それは大きな要素であることは間違いない。

5

サンアントニオ・スパーズでのグレッグ・ポポビッチの仕事が示すように、人々を結びつけるには、定期であれ不定期であれ、集まりの場を設けるだけでは不十分なのだ。集まりの形態、とりわけグループの規模が重要なのである。

ポップの直観、つまり、グループの規模は小さく保たなければならないという知恵の正しさは、過去20年にわたる研究によって証明されている。自然発生的で双方向的な話し合いに理想的な人数は、3人以上5人以下である。これが平均的な家族の人数や、霊長類の社会集団の規模と一致するのは偶然ではない[43]。

6〜7人でも問題はないが、より少人数の集まりと比較すると、会話の焦点や質が低下する恐れがある。10人に達すると、まとまった会話がしにくくなる。ノイズが多すぎ、参加者は自分がのけ者になったように感じ始め、サブグループが形成されたり、誰か1人が支配的になったりする[44]。

西オーストラリア大学の心理学者であるニコラス・フェイは、150人の学部生がお互いにどのように交流しているかを研究し、こう結論づけた。「5人の小さなグループでは、コミュニケーションは対話のようなものであり、メンバーは話をやり取りする相手から大きな影響を受ける。しかし、グループが大きくなり10人にもなると、コミュニケーションは一人語りに近くなり、メンバーは支配的な話者に大きな影響を受ける[45]」

言い換えれば、心理学者のジョージ・ミラーの有名な言葉「マジカルナンバー7プラスマイナス2」のグループである。もっともミラーが注目していたのは、集団の規模ではなく、人が記憶に保持できる物事の数について話していたのだが[46]。

だからこそセンテニアルズは、個人的な相互作用が重要な場では、人数を抑えることに細心の注意を払っている。

イートン校では通常、ゼミに参加する生徒は5人から7人である。王立音楽院のセミナーでは、やはり5人から7人の生徒が参加する。NASAのミッションのクルーの人員も同じ原則が適用される。フェイスブックのグループは3〜5人のエンジニアで構成され、マッキンゼーのチームは4〜6人のコンサルタントで構成され、米海軍の部隊は4〜6人で構成されている。

これには現実的で物理的な側面がある。実りある会話が行われるためには、お互いの距離が60〜90センチの間であることが理想的だ。圧迫感を抱かない程度に距離があり、相手の話し声がすみずみまで自然に聞き届けられる程度の距離である。

カリフォルニア大学デービス校の心理学者ロバート・ソマーは、病院内のカフェで、人々がどのように座っているかを研究した。そこで発見したのは、テーブルを挟んでの距離が90センチ以下の場合は向かい合うが、105センチを超えると横並びに座るということだった[47]。

だからこそカフェのテーブルのデザインが、社交的な交流を促進するために最適なのである。一般的なカフェテーブルの幅は、60センチから90センチの間である。

加えて、カフェのリラックスした雰囲気と、コーヒーという強い精神的刺激物を提供することから、歴史的にカフェは人々の集まる人気の場所となってきた。アラブ世界では、カフェはかつて「知恵の学校」として知られていた。また、ロンドンでは「ペニー大学」と呼ばれていた。

そのため、スチュアート王朝期の英国から、トルコのスルタンに至るまで、各国の支配者たちは数度にわたってカフェを禁止しようとしたのである。[48]

先進的な現代の組織も、カフェの持つメリットをよく理解している。だからこそ、アップルには7つの大きなカフェがあり、フェイスブックには1つの「エピック・カフェ」があり、グーグルには170の小さなカフェがある。

6

もちろん、ソーシャルスペースを提供することと、人々がそれを利用するように仕向けるのは、別の話だ。

研究によれば、多くの人は職場で一緒に過ごすどころか、5人中4人が、デスクで1人、昼食をとっている。そして、その傾向はさらに悪化している。[49] その背景には、時間や仕事の重圧があるというのも十分に理解できる。しかし、このように1日中仕事を続けることが、仮に合理的で現実的なアプローチに見えたとしても、実際はそうではなく、中長期的には逆効果である。機能性の高いチームには、一緒に過ごす休息が必要である。

例えば、米国の消防士は毎日必ず一緒に食事をする。彼らはお互いのために料理をすることも多い。研究によると、彼らが一緒に食事をしなかったり、できなかったりすると、彼らの成果が必然的に低下することが示されている。一緒に食事をする頻度が少ないほど、その低下は深刻になる。[50]

この研究を監修したケヴィン・クニフィンは、約400の消防署を調査し、消火活動の成果の高い消防署は、献立作成から料理、食べるまでの包括的な取り組みを重視していることが明らかになった。たとえ消防士たちが同じ食べ物を好まなくても、共に食事を続けたのである。

その中には、次のような例が紹介されている。「数十年も勤務しているベジタリアンの消防士は、通常シフト中、他の人と同じものは食べなかったが、それでも他の隊員と同じ時間と場所で、持参した食事をとることを実践しており、料理をしない消防士の分担であるキッチンの掃除を一緒に行っていた[51]」

バーバリーやフェイスブック、グーグル、プレタ・マンジェなど、さまざまな企業が従業員のために、毎日、カフェで温かい食事や冷たい飲み物を無料で提供している。

センテニアルズは、自社の中心部に位置するカフェが、常に安価で良質な食べ物や飲み物を提供し、人々がその食事を最大限楽しむことができるように、日々のスケジュールに余裕を持たせている。

時間が限られているときには、仕事と息抜きを組み合わせている組織もある。サンアントニオ・スパーズが夕食をとりながら試合を振り返るのと同様に、ピクサーでは昼食をとりながら映画のレビューを行う。[52]

2012年に実施されたグーグルの研究は、こうした機会が効果的である理由を明らかにする手がかりを提供している。[53]

プロジェクト・アリストテレスは、グーグルの各チームのメンバーの学歴、性別、趣味、性格、スキルなどあらゆる面を調査し、同時に彼らが取り組んでいるプロジェクトの課題、複雑さ、期間を考慮し、成功するチームを形成する要因を特定しようとした。

その結果明らかになったのは、個人の能力やタスクの性質は、驚くほど重要ではないことだった。重要なのは、チームが形成する社会的な絆の性質だった。

定期的に昼食や夕食を共にし、プライベートなことや、成功したこと、失敗したこと、心配なこと、関心のあることについて話ができる関係を築いた人々は、チームや組織内でメンバーが安心して意見を表明し、リスクを取ることができる「心理的安全性」のレベルを達成していた。それに伴い、チームの業績も最適なものになっていた。

こうした心理的安全性を達成したチームは、お互いを知るために時間をかけており、各自の気持ちや状況を理解しようとした。互いに話を遮ることなく、全員に発言の機会を与えていたのである。その結果、彼らは、質問を十分に深掘りする前に答えを急いで求めるという罠《わな》に陥ることはなかった。彼らはより協力的だった。

チームによっては、行動や交流に関するルールの存在は、公に語られることはないものの、簡単に守れる「暗黙のルール」として受け入れられていた。また他のケースでは、「定められた行動」や「確立されたルール」が、時間を経て、メンバーによって意識的に発展しているチームもあった。いずれにせよ、こうしたチームのルールが、人々の心を開くのを助け、議論を深め、議論を広げるのを助けていた。

当時、グーグルの人事担当副社長だったラズロ・ボックは、次のように説明する。「この研究から得るべき最も重要なことは、チームに誰がいるかよりも、チームがどのように機能するかが多くの点で重要だということだ。私たちは皆、スーパースターが必要だという神話を持っている。しかし、研究はそうでないことを示した。平均的な能力の人々で構成されたチームでも、適切なやり方で交流することを教えれば、どんなスーパースターでも成し遂げられないようなことを成し遂げることができる」[54]

いかにもグーグルらしく、同社は会議をよりうまく運営するための、チェックリストまで作成している。

①チームメイトの話を遮らない
②人の話を要約して聞いていることを示す
③「わからない」ときは「わからない」と言う
④全員が発言する前にミーティングを終わらせない
⑤フラストレーションを感じたら、チームと共有する
⑥対立を見つけたらすぐに指摘し、チーム内のオープンな議論を通じて解決を試みる[55]

チームが真の絆で結ばれていれば、こうしたことが可能になる。

7

要約すると、センテニアルズは次のような方法で家族のような絆を結び、学ぶ。

□すべての拠点に広い中央エリアを設け、人々が集まって食事をしたり、飲んだり、くつろいだりできるようにする
□これらの中央エリアで、決められた日時に、高品質で安価もしくは無料の飲食物を提供する
□毎日少なくとも1時間は一緒に過ごし、食事をし、飲み物を飲み、くつろぐ
□会う時には互いにオープンに正直に話し、全員が発言する機会を持ち、適切に聞いてもらえるようにする
□お互いをよりよく知るために、2〜3カ月ごとに、多くの場合は家族を連れて仕事以外で一緒に時間を過ごす

結論

ホームを守る

——迷いや不安を感じた時は、コアの価値観や原則に戻る

Conclusion

Protect your home

1

百年組織センテニアルズは、私たちに重要な教訓を与えてくれる。それは、組織のコアとなる文化を維持しながらも、同時に周辺部分での変化を推進することで、持続的な成功がもたらされるというものだ。それは微妙なバランス感覚が求められ、多くの組織がこのことを認めようとせず、達成することもできていない。ほとんどの組織は、どちらか一方に簡単に偏ってしまう。過去の成功だけに依存して未来を築こうとするか、あるいは、最初に成功をもたらしたものを捨て去り、新しい未検証のものに飛びつこうとする。

では、どのようにして、「革新的な伝統主義」でありつつ、変化やイノベーションを受け入れるバランスを取っていけば良いのだろうか。

出発点として、私が本書で概説したセンテニアルズの12のアプローチについて、中心的な問いをチェックしてみよう。

安定した目的

Q1　社会をより良い方向に導くような行動ができているか

Q2　次世代の才能を引きつけ、育成しているか

安定したスチュワードシップ

Q3　正しい方向に導くための適切なスチュワードがいるか

Q4　スチュワードシップの引き継ぎを慎重に管理して、常に正しい方向に進むようにしているか

安定した開放性

Q5　人前でパフォーマンスを行い、誰もが最高の成績を発揮できるように後押ししているか

Q6　自分たちのストーリーを共有することを通し、信頼を得て、共に働きたいと思わせているか

現状を破壊するイノベーター

Q7　優秀な人材を見つけ、彼らにパートタイムで働いてもらえるようにしているか

Q8　世界最高の人材を採用し、維持しているか

現状を破壊する緊張感

Q9　常に、「大きくなること」ではなく「より良くなること」に焦点を合わせているか

Q10　常に自分たちの行動を分析し、改善を図っているか

現状を破壊する偶然

Q11　偶然の出会いを奨励しているか

Q12　共に食事をし、飲み、交流しているか

ほとんどの組織は、12の質問すべてに「はい」と答えられないだろう。重要なのは、安定性と破壊性の間に、ポジティブなバランスが必要である。安定派が多く破壊派が少ない場合は、前進していない可能性が高い。破壊的な勢力が強く安定派が弱ければ、道を踏み外す危険性がある。

2

また、問題や危機が発生した場合、まず安定的なコアに目を向け、次に周辺部分の破壊を考慮することも重要だ。この順番は逆ではない。

安定したスチュワード（習慣3）について議論する際、私は2007年のラグビーワールドカップ準々決勝での、オールブラックスの敗北への対応について述べた。現状破壊的な選択肢（へ

ッドコーチを解任して他の誰かを探す）か、安定した選択肢（ヘッドコーチを続投させ、何が問題だったのかを分析する）の二者択一を迫られ、彼らは後者を選んだ。

ヘッドコーチのグレアム・ヘンリーは、なぜうまくいかなかったのか、その理由をまとめた報告書を提出するよう求められた。ニュージーランドラグビー協会内外の有識者8名からなる委員会にも同様の報告書が求められた。2カ月後、すべての証拠が揃ったところで、ヘンリーと他の4人のコーチは、専門家委員会に対して次のワールドカップでもコーチのポストに留《とど》まるべき理由を説明するように求められた。委員会は、ファンやメディアからの大きなプレッシャーに直面しながらも、オールブラックスはヘッドコーチを続投させるべきだと結論づけた。[1]

この決定は、問題を見て見ぬふりをして先送りしたものではなかった。このプロセスは非常に慎重に考えられたもので、私が先に挙げた重要な習慣を、ほぼすべて取り入れたものだった。

第一に、チームの上層部は目的を明確にした。次のワールドカップで優勝しニュージーランドの誇りを取り戻すことである。第二に、スチュワードシップを安定させることである。ヘッドコーチを続投させることを決定するとともに、同時に組織をオープンにし、ヘッドコーチが何をすべきかを明確にした。ヘッドコーチは自らの目的を明確にするとともに、それまでの数年間でチームに定着した根本的な価値観（例えば「バカ禁止」というルールなど）を再確認した。それとともに、コアとなるコーチチームを維持し、選手の中にもリーダーシップチーム（後に全員がワールドカップでプレーすることになる）を任命することで、ヘッドコーチを支えるスチュワードの体制を安定させた。[2]

ヘンリーは再任後の最初の記者会見で、ニュージーランドの人々にこう語りかけた。「優勝トロフィーをニュージーランドに持ち帰れなかったことを非常に残念に思っています。しかし、もう一度チャンスをいただけたことに感謝しています。今回のワールドカップから私たちは教訓を学びました。私たちは、この学んだことと経験を元に、成長できることを楽しみにしています」[3]

彼はフランスに敗れたことに、今でも心を痛めていることを説明した。しかし、将来、同じ事態に陥らないために全力を尽くすと約束した。また、チームをオープンにして外部から監視できるようにし、ジャーナリストを招いて5週間にわたってチームを研究させ、その成果はやがて『問いかけ続ける　世界最強のオールブラックスが受け継いできた15の行動規範』という本に結実した。[4]

こうしてコアを安定させてから、オールブラックス周辺部分の破壊に進路を定めた。次の4年間で40人の新しい選手が加わり、ポジションの固定概念にとらわれず選手を入れ替えながら、積極的に試行錯誤を繰り返した結果、チームは大きく生まれ変わった。[5]

外部の専門家も招かれ、犯罪心理学者は選手たちがよりよく考えられるように、総合格闘技選手はタックルの技術を向上できるように、バレエダンサーはリフティング技術を向上させるために、海兵隊はリーダーシップをよりうまく発揮できるように、それぞれ支援を行った。チームはまた、家族のように一緒に食事をし、飲み、交流する時間を増やした。[6]

次のワールドカップの頃には、オールブラックスは開始を待つばかりになっていた。

「コアが先で周辺が後」というモットーは、他のセンテニアルズにもみて取れる。例えば、NASAは2003年にスペースシャトルが爆発したとき、CEOや他の責任者を解雇するのではなく、何が間違っていたのかを正確に把握するために徹底的な調査を行った。彼らは、目的（科学的可能性の限界を押し広げること）を明確にし、管理体制を安定させ、400ページに及ぶ報告書を公表することで、外の世界にあらゆるものをオープンにしたのである。[7]

その後、彼らは周辺の問題に目を向けた。よりオープンな職場文化を作るための助言を心理学者に求め、何か問題が起きそうなときにはスタッフが「ストップ・ワーク」カードを出せるようにし、エンジニアがより自主性を発揮できるように指揮系統を変更した。この地道なアプローチは、その後大きな成果を上げたのである。[8]

コアを第一に、周辺を第二に。

エピローグ

センテニアルズの真実

——あなたの組織は
偉大なままだろうか

Epilogue

Centennial truths

過去10年間にわたって数百の組織と協力してきた中で、強みと弱みを特定する最良の方法のひとつは、できるだけ多くの同僚や組織外の人に、以下のアンケートへの参加と回答を呼び掛けることである。もちろん、これはあくまで第一歩に過ぎないが、結果を分析することで、会話を変え、人々の注意を再集中させ、将来に向けた有益な指針を得ることができる。

覚えておいてほしいのは、ここに「正解」はないということだ。人によって異なる答えが返ってくる。そのこと自体が非常に大きな発見につながる。例えば、組織内部の人と外部の人とで、まったく異なる回答が返ってくるようであれば、自分たちの行動や達成したことと、外部の社会がどのように評価しているかの間にズレがあることがわかる。

この時点で、問うべきことは次のようになる。なぜこのような異なる視点が存在するのか？ある人には見えていて、別の人には見えていないのはなぜか？

次の各T（Truth［真実］の意）の文章に、1（全く同意しない）から5（強く同意）まで評価をつけてみよう。

パート1：揺るぎないコア

あなたの北極星をつくる

全く同意しない ↔ 強く同意

T1.	私たちは社会においてどのような信念や行動を創造したいかを知っている	1 2 3 4 5
T2.	私たちは共に働く人びとの中にも、T1の信念や行動を育もうとしている	1 2 3 4 5
T3.	私たちの製品やサービスは、顧客やユーザーにも1の信念や行動を育もうとするものである	1 2 3 4 5
T4.	私たちと共に働く人々は、その時間は人生での重要なひと時だと感じている	1 2 3 4 5
T5.	社会は私たちの信念や行動が与える影響力を肯定的に評価している	1 2 3 4 5

子供とその子供のために

全く同意しない ↔ 強く同意

T6.	私たちは将来必要となるスキルを知っている	1 2 3 4 5
T7.	私たちは将来必要となる才能の持ち主を育み、引きつけるために、20年以上先を見据えている	1 2 3 4 5
T8.	私たちは私たちの組織で将来必要とされるスキルを子供たちが習得する手助けをしている	1 2 3 4 5
T9.	学校では、私たちの組織で必要とされる将来のスキルを、子供たちに教えている	1 2 3 4 5
T10.	才能豊かで野心的な人々が、私たちと共に働きたいと思っている	1 2 3 4 5

強固な基盤を持つ

全く同意しない ↔ 強く同意

T11.	私たちは組織内の重要な知識が何であり、どこにあるかを知っている	1 2 3 4 5
T12.	私たちはその知識を持ち、それを共有する影響力のある重要なリーダーが誰かを知っている	1 2 3 4 5
T13.	私たちは組織の要となるリーダーを10年以上、要職に就けている	1 2 3 4 5
T14.	私たちの組織の要となるリーダーの平均在任期間は7年以上である	1 2 3 4 5
T15.	私たちの組織の要となるリーダーが気にかけるのは、現在の組織がどう評価されるかよりも、将来のあり方である	1 2 3 4 5

ギャップを作らない

全く同意しない ↔ 強く同意

T16.	私たちは組織の要となるリーダーが持つ知識と経験を知っており、それを後継者に引き継ぐための仕組みを整えている	1 2 3 4 5
T17.	組織の要となるリーダーシップポジションを埋める際には、80%を内部から登用している	1 2 3 4 5
T18.	組織の要リーダーの後継者を、リーダーが退任する4年以上前に見つけ出している	1 2 3 4 5
T19.	私たちは新しい組織の要となるリーダーへの引き継ぎ期間を1年以上設けている	1 2 3 4 5
T20.	前任のリーダーは、引き継ぎ後も2年以上にわたってアドバイスやサポートを提供し続けている	1 2 3 4 5

人前で演じる

全く同意しない ←→ 強く同意

T21.	私たちは自分たちのビジネスに欠けている知識や視点を知っている	1 2 3 4 5
T22.	私たちはその知識や視点を持つ人々を知っている	1 2 3 4 5
T23.	私たちはそういう人々に私たちの行動を検証してくれるように頼んでいる	1 2 3 4 5
T24.	このような人々に、私たちが何をしているのか、どのようにそれを行っているのかに挑戦し、疑問を投げかけるよう求めている	1 2 3 4 5
T25.	私たちはこの挑戦や疑問を利用して、行動を継続的に改善している	1 2 3 4 5

多くを与え、多くを得る

全く同意しない ←→ 強く同意

T26.	私たちは過去の成功、失敗、そして回復の原因を知っている	1 2 3 4 5
T27.	その知識を共に働く人々と共有している	1 2 3 4 5
T28.	外部の専門家や他者に自らを分析してもらい、その結果を通じて得た知識や経験を広める手伝いをしてくれるように頼んでいる	1 2 3 4 5
T29.	組織外のほとんどの人々は私たちが何をしているのか、どのようにしているのかを知っている	1 2 3 4 5
T30.	組織外のほとんどの人々は私たちに好意を持ち、信頼してくれている	1 2 3 4 5

風通しが良いこと

全く同意しない ↔ 強く同意

	質問	1	2	3	4	5
T31.	組織の要となる専門家が誰であり、彼らがどのように社会に影響を与えているかを知っている	1	2	3	4	5
T32.	組織の要となる専門家がその分野の最先端で働けるように配慮している	1	2	3	4	5
T33.	私たちの組織の要となる専門家は、時間の20%を自分のプロジェクトに費やしている	1	2	3	4	5
T34.	私たちの組織の要となる専門家は、業務時間の50%を外部との連携に費やし、知見の共有や新たな価値創造に取り組んでいる	1	2	3	4	5
T35.	私たちは組織内外で常に新しい基準を創出し、より良い未来を目指している	1	2	3	4	5

幅広い専門知識を集める

全く同意しない ↔ 強く同意

	質問	1	2	3	4	5
T36.	私たちが必要とする重要なスキルにおいて、世界最高の人が誰なのかを知っている	1	2	3	4	5
T37.	私たちは世界のトップが何をしようとしているのか、そしてそれをどのように行っているのかを知っている	1	2	3	4	5
T38.	私たちは世界のトップと私たちのアイデアや実践を継続的に共有している	1	2	3	4	5
T39.	私たちは世界のトップの50%と強い関係を築いている	1	2	3	4	5
T40.	世界のトップの50%が私たちと一緒に働いている	1	2	3	4	5

拡大ではなく改善を目指す

全く同意しない ↔ 強く同意

T41.	私たちは成長よりも改善を優先している	1 2 3 4 5
T42.	私たちは社会を形成し、財政的に安定させるにはどれくらいの規模が必要かを把握している	1 2 3 4 5
T43.	私たちは大きな組織であっても、小さな組織のように自分たちを管理している	1 2 3 4 5
T44.	私たちの組織の管理層は5階層以下である	1 2 3 4 5
T45.	私たちは1サイトあたり300人未満の従業員を雇用している	1 2 3 4 5

すべてを見通す

全く同意しない ↔ 強く同意

T46.	私たちは成功と失敗を分析し、改善策を学ぶことができる	1 2 3 4 5
T47.	私たちはパフォーマンスに影響を与える可能性のあるものを科学的に分析する	1 2 3 4 5
T48.	効果的なことを体系化し、私たちの行動やその方法を継続的に改善する	1 2 3 4 5
T49.	私たちの重要な実践の80%は、過去3年間で大幅に改善された	1 2 3 4 5
T50.	昨年の収益の40%は、過去3年間に生まれたアイデアを基に実現されたものだ	1 2 3 4 5

偶然の出会いのための時間を用意する

全く同意しない ↔ 強く同意

		1	2	3	4	5
T51.	異なるアイデアや視点を持つ人々を隣同士に配置している	1	2	3	4	5
T52.	人々が歩き回らなければならないようにオフィスを設計している	1	2	3	4	5
T53.	人々が働くチームや一緒に働く相手を継続的に変更するようにしている	1	2	3	4	5
T54.	人々に専門外の分野に興味を持ち、疑問を持つように求めている	1	2	3	4	5
T55.	人々が直面する課題や困難を通じて、考え方や行動が変化していくことに気づく	1	2	3	4	5

共に食事を

全く同意しない ↔ 強く同意

		1	2	3	4	5
T56.	私たちは職場でメンバーが一緒に過ごすためのスペースと時間を作っている	1	2	3	4	5
T57.	毎日、組織のメンバーが一緒に食べたり飲んだりすることを奨励している	1	2	3	4	5
T58.	組織のメンバーが1日に少なくとも1時間は一緒に過ごしていると確信している	1	2	3	4	5
T59.	組織のメンバーが互いに問題やアイデア、機会を共有していると確信している	1	2	3	4	5
T60.	組織のメンバーは、最高のアイデアのいくつかは、一緒に過ごしたり、気楽な会話をしたりすることから生まれると言っている	1	2	3	4	5

パート１について、原則として、１５０点満点中１００点未満の場合は、コアの安定性にもっと注意を払う必要がある。

パート２について、一般的に、１５０点満点中１００点未満の場合は、周辺部分の破壊にもっと意識的になる必要がある。また、ここでのスコアを最初の質問のスコアと比較して、組織が安定したコアと周辺部分の破壊のバランスを取っていることを確認する必要がある。

自分の強みと弱みが特定されたら、安定したコアと周辺部分の破壊の各カテゴリーからそれぞれ強みと弱みを１つずつ選び、詳しく研究することをお勧めする。

私の経験では、弱みを修正するよりも強みを活《い》かす方が簡単なので、まずは強みに基づいた行動計画を作成する。ここでの簡単な成功は、他の人を巻き込む助けになり、新しいアイデアに対する抵抗のリスクを減らすことができる。

伝統的な（安定した）分野と急進的な（破壊的）分野の両方に取り組むことで、幅広い人々に声を届けることができ、初期の反発を最小限に抑える助けになるだろう。異なる世代を巻き込むことも良いアイデアだ。若い人々は物事を変えることに抵抗がなく、年配の人々は、より慎重な傾向がある。両者が一緒に仕事をすることで、相互理解が進み、より良いアイデアが生まれるだろう。

謝辞

『センテニアルズ』は、人生におけるほとんどの重要な事業と同様、チームで成し遂げた成果である。表紙に私の名前があるのは、私に執筆する時間と意欲があったからに他ならない。実際には多くの人々の尽力の賜物《たまもの》である。正確には26人だ。そして企画段階から深く関わってくれた6人がいる。彼らは扉を開き、データを集め、アイデアを発展させてくれた。

私の考えを導き、本書の制作を支えてくれた人々は数えきれないほどいる。全員の名前を挙げて感謝できないのは申し訳ないが、以下に名前が記載されていない方は、私があなたのことを言っているのだと理解してくれることを願っている。

とりわけ、いつも私を支え、導いてくれた父に感謝を。幼い頃から、管理、研究、指導、執筆の方法を教えてくれた。また、ジュールズ・ゴダードとリズ・メロンは本書のベースとなったハーバード・ビジネス・レビューの記事の調査と執筆を手伝ってくれた。この記事を編集し、出版を手伝ってくれたサラ・グリーン・カーマイケル、そして私の考えを導いてくれたジョン・ブルとスティーブ・ハリソン、内容をより洗練させる手助けをしてくれたジョナサン・ハリスとラシッド・アフイエク、そしていつも最高のアドバイスをくれるポール・デイヴィスとピート・ウィルキンソンにも心からの謝意を表したい。

協力いただいたセンテニアルズの皆さんにも深く感謝している。プロジェクト開始当初、私たちが何をしているのか、何を探しているのか、何が見つかるのか、まったく見当もついてない状況だったにもかかわらず、快く門戸を開いてくれた。そして、打ち合わせや質問への対応に際しても惜しみない時間を割いてくれた。特に、多くのきっかけを作ってくれたピーター・キーン、数々の扉を開いてくれたジョニー・ノークスとポール・トンプソン、そして絶え間なく新しいアイデアを提供してくれたアンディ・サーモン、キャサリン・マリオン、クライブ・グリニア、イアン・ミッチェル、ルーシー・スキルベック、マイケル・ボーン、ショーン・フィッツジェラルド、ティム・リューニグに感謝する。

最後に、本書の礎を築いてくれた先人たちに感謝したい。特に、この分野での先駆的な研究を行ったチャールズ・ハンディ、ジム・コリンズ、トム・ピーターズ、複雑なアイデアをシンプルなストーリーとして伝える方法を示してくれたマルコム・グラッドウェルとマイケル・ルイス、常にインスピレーションを与えてくれるダニエル・カーネマンとロビン・ダンバーの研究に深く感謝する。また、この分野における多くの重要な著作の制作に携わってきた編集者のナイジェル・ウィルコクソンは、このプロジェクトを通して私の考え方に絶え間なく反論と疑問を投げかけてくれた。おかげでこの本はより良い本となり、実力以上の作家になるという離れ業を私自身も成し遂げることができたと思う。

監訳者あとがき

この本は、アレックス・ヒル教授による2023年出版の『Centennials: The 12 Habits of Great, Enduring Organisations』を全編翻訳したものです。

ヒル教授は、キングストン大学、デューク・コーポレート・エデュケーション、ロンドン・ビジネス・スクール、オックスフォード大学グリーン・テンプルトン・カレッジが協力した「ハイパフォーマンス・センター」の共同設立者兼ディレクターで、このセンターでは、高業績組織がより強力で強固な経済、社会、環境を構築できるよう支援しています。

英国や米国の企業では平均寿命はわずか15年しかない現状で、過度な成長戦略による経営が、企業の寿命を縮めていることが問題視され始めています。日本では長寿企業の情報を得ることが比較的容易ですが、それがなかなか難しい英米において、ヒル教授は、100年以上にわたり同業他社を凌駕してきた大学や劇団などを含む組織について、13年間にわたる研究を行ってきました。そして、彼は、これらの市場が非常に異なる組織においても、卓越性と成功を築き維持するために、驚くほど似た戦略を共有しているということを発見しました。これらの戦略は、従来のビジネス戦略とはあまりにも異なる部分が多くあったとのことで、一冊の本として12分野にまとめたのが本書です。

さて、本書に紹介されている事例は、どの組織も非常に革新的であり、クリエイティブであることは注目に値すると思います。日本国内ではイノベーティブな組織に変化するために、今まさに様々な改革が行われているのが実情かと思います。内部ではなかなかうまく行かないことも多く、スタートアップの買収やオープンイノベーションによって、その機能を代替しようとしています。しかし、長期的にみて果たしてそれで良いのでしょうか。結局のところ、それは本書にある危険な短期的視点とならないでしょうか。

官僚主義的な管理コストが膨大で、似た者同士が集まる組織になっていないでしょうか。失敗を恐れ、チャレンジしようとするイノベーターを疎外していないでしょうか。意欲ある若手の意見を公平にラフな場で求めているでしょうか。このようなハレーションを避ける硬直した組織運営からは、真のイノベーションが生まれる可能性は低いのではないでしょうか。そういった面でも、本書の事例は人数配分まで明確に提示されており、具体的で、非常に参考になるかと思います。

日本はもう二度と高度経済成長は望めないと言われておりますが、私はそのようには考えておりません。スティーブ・ウォズニアックが語った「日本は世界一クリエイティブなんだ。それを忘れているだけだ」という言葉を信じます。世界中の日本を目指す人々も、そのことを信じて移住してきていると感じます。歴史的に多様な文化を徐々に受け入れ、独自に昇華させてきた日本には、イノベーションの爆発力がまだまだ地下にたまっていると思います。

あとは、その原動力をスチュワードである年長者らが引き出し、イノベーターの勢いゆえに自爆することのないよう、速度調整のアドバイスをしてあげることではないでしょうか。それはまさにコントロールではなく、子供の育成と同じことです。そしてその役割こそが、女性の社会進出を活《い》かす方法でもあるように感じます。

最後になりましたが、今回の翻訳に関しまして、個人的な健康問題から関係者の皆様には多大なご迷惑をおかけしました。ここにようやく原稿を終えることができましたことは、これまで以上に感慨深いものがあります。最後まで支えてくださった、監修者小山竜央様、編集担当の小川和久様、服部聡子様には、特に深く御礼を申し上げます。

そして、それぞれが起業家となった娘たちの人生が幸多いことを祈念しつつ筆を擱《お》きます。

島藤　真澄

センテニアルズ

“100年《ねん》生《い》きる組織《そしき》”が価値《かち》をつくり続《つづ》ける12の習慣《しゅうかん》

2025年1月28日　初版発行
2025年3月20日　再版発行

著　者　アレックス・ヒル
監　修　小山竜央《こやまたつお》
監　訳　島藤《しまふじ》真澄《ますみ》
　訳　服部《はっとり》聡子《さとこ》
発行者　山下直久
発　行　株式会社KADOKAWA
〒102-8177　東京都千代田区富士見2-13-3
電話　0570-002-301（ナビダイヤル）
印刷所　TOPPANクロレ株式会社
製本所　TOPPANクロレ株式会社

●お問い合わせ
https://www.kadokawa.co.jp/（「お問い合わせ」へお進みください）
※内容によっては、お答えできない場合があります。
※サポートは日本国内のみとさせていただきます。
※Japanese text only

定価はカバーに表示してあります。

ISBN 978-4-04-606898-9 C0034

著者　アレックス・ヒル

キングストン大学（英国）教授、デューク・コーポレート・エデュケーション（米国）教育者、「The Centre for High Performance」共同創設者。同センターは芸術、教育、スポーツなど幅広い分野で高い業績を上げている組織が、より強固な経済、社会、環境を発展させるための支援に取り組んでいる。多数の著書を執筆し、ハーバード・ビジネス・レビューなどの主要学術誌に論文を発表しているほか、英国政府の教育政策に関するアドバイザーも務めた。

監修　小山竜央／こやま たつお

Apple創業者スティーブ・ウォズニアックを始め、世界的に著名なマーケター達を招致し、マーケティングの普及、後進の育成に努める。マーケティング戦略のプロとしてPRプランナー、出版・SNSコンサルタントなどの顔をもち、特にYouTubeではこれまでに指導・プロデュースした人を含めるとチャンネルの総登録数は9000万人を突破。現在各社のCMOとしてマーケティングと事業のスケールアップまでの指導を行い、M&A、IPOをサポートし自身も投資家として出資を行う。YouTubeチャンネル「マーケティング侍の非常識なビジネス学」（登録者7万人超）を運営。著書は多数あり、『本物の交渉術』（KADOKAWA）などの監修も務める。

監訳　島藤真澄／しまふじ ますみ

慶應義塾大学文学部卒、神戸大学中退、京都芸術短期大学卒。大手アパレルのデザイナーを経て通販業に。その後海外講演者のエージェントおよび企画業として主にデジタルコンテンツ制作を手掛ける。エクスアールジョン株式会社創業者。関西国際大学客員教授。訳書に『影響力の科学』『本物の交渉術』（共にKADOKAWA）、『FIND YOUR WHY』（ディスカヴァー・トゥエンティワン）など。

訳　服部聡子／はっとり さとこ

同志社大学文学部卒業。マーケティング、ノンフィクション、ポピュラーサイエンス、IT関連など幅広い書物の下訳を経て、現在Web媒体を中心にフリーランスの翻訳者、Webライターとして活動中。主な翻訳協力に『マネー・コネクション』（KADOKAWA）がある。

ここまで読み進めてくださり、ありがとうございます。監修者から、ビジネスシーンなどで組織やチームを動かす方法、マーケティングの情報をお伝えします。最新のアップデートがあった際にはその情報をお送りいたします。

https://kdq.jp/36m4p

1. 上記の二次元コードまたはURLからアクセス
2. LINEのりゅう先生（小山竜央）公式アカウントを「友だち追加」

※ 2025年1月現在の情報です。
※ PC・スマートフォン対象。システム等の事情により予告なく公開を終了する場合があります。
※ 本コンテンツは監修者が管理・運営するものとなります。株式会社KADOKAWAではお問い合わせ等をお受けしていません。

原注一覧

プロローグ　万物の理論

1 Bernard Pullman, *The Atom in the History of Human Thought*, Oxford University Press, 1998.

2 John Dalton, 'On the Absorption of Gases by Water and Other Liquids', *Philosophical Magazine*, 1806, series 1, vol. 24, no. 1, pp. 15–24; John Dalton, *A New System of Chemical Philosophy*, Part 1–2, S. Russell, 1808.

3 Michael Faraday, 'VIII. Experimental Researches in Electricity – Thirteenth Series', *Philosophical Transactions*, 1838, vol. 128, pp. 125–68; John Thomson, 1897, 'Cathode Rays', Weekly Evening Meeting, 30 April 1897; John Thomson, 'On Bodies Smaller than Atoms', Royal Institution lecture, 1901; John Thomson, 'On the Structure of the Atom: An Investigation of the Stability and Periods of Oscillation of a Number of Corpuscles Arranged at Equal Intervals Around the Circumference of a Circle; with Application of the Results to the Theory of Atomic Structure', *Philosophical Magazine*, 1904, series 6, vol. 7, no. 39, pp. 237–65.

4 Marie Curie, 'Nobel Lecture: Radium and the New Concepts in Chemistry', 11 December 1911; Susan Quinn, Marie Curie: A Life, Simon & Schuster, 1995.

5 Ernest Rutherford, 'The Scattering of Alpha and Beta Particles by Matter and the Structure of the Atom', *Philosophical Magazine*, 1911, series 6, vol. 21, no. 125, pp. 669–88; David Wilson, *Rutherford: Simple Genius*, MIT Press, 1983.

6 Author interview with Paul Thompson on 6 March 2015.

7 See, for example, Ben Branch, 'The Costs of Bankruptcy: A Review', *International Review of Financial Analysis*, 2002, vol. 11, no. 1, pp. 39–57; Joseph Bower and Stuart Gibson, 'The Social Cost of Fraud and Bankruptcy', *Harvard Business Review*, December 2003, pp. 20–2; Marco Bontje, 'Facing the Challenge of Shrinking Cities in East Germany: The Case of Leipzig', *GeoJournal*, 2004, vol. 61, no. 1, pp. 13–21; John Heilbrunn, 'Paying the 218 Price of Failure: Reconstructing Failed and Collapsed States in Africa and Central Asia', *Perspectives on Politics*, 2006, vol. 4, no. 1, pp. 135–50; Dominic Barton, James Manyika and Sarah Keohane Williamson, 'Finally, Evidence that Managing for the Long Term Pays Off ', *Harvard Business Review*, 7 February 2017.

8 See, for example, Franco Bassanini and Edoardo Reviglio, 'Financial Stability, Fiscal Consolidation and Long Term Investment After the Crisis', *Financial Market Trends*, 2011, vol. 2011, no. 1; Daron Acemoglu and James Robinson, *Why Nations Fail: The Origins of Power, Prosperity and Poverty*, Profile Books, 2012.

9 Tom Peters and Robert Waterman, *In Search of Excellence: Lessons from America's Best-Run Companies*, Harper & Row, 1982; Jim Collins and Jerry Porras, *Built to Last: Successful Habits of Visionary Companies*, HarperCollins, 1994; Jim Collins, *Good to Great: Why Some Companies Make the Leap... And Others Don't*, Random House Business, 2001.

10 Christian Stadler, 'The Four Principles of Enduring Success', *Harvard Business Review*, July–August 2007, pp. 62–72; Michael Raynor and Mumtaz Ahmed, 'Three Rules for Making a Company Truly Great', *Harvard Business Review*, April 2013, pp. 108–17.

11 See, for example, Jennifer Reingold and Ryan Underwood, 'Was "Built to Last", Built to Last?', *Fast Company*, 1 November 2004; 'Good to Great to Gone', *The Economist*, 7 July 2009; Chris Bradley, 'Surprise: Those Great Companies Generally Turn Out to Be Meh...

or Duds', MarketWatch, 31 August 2017.

12 Michael Lewis, *Moneyball: The Art of Winning an Unfair Game*, W.W. Norton & Company, 2003; Malcolm Gladwell, *Outliers: The Story of Success*, Penguin, 2008; Matthew Syed, *Rebel Ideas: The Power of Diverse Thinking*, John Murray, 2019.

13 The Royal Shakespeare Company was originally the Shakespeare Memorial Theatre, Nasa was originally part of the US army, and the first British Olympic cyclists competed at the first summer Games in 1896.

習慣1　あなたの北極星をつくる

1 This is described in more detail in Hamish McDougall, '"The Whole World's Watching": New Zealand, International Opinion, and the 1981, Springbok Rugby Tour', *Journal of Sport History*, 2018, vol. 45, no. 2, pp. 202–23; Geoff Chapple, *1981: The Tour*, Reed Publishing, 1984. A video of 219 the protest can be seen at: https://teara.govt.nz/en/video/27165/the-game-that-never-was

2 A diary of the tour, with various articles and videos, can be seen on the New Zealand History website: https://nzhistory.govt.nz/culture/1981-springbok-tour

3 This is described in more detail in John Minto, 'Rugby, Racism and the Battle for the Soul of Aotearoa New Zealand', *Guardian*, 15 August 2021.

4 Neil Reid, '1981 Springbok Tour: Nelson Mandela's Salute to NZ Protest Movement', *New Zealand Herald*, 15 July 2021.

5 This is described in more detail in John McCrystal, *The Originals: 1905 All Black Rugby Odyssey*, Random House, 2005; Ron Palenski, *All Blacks: Myths and Legends*, Hodder Moa, 2008.

6 See, for example, Shane Gilchrist, 'Game on, the "Ki" is Back in Court', *Otago Daily Times*, 5 October 2007, and the New Zealand History website: https://nzhistory.govt.nz/culture/the-new-zealand-natives-rugby-tour/nz-natives-rugby-tour

7 Peter Bills, *The Jersey: The All Blacks – The Secrets Behind the World's Most Successful Team*, Macmillan, 2018, p. 26.

8 This is explained in more detail in Peter Bills, *The Jersey*, and in the 'Political Milestones' section of the New Zealand History website: https:// nzhistory.govt.nz

9 Why New Zealand's Other All Blacks Matter', *The Economist*, 18 July 2019.

10 Rugby New Zealand, 'Record Number Playing Rugby in NZ', 6 November 2016.

11 Author interview with Catherine Mallyon on 26 August 2014.

12 This is described in more detail in each of the Centennials' annual reports, mission statements and strategic plans that are available on their websites.

13 See, for example, Andrew Haldane and Richard Davies, 'The Short Long', Bank of England, 9 May 2011; Bassanini and Reviglio, 'Financial Stability, Fiscal Consolidation and Long Term Investment After the Crisis.

14 See, for example, Caroline Valetkevitch, 'Key Dates and Milestones in the S&P 500's History', Reuters, 10 April 2013; Scott Anthony, Patrick Viguerie, Evan Schwartz and John Van Landeghem, '2018 Corporate Longevity Forecast: Creative Destruction is Accelerating', Innosight, February 2018.

15 This is described in more detail on their websites and in their annual reports. 220

16 Dan Schawbel, 'Chip Bergh: Why Levi Strauss Cares About Sustainability', *Forbes*, 29 April 2015.

17 David Goodman, 'Kellogg Foundation Keeps a Low Philanthropic Profile', *Los Angeles Times*, 6 June 1998.

18 This is described in more detail in their annual reports and on their websites.

19 I completed this analysis myself by looking at the ages of the S&P 500 companies in 2021 and comparing them with the annual sales and profits they made in the previous five years.

20 Barton, Manyika and Williamson, 'Finally, Evidence that Managing for the Long Term Pays Off'.

21 See, for example, 'The Founding Prospectus' on Sony's website: www.sony. com en/ SonyInfo/CorporateInfo/History/prospectus. html; Sea-Jin Chang, *Sony vs Samsung: The Inside Story of the Electronics Giants' Battle for Global Supremacy*, Wiley, 2008.

22 Akio Morita, *Made in Japan: Akio Morita and Sony*, Collins, 1987, p. 37.

23 Akio Morita, *Made in Japan*, p. 138.

24 See, for example, Michael Kamins and Akira Nagashima, 'Perceptions of Products Made in Japan Versus Those Made in the United States Among Japanese and American Executives: A Longitudinal Perspective', *Asia Pacific Journal of Management*, 1995, vol. 12, no. 1, pp. 49–68; Angus Maddison, *Contours of the World Economy 1–2030 AD: Essays in Macro-Economic History*, Oxford University Press, 2007; Sébastien Lechevalier, *The Great Transformation of Japanese Capitalism*, Routledge, 2014; and the figures in the World Economic Outlook Database: www.imf.org

25 Brent Schlender, 'Inside: The Shakeup at Sony', *Fortune*, 4 April 2005.

26 Peter Temin, *Engines of Enterprise: An Economic History of New England*, Harvard University Press, 2000.

27 This is described in more detail in Acemoglu and Robinson, *Why Nations Fail*; Roger Crowley, *City of Fortune: How Venice Won and Lost a Naval Empire*, Faber & Faber, 2012.

28 This is described in more detail in David Western, *Booms, Bubbles and Busts in the US Stock Market*, Routledge, 2004; Scott Nations, *A History of the United States in Five Crashes: Stock Market Meltdowns That Defined a Nation*, William Morrow, 2017; Somer Anderson, 'Stocks Then and Now: The 1950s and 1970s', Investopedia, 26 January 2021; Saikat Chatterjee and Thyagaraju Adinarayan, 'Buy, Sell, Repeat! No Room for "Hold" in Whipsawing Markets', Reuters, 3 August 2020.

29 See, for example, Franco Modigliani and Merton Miller, 'The Cost of Capital, Corporate Finance, and the Theory of Investment', *American Economic Review*, 1958, vol. 48, no. 3, pp. 261–97; Milton Friedman, 'The Social Responsibility of Business Is to Increase Its Profits', *New York Times*, 13 September 1970, p. 17.

30 See for example, Caroline Valetkevitch, 'Key Dates and Milestones in the S&P 500's History'; Scott Anthony et al., 'Corporate Longevity Forecast'.

31 This is described in more detail in Walter Isaacson, *Steve Jobs*, Abacus, 2015.

32 This is described in more detail in John Sculley and John Byrne, *Odyssey: Pepsi to Apple*, Collins, 1988; Owen Linzmayer, *Apple Confidential 2.0: The Definitive History of the World's Most Colorful Company – The Real Story of Apple Computer, Inc*, No Starch Press, 2004.

33 This is described in more detail in Owen Linzmayer, *Apple Confidential 2.0.*

34 This is explained in more detail in Walter Isaacson, *Steve Jobs*.

35 Steve Jobs' full presentation can be seen on YouTube at: https://www. youtube.com/ watch?v=VQKMoT-6XSg

36 This is explained in more detail in Walter Isaacson, *Steve Jobs*; Brian Merchant, *The One Device: The Secret History of the iPhone*, Little, Brown, 2018.

37 See, for example, Jacob Kastrenakes, 'Apple Says There Are Now Over 1 Billion Active iPhones', The Verge, 27 January 2021.

38 This process is described in more detail on the Korn Ferry website, who conduct the research for *Fortune* magazine: www.kornferry.com

39 See, for example, Howard Schultz, *Pour Your Heart Into It: How Starbucks Built a Company One Cup at a Time*, Hyperion, 1997; Owen Linzmayer, *Apple Confidential 2.0*; Eric Schmidt and Jonathan Rosenberg, *How Google Works*, John Murray, 2014; Jeff Bezos and Walter Isaacson, *Invent and Wander: The Collected Writings of Jeff Bezos, with an Introduction by Walter Isaacson*, Harvard

Business Review Press, 2020.

40 This is described in more detail in the 'About Us' section on the Starbucks website: www.starbucksathome.com/gb/story/about-starbucks; Howard Schultz, *Pour Your Heart Into It*.

41 Herman Melville, *Moby-Dick*, Richard Bentley, 1851.

42 This is explained in more detail on the company history section of its website: https://stories.starbucks.com

43 Corporate Design Foundation, 'Starbucks: A Visual Cup o' Joe', *Journal of Business and Design*, 1995, vol. 1, no. 1, p. 18.

44 Joseph Michelli, *The Starbucks Experience: 5 Principles for Turning Ordinary into Extraordinary*, McGraw Hill, 2007, p. 48.

45 Howard Schultz, *Onward: How Starbucks Fought for Its Life Without Losing Its Soul*, John Wiley & Sons, 2012, p. 10.

46 See, for example, Henry Brean, 'UNLV Professor Targets "Wasteful" Dipper Wells', *Las Vegas Review-Journal*, 8 June 2009; Melanie Warner, 'Starbucks Will Use Cups with 10% Recycled Paper', *New York Times*, 17 November 2004; Tiffany May, 'Starbucks Will Stop Using Disposable Coffee Cups in South Korea by 2025', *New York Times*, 6 April 2021.

47 Howard Schultz, *Onward*, p. 10.

48 Howard Schultz, *Onward*, p. 19.

49 See, for example, Henry Brean, 'UNLV Professor Targets "Wasteful" Dipper Wells'; Melanie Warner, 'Starbucks Will Use Cups with 10% Recycled Paper'; Tiffany May, 'Starbucks Will Stop Using Disposable Coffee Cups in South Korea by 2025. More examples of what it has done can be seen on its website: https://stories.starbucks.com

50 Author interview with Steve Tew on 16 August 2017 (this is described in more detail in: Graham Henry, *Final Word*, HarperCollins, 2013); Gregor Paul, *The Reign of King Henry: How Graham Henry Transformed the All Blacks*, Exisle Publishing, 2015; Richie McCaw, *The Real McCaw: The Autobiography*, Aurum Press, 2015.

51 This is described in more detail in New Zealand Rugby, 'Annual Report', 2020.

52 See, for example, Royal College of Art, 'Redesigning the Ambulance' and 'Design for Dementia' research projects; Dalya Alberge, 'This is Another Crack in the Glass Ceiling: RSC Casts Disabled Actors in New Season', *Guardian*, 26 January 2019.

53 This is described in more detail in Tesla's annual impact reports and annual reports, available on its website: www.tesla.com

54 See, for example, Tesla's mission statement: www.tesla.com

55 As explained in Facebook's mission statement: www.facebook.com

56 See, for example, Natasha Singer, 'How Big Tech Is Going After Your Health Care', *New York Times*, 26 December 2017; Natasha Singer, 'How Google Took Over the Classroom', *New York Times*, 13 May 2017; Andy Ihnatko, 'Apple's New Approach to Education Is Humbler, but Stronger', *Fast Company*, 29 March 2018.

57 This is described in more detail on Double the Donation's website: www.doublethedonation.com

習慣2　子供とその子供のために

1 This is explained in more detail in Robert Mueller, 'Lunabotics Mining Competition: Inspiration Through Accomplishment', Nasa, 2019, and at www.nasa.gov/lunabotics/

2 This is explained in more detail in Nasa, 'STEM Education Strategic Plan', 2018; Nasa, 'Nasa Strategy for STEM Engagement', 2020; Jeremy Engle, 'Lesson of the Day: Nasa's Perseverance Rover Lands on Mars to Renew Search for Extinct Life', *New York Times*, 24 February 2021.

3 See, for example, *Nasa Astronaut Fact Book* and the current astronaut biographies at www.nasa.gov

4 Author interview with Catherine Mallyon on 7 April 2014. This is explained more on the Royal Shakespeare Company's education website: www.rsc. org.uk/education

5 This is explained in more detail in 'Next Generation: Talent Development Programme', Royal Shakespeare Company, 2020; and the apprenticeships page on its website: www.rsc.org.uk

6 See, for example, David Maurice Smith, 'Raised on Rugby', *New York Times*, 5 August 2018; Peter Bills, *The Jersey*; and the 'participation framework' page of the New Zealand Rugby website: www.nzrugby.co.nz; the 'Small Blacks' website: www.smallblacks.com; and the coach education website: www.rugbytoolbox.co.nz

7 Author interview with Dave Brailsford on 17 April 2019.

8 Viv Richards, *Hitting Across the Line: An Autobiography*, Headline, 1992, p. 9.

9 See, for example, Frank Birbalsingh, *The Rise of West Indian Cricket: From Colony to Nation*, Hansib Publishing, 1996; Ray Goble and Keith Sandiford, *75 Years of West Indies Cricket: 1928–2003*, Hansib Publishing, 2004.

10 See, for example, Associated Press, 'Overseas Players Courted by N.B.A.', *New York Times*, 26 June 2005; Professional Cricketers' Association, 'PCA Report into Overseas Players in Domestic Professional Cricket', 2 October 2013; Orlando Patterson, 'The Secret of Jamaica's Runners', *New York Times*, 13 August 2016; Gregor Aisch, Kevin Quealy and Rory Smith, 'Where Athletes in the Premier League, the N.B.A., and Other Sports Leagues Come From, in 15 Charts', *New York Times*, 29 December 2017; Major League Baseball, 'MLB Rosters Feature 251 International Players', 29 March 2019.

11 This is described on the MVP website: https://mvptrackclub.com; and the Racers Track Club website: http://racerstrackclub.com

12 This is described in more detail in Benjamin Bloom, *Developing Talent in Young People*, Ballantine Books, 1985.

13 This is described in more detail in David Epstein, *Range: How Generalists Triumph in a Specialized World*, Riverhead Books, 2019.

14 Much fuller and more detailed descriptions of the stages of development of the different artists, athletes and scientists are given in Benjamin Bloom, *Developing Talent in Young People*.

15 See, for example, Harry Chugani, 'A Critical Period of Brain Development: Studies of Cerebral Glucose Utilization with PET', *Preventive Medicine*, 1998, vol. 27, no. 2, pp. 184–8; Suzana Herculano-Houzel, 'The Human Brain in Numbers: A Linearly Scaled-up Primate Brain', *Frontiers in Human Neuroscience*, 2009, vol. 3, article 31; Timothy Brown and Terry Jernigan, 'Brain Development During the Preschool Years', *Neuropsychology Review*, 2012, vol. 22, no. 4, pp. 313–33; Patrice Voss, Maryse Thomas, Miguel Cisneros-Franco and Etienne de Villers-Sidani, 'Dynamic Brains and the Changing Rules of Neuroplasticity: Implications for Learning and Recovery', *Frontiers in Psychology*, 2017, vol. 8, article 1657.

16 See, for example, Andreja Bubic, Ella Striem-Amit and Amir Amedi, 'Large-Scale Brain Plasticity Following Blindness and the Use of Sensory Substitution Devices', in *Multisensory Object Perception in the Primate Brain*, ed. Jochen Kaiser and Marcus Johannes Naumer, Springer, 2010, pp. 351–380; Lotfi Merabet and Alvaro Pascual-Leone, 'Neural Reorganization Following Sensory Loss: The Opportunity of Change', *Nature Reviews Neuroscience*, 2010, vol. 11, pp. 44–52; Katherine Woollett and Eleanor Maguire, 'Acquiring "the Knowledge" of London's Layout Drives Structural Brain Changes', *Current Biology*, 2011, vol. 21, no. 24, pp. 2109–14; Karen Barrett, Richard Ashley, Dana Strait and Nina Kraus, 'Art and Science: How Musical Training Shapes the Brain', *Frontiers in Psychology*, 2013, vol. 4, article 713.

17 See, for example, 'Future of Work and Skills',

OECD, 2017; 'The Future of Jobs Report', World Economic Forum, 2020.

18 This is described in more detail in Caroline Criado Perez, *Invisible Women: Exposing Data Bias in a World Designed for Men*, Vintage, 2020.

19 This is described in more detail in Jane Margolis, Allan Fisher and Faye Miller, 'The Anatomy of Interest: Women in Undergraduate Computer Science', *Women's Studies Quarterly*, 2000, vol. 28, no. 1, pp. 104–27; Jane Margolis, *Unlocking the Clubhouse: Women in Computing*, MIT Press, 2002; Allan Fisher and Jane Margolis, 'Unlocking the Clubhouse: The Carnegie Mellon Experience', *ACM SIGCSE Bulletin*, 2002, vol. 34, no. 2, pp. 79–83.

20 This is described in more detail in Sara Kiesler, Lee Sproull and Jacquelynne Eccles, 'Pool Halls, Chips, and War Games: Women in the Culture of Computing', *Psychology of Women Quarterly*, 1985, vol. 9, no. 4, pp. 451–62.

21 See, for example, 'Degrees in Computer and Information Sciences Conferred by Degree-Granting Institutions by Level of Degree and Sex of Student: 1970–71 through 2010–11', National Center for Education Statistics, 2012; Katharine Sanderson, 'More Women than Ever Are Starting Careers in Science', *Nature*, 5 August 2021.

22 See for example, 'Closing the STEM Gap: Why STEM Classes and Careers Still Lack Girls and What We Can Do About It', Microsoft, 2019; 'Cracking the Gender Code: Get 3X More Women in Computing', Accenture and Girls Who Code, 2016.

23 See, for example, 'Nasa Equal Employment Opportunity Strategic Plan: FY 2017–19', Nasa, 2019; and the biographies of their current astronauts at www.nasa.gov

24 See, for example, 'Employed Persons by Detailed Occupation, Sex, Race, and Hispanic or Latino Ethnicity', US Bureau of Labor Statistics, 2020.

25 See, for example, 'Future of Work and Skills', OECD; 'The Future of Jobs Report', World Economic Forum.

26 See, for example, Robert Atkinson and John Wu, 'False Alarmism: Technological Disruption and the U.S. Labor Market, 1850–2015', Information Technology & Innovation Foundation, 8 May 2017; 'Current Labor Statistics: December 2000', US Bureau of Labor Statistics, 2000; 'Employment Projections', US Bureau of Labor Statistics, 2021.

27 See, for example, 'Future of Work and Skills', OECD; 'The Future of Jobs Report', World Economic Forum.

28 See, for example, Malcolm Mulholland, 'Rugby World Cup: All Blacks, New Zealand Maori and the Politics of the Pitch', *The Conversation*, 6 September 2011; 'All Blacks Stars Make Powerful Statement About Cultural Diversity in New Zealand', *Stuff*, 26 March 2021; British Cycling's athlete biographies at www.britishcycling.org.uk; Nasa astronaut biographies at www.nasa.gov; 'Annual Equality Report', Royal College of Art, 2019.

29 See, for example, Jasper Hamill, 'Apple Brings Life-changing "Everyone Can Code" Curriculum to Thousands of Students Across the UK and Europe', *Metro*, 19 January 2018; '500 Words Final 2020', BBC Radio 2; 'World of Stories', Puffin, Penguin Random House.

30 See, for example, 'Kellogg's Apprentice Scheme Hunts for Talent', Kellogg's, 13 March 2017; 'Internship Questions', Nordstrom; 'Future Leaders Start Here', Starbucks.

31 This is described in more detail in Kevin Badgett, 'School–Business Partnerships: Understanding Business Perspectives', *School Community Journal*, 2016, vol. 26, no. 2, pp. 83–105.

32 See, for example, Nye Cominetti, Paul Sissons and Katy Jones, 'Beyond the Business Case: The Employer's Role in Tackling Youth Unemployment', The Work Foundation, July 2013; Anthony Mann and Prue Huddleston,

'How Should Our Schools Respond to the Demands of the Twenty-First Century Labour Market? Eight Perspectives', Education and Employers Research, 2015; 'School Ties: Transforming Small Business Engagement with Schools', Rocket Science, 15 February 2016.

33 Author interview on 1 April 2022.

34 This is described in more detail in Kevin Badgett, 'School–Business Partnerships: Understanding Business Perspectives'; Peter Crush, 'Why Small Business Owners Should Be Building Relationships with Local Schools', First Voice, 9 January 2017.

35 See, for example, Ciara Byrne, 'The Loneliness of the Female Coder', *Fast Company*, 11 September 2013; Sylvia Ann Hewlett, 'What's Holding Women Back in Science and Technology Industries', *Harvard Business Review*, 13 March 2014; 'Women in Technology Survey 2019', Women in Tech, September 2019; Sarah White, 'Women in Tech Statistics: The Hard Truths of an Uphill Battle', CIO, 8 March 2021.

36 See the research on https://girlswhocode.com for more detail.

37 See, for example, 'Inclusion & Diversity', Apple; 'Annual Diversity Report', Facebook, 2021; 'Diversity Annual Report', Google, 2021.

習慣3　強固な基盤を持つ

1 A typical day at Eton is described in more detail in Nick Fraser, *The Importance of Being Eton*, Short Books, 2006; John Corbin, *School Boy Life in England: An American View*, Leopold Classic Library, 2015; Musa Okwonga, 2021, *One of Them: An Eton College Memoir*, Unbound, 2021.

2 Author interview with Jonnie Noakes on 18 November 2018, at Leaders in Sport, see: Alex Hill, 'Summit Session: Are You Radically Traditional?', Radically Traditional, 14 February 2019.

3 This is described in more detail in Paul Moss, 'Why Has Eton Produced So Many Prime Ministers?', *The World Tonight*, BBC Radio 4, 12 May 2010; Tony Little, *An Intelligent Person's Guide to Education*, Bloomsbury Continuum, 2015; Christopher de Bellaigue, 'Eton and the Making of a Modern Elite,' *1843*, 16 August 2016.

4 See, for example, Graeme Patton, 'Eton College to Admit Pupils Irrespective of Family Income', *Daily Telegraph*, 5 February 2014; 'Annual Report', Eton College, 2020.

5 Author interview on 4 December 2018, which is included in Lisa Mainwaring, 'Eton College', *How to Outperform*, 2019, Audible Original podcast.

6 This is described in more detail in Julian Barnes, Megan Barnett, Christopher Schmitt and Marianne Lavelle, 'Investigative Report: How a Titan Came Undone', *U.S. News and World Report*, 18 March 2002; Bethany McLean and Peter Elkins, 2003, *The Smartest Guys in the Room: The Amazing Rise and Scandalous Fall of Enron*, Viking, 2003; Malcolm Salter, *Innovation Corrupted: The Origins and Legacy of Enron's Collapse*, Harvard University Press, 2008.

7 This is described in more detail in Bethany McLean and Peter Elkins, *The Smartest Guys in the Room*; Malcolm Salter, *Innovation Corrupted.*

8 See, for example: Ed Michaels, Helen Handfield-Jones and Beth Axelrod, *The War for Talent*, Harvard Business Review Press, 2001.

9 See, for example, 'Annual Report', Enron, 2000; Paul Healy and Krishna Palepu, 'The Fall of Enron', *Journal of Economic Perspectives*, 2003, vol. 17, no. 2, pp. 3–26.

10 Brian O'Reilly, 'Once a Dull-As-Methane Utility, Enron Has Grown Rich Making Markets Where Markets Were Never Made Before', *Fortune*, 17 April 2000.

11 This is explained in more detail in Malcolm Salter, *Innovation Corrupted.*

12 Author interview with Catherine Mallyon on 26 August 2014.
13 See, for example, Lawrence Mishel and Jori Kandra, 'CEO Pay Has Skyrocketed 1,322% Since 1978', Economic Policy Institute, 10 August 2021.
14 See, for example, Maggie Fitzgerald, '2019 Had the Most CEO Departures on Record with More than 1,600', CNBC, 8 January 2020; '2021 CEO Turnover Report', Challenger, Gray & Christmas, Inc., 2022.
15 See, for example, Tyler Cowen, 'Why CEOs Actually Deserve Their Gazillion- Dollar Salaries', *Time*, 11 April 2019.
16 This is explained in more detail in 'The Best-Performing CEOs in the World 2019', *Harvard Business Review*, November–December 2019.
17 See, for example, Chuck Lucier, Eric Spiegle and Rob Schuyt, 'Why CEOs Fall: The Causes and Consequences of Turnover at the Top,' *Strategy + Business*, 15 July 2002; 'CEO Turnover Report', Challenger, Gray and Christmas Inc., 2017; 'CEO Success Study', Strategy&, PwC, 2018; Dan Marcec, 'CEO Tenure Rates', Harvard Law School Forum on Corporate Governance, 12 February 2018.
18 This is described in more detail in Graham Henry, *Final Word*; Gregor Paul, *The Reign of King Henry*; David Long, 'Cardiff 2007: The All Blacks' Loss to France Through the Eyes of the Media', *Stuff*, 16 October 2015; Richie McCaw, *The Real McCaw*.
19 See, for example, Gregor Paul, 'The Contentious Decision That Led to Unprecedented All Blacks Success', *New Zealand Herald*, 26 April 2019.
20 See, for example, 'All Blacks: The Most Experienced Rugby World Cup Squad', *New Zealand Herald*, 1 September 2015.
21 See, for example, John Mahon and Romana Danysh, *Infantry, Part I: Regular Army*, Army Lineage Series, Office of the Chief of Military History United States Army, 1972; Rod Powers, 2019, 'How the US Army Is Organized,' Liveabout.com, 26 April 2019; the 'Rank Progression' section of the British Army website: www.army.mod.uk
22 See, for example, Dr Paul Thompson's biography on the Royal College of Art website: www.rca.ac.uk
23 Author interview with Paul Thompson on 5 January 2017.
24 Author interview with Zowie Broach on 3 July 2015.
25 Author interview on 21 January 2019.

習慣4　ギャップを作らない

1 This is described in more detail in Dan Carter, *The Autobiography of an All Blacks Legend*, Headline, 2015; Tony Johnson and Lynn McConnell, *Behind the Silver Fern: The All Blacks in Their Own Words*, Polaris, 2016; Kieran Read, *Straight 8: The Autobiography*, Headline, 2019.
2 See for example, 'CEO Turnover Report', Challenger, Gray & Christmas, 2017; 'CEO Success Study', Strategy&; Dan Marcec, 'CEO Tenure Rates'; 'CEO Succession Practices in the Russell 3000 and S&P 500: 2021 Edition', The Conference Board, 2021.
3 This is described in more detail in Jim White, *Manchester United: The Biography*, Sphere, 2008.
4 This is described in more detail in Alex Ferguson, *My Autobiography*, Hodder & Stoughton, 2013.
5 I completed this analysis myself using the football squad information on transfermarkt.com and wikipedia.com.
6 This is described in more detail in, for example, Mr X, 'Has David Moyes Made a Mistake with His Coaching Team at Manchester United?', *Bleacher Report*, 5 July 2013; Daniel Taylor, 'David Moyes Ignored Manchester United Staff 's Advice, Says Meulensteen', *Guardian*, 24 April 2014.
7 This is based on my own analysis.
8 Author interview with Jonnie Noakes on 13

May 2016.

9 This is based on my own analysis of the collective experience within the Centennials at any point in time.

10 See, for example, Anders Ericsson, Ralf Krampe and Clemens Tesch- Römer, 'The Role of Deliberate Practice in the Acquisition of Expert Performance,' *Psychological Review*, 1993, vol. 100, no. 3, pp. 363–406; Anders Ericsson, Michael Prietula and Edward Cokely, 'The Making of an Expert', *Harvard Business Review*, July–August 2007, pp. 7–8; Anders Ericsson and Robert Pool, *Peak: How All of Us Can Achieve Extraordinary Things*, Vintage Books, 2016.

11 See, for example, Pam Hruska, Kent Hecker, Sylvain Coderre, Kevin McLaughlin, Filomeno Cortese, Christopher Doig, Tanya Beran, Bruce Wright and Olav Krigolson, 'Hemispheric Activation Differences in Novice and Expert Clinicians During Clinical Decision Making', *Advances in Health Sciences Education*, 2010, vol. 21, no. 5, pp. 921–33.

12 See, for example, Martin Hill Ortiz, 'New York Times Bestsellers: Ages of Authors', *It's Harder Not To* blog, May 2015; 'Nobel Laureates by Age', Nobel Prize, 2021; Pierre Azoulay, Benjamin Jones, Daniel Kim and Javier Miranda, 'Age and High-Growth Entrepreneurship', *American Economic Review: Insights*, 2020, vol. 2, no. 1, pp. 65–82; Statista, 'Average Age at Hire of CEOs and CFOs in the United States from 2005 to 2018', Statista, 2019.

13 This is described in more detail in Pie Hobu, Henk Schmidt, Henny Boshuizen and Vimla Patel, 'Contextual Factors in the Activation of First Diagnostic Hypotheses: Expert–Novice Differences', *Medical Education*, 1987, vol. 21, no. 6, pp. 471–6.

14 See, for example, Marie-France Pochna, *Christian Dior: The Man Who Made the World Look New*, Arcade Publishing, 1994; Statista, 'Most Valuable French Brands 2020', Statista, 2021.

15 See, for example, 'CEO Turnover Report', Challenger, Gray and Christmas, 2017; 'CEO Success Study', Strategy&; Dan Marcec, 'CEO Tenure Rates'; 'CEO Succession Practices in the Russell 3000 and S&P 500', The Conference Board.

16 Author interview on 4 May 2018.

17 See for example, 'CEO Turnover Report', Challenger, Gray and Christmas, 2017; 'CEO Success Study', Strategy&; Dan Marcec, 'CEO Tenure Rates'; 'CEO Succession Practices in the Russell 3000 and S&P 500', The Conference Board.

習慣5　人前で演じる

1 As described in Katherine Phillips, Katie Liljenquist and Margaret Neale, 'Is the Pain Worth the Gain? The Advantages and Liabilities of Agreeing with Socially Distinct Newcomers', *Personality and Social Psychology Bulletin*, 2009, vol. 35, no. 3, pp. 336–50.

2 Phillips, Liljenquist and Neale, 'Is the Pain Worth the Gain?'.

3 Phillips, Liljenquist and Neale, 'Is the Pain Worth the Gain?'.

4 Phillips, Liljenquist and Neale, 'Is the Pain Worth the Gain?'.

5 See, for example, Robert Lount and Katherine Phillips, 'Working Harder with the Out-Group: The Impact of Social Category Diversity on Motivation Gains', *Organizational Behavior and Human Decision Processes*, 2007, vol. 103, no. 2, pp. 214–24; Katherine Phillips and Evan Apfelbaum, 'Delusions of Homogeneity? Reinterpreting the Effects of Group Diversity', in *Looking Back, Moving Forward: A Review of Group and Team-Based Research*, ed. Margaret Neale and Elizabeth Mannix, Emerald Publishing, 2012; Denise Lewin Loyd, Cynthia Wang, Katherine Phillips and Robert Lount, 'Social Category Diversity Promotes Premeeting Elaboration: The Role of Relationship Focus', *Organization*

Science, 2013, vol. 24, no. 3, pp. 757–72; Hong Bui, Vinh Sum Chau, Marta Degl'Innocenti, Ludovica Leone and Francesca Vicentini, 'The Resilient Organisation: A Metaanalysis of the Effect of Communication on Team Diversity and Team Performance', *Applied Psychology*, 2019, vol. 68, no. 4, pp. 621–57.

6 Bui, Chau, Degl'Innocenti, Leone and Vicentini, 'The Resilient Organisation'.

7 Samuel Sommers, 'On Racial Diversity and Group Decision Making: Identifying Multiple Effects of Racial Composition on Jury Deliberations', *Journal of Personality and Social Psychology*, 2006, vol. 90, no. 4, pp. 597–612.

8 Charles Bond and Linda Titus, 'Social Facilitation: A Meta-analysis of 241 Studies,' *Psychological Bulletin*, 1983, vol. 94, no. 2, pp. 265–92.

9 See, for example, Mihaly Csikszentmihalyi, *Flow: The Psychology of Optimal Experience*, Ingram International, 2002; Jeanne Nakamura and Mihaly Csikszentmihalyi, 'The Concept of Flow', in *The Oxford Handbook of Positive Psychology*, ed. Rick Snyder and Shane Lopez, Oxford University Press, 2002.

10 Kristin Elwood, Danah Henriksen and Punya Mishra, 'Finding Meaning in Flow: A Conversation with Susan K. Perry on Writing Creatively', *Tech- Trends*, 2017, vol. 61, no. 1, pp. 212–17.

11 Melissa Warr, Danah Henriksen and Punya Mishra, 'Creativity and Flow in Surgery, Music, and Cooking: An Interview with Neuroscientist Charles Limb', *Tech Trends*, 2018, vol. 62, no. 42, pp. 137–42.

12 'Final Report of the Investigation into the Accident with the Collision of KLM Flight 4805, Boeing 747-206B, PH-BUF and Pan American Flight 1736, Boeing 747–121, N736PA at Tenerife Airport, Spain on 27 March 1977', Netherlands Aviation Safety Board, 1978.

13 As described in 'Final Report of the Investigation into the Accident with the Collision of. . . ', Netherlands Aviation Safety Board; 'Joint Report: Project Tenerife', KLM and PAA, 1978.

14 'Final Report of the Investigation into the Accident with the Collision of...', Netherlands Aviation Safety Board.

15 'Resource Management on the Flight Deck: Proceedings of a Nasa/Industry Workshop Held at San Francisco, California June 26–28, 1979', Nasa Conference Publication, 1980.

16 'Resource Management on the Flight Deck', Nasa Conference Publication.

17 As described in Rex Hardy, *Callback: NASA's Aviation Safety Reporting System*, Smithsonian Institution, 1990; 'Resource Management on the Flight Deck', Nasa Conference Publication.

18 'Resource Management on the Flight Deck', Nasa Conference Publication.

19 See, for example, 'Report on the Workshop on Aviation Safety/Automation Program', Nasa Conference Publication, 1980; 'Pilot Judgement in TCA-Related Flight Planning', Nasa, 1989; 'General Aviation Weather Encounters', Nasa, 2007.

20 'Fatal Accidents Per Year: 1946–2019', Aviation Safety Network, 2020.

21 Henry Beecher and Donald Todd, 'A Study of the Deaths Associated with Anesthesia and Surgery: Based on a Study of 599,548 Anesthesias in Ten Institutions 1948–1952, Inclusive', *Annals of Surgery*, 1954, vol. 140, no. 1, pp. 2–34.

22 Henry Beecher and Donald Todd, 'A Study of the Deaths Associated with Anesthesia and Surgery'.

23 See, for example, B.S. Clifton and W. Hotten, 'Deaths Associated with Anesthesia', *British Journal of Anaesthesia*, 1963, vol. 35, no. 4, pp. 250–9; O.C. Phillips and L.S. Capizzi, 'Anesthesia Mortality', *Clinical Anesthesia*, 1974, vol. 10, no. 3, pp. 220–44.

24 Jeffrey Cooper, Ronald Newbower, Charlene Long and Bucknam McPeek, 'Preventable Anesthesia Mishaps: A Study of Human Factors', *Anesthesiology*, 1978, vol. 49, pp. 399–406.

25 Cooper, Newbower, Long and McPeek,

'Preventable Anesthesia Mishaps'.

26 Frederick Cheney, 'The American Society of Anesthesiologists Closed Claims Project', *Anesthesiology*, 1999, vol. 91, pp. 552–6.

27 Frederick Cheney, 'The American Society of Anesthesiologists Closed Claims Project'.

28 Joy Steadman, Blas Catalani, Christopher Sharp and Lebron Cooper, 'Lifethreatening Perioperative Anesthetic Complications: Major Issues Surrounding Perioperative Morbidity and Mortality', *Trauma Surgery Acute Care Open*, 2017, vol. 2, no. 1, article 113.

29 Bernie Liban, 'Innovations, Inventions and Dr Archie Brain', *Anaesthesia*, 2012, vol. 67, no. 12, pp. 1309–13.

30 Alan Aitkenhead and M. Irwin, 'Deaths Associated with Anaesthesia – 65 Years On', *Anaesthesia*, 2021, vol. 76, no. 2, pp. 277–80.

31 Guohua Li, Margaret Warner, Barbara Lang, Lin Huang and Lena Sun, 'Epidemiology of Anesthesia-Related Mortality in the United States, 1999–2005', *Anesthesiology*, 2009, vol. 110, no. 4, pp. 759–65.

32 Ann Bonner and Gerda Tolhurst, 'Insider–Outsider Perspectives of Participant Observation', *Nurse Researcher*, 2002, vol. 9, no. 4, pp. 7–19.

33 Robert Sapolsky, 'Why Your Brain Hates Other People', *Nautilus*, 16 June 2017.

34 See, for example, Lasana Harris and Susan Fiske, 'Dehumanizing the Lowest of the Low: Neuroimaging Responses to Extreme Out-Groups', *Psychological Science*, 2006, vol. 17, no. 10, pp. 847–53; Adam Chekroud, Jim Everett, Holly Bridge and Miles Hewstone, 'A Review of Neuroimaging Studies of Race-Related Prejudice: Does Amygdala Response Reflect Threat?', *Frontiers in Human Neuroscience*, 2014, vol. 8, article 179.

35 Robert Sapolsky, 'Why Your Brain Hates Other People'.

36 Robert Sapolsky, 'Why Your Brain Hates Other People'.

37 See, for example, Henri Tajfel, 'Experiments in Intergroup Discrimination', *Scientific American*, 1970, vol. 223, no. 5, pp. 96–103; Henri Tajfel, 'Social Psychology of Intergroup Relations', *Annual Review of Psychology*, 1982, vol. 33, pp. 1–39; Feng Sheng and Shihui Han, 'Manipulations of Cognitive Strategies and Intergroup Relationships Reduce the Racial Bias in Empathic Neural Responses', *Neuroimage*, 2012, vol. 61, no. 4, pp. 786–97.

38 Laura Babbitt and Samuel Sommers, 'Framing Matters: Contextual Influences on Interracial Interaction Outcomes', *Personality and Social Psychology Bulletin*, 2011, vol. 37, no. 9, pp. 1233–44.

39 Robert Sapolsky, 'Why Your Brain Hates Other People'.

40 See, for example, Bonner and Tolhurst, 'Insider–Outsider Perspectives of Participant Observation'.

41 Harry Wolcott, *Ethnography: A Way of Seeing*, AltaMira Press, 2008.

42 See, for example, 'Policy and Guidance for Examiners and Others Involved in University Examinations', University of Oxford, 2018; Barbara Whitaker, 'Yes, There Is a Job That Pays You to Shop', *New York Times*, 13 March 2005; 'Visualizing Apple Product Release Patterns', InfoNewt, 8 September 2021.

43 See, for example, a review of the Land Rover Experience on the Trip Advisor website: www.tripadvisor.co.uk; the Harley-Davidson factory tour on www.harley-davidson.com; the Toyota tour on www.toyotauk.com; and Southwest Airlines stores on its blog at https://community.southwest.com

44 Author interview on 10 September 2020.

45 Evan Hoopfer, 'Social Media LUV: How Southwest Airlines Connects with Customers Online', *Dallas Business Journal*, 3 March 2019.

46 Richie McCaw, *The Real McCaw*, p. 122.

47 Author interview with Felicity Aylieff on 7 December 2015.

48 Author interview with Peter Keen on 20 November 2012.

49 *All or Nothing: New Zealand All Blacks*, Amazon Prime, 2018.

50 Alan Light, *The Holy or the Broken*, Atria, 2012.

51 Guy Garvey, *The Fourth, the Fifth, the Minor*

Fall, BBC Radio 2, 13 June 2009.
52 Alan Light, *The Holy or the Broken*.
53 Alan Light, *The Holy or the Broken*.
54 Alan Light, *The Holy or the Broken*.
55 Jack Whatley, 'Without John Cale, Leonard Cohen's "Hallelujah" Would've Been Forgotten', *Far Out*, 9 March 2020.
56 Alan Light, *The Holy or the Broken*.
57 Alan Light, *The Holy or the Broken*.
58 Alan Light, *The Holy or the Broken*.
59 Alan Light, *The Holy or the Broken*.
60 Wes Phillips, 'Jeff Buckley: Amazing Grace,' Schwann Spectrum, Spring 1995.
61 Alan Light, *The Holy or the Broken*.
62 Daphne Brooks, *Grace*, Bloomsbury, 2005.
63 'The 10 Most Perfect Songs Ever,' *Q*, 30 August 2007.

習慣6　多くを与え、多くを得る

1 See, for example, John Carreyrou, *Bad Blood: Secrets and Lies in a Silicon Valley Startup*, Picador, 2018; Peter Cohan, '4 Startling Insights into Elizabeth Holmes from Psychiatrist Who's Known Her Since Childhood', *Forbes*, 17 February 2019.
2 The level of venture capital investment, and number of deals made, from 1995 to 2019, are shown in 'MoneyTree', PwC, 2020.
3 This is described in more detail in John Carreyrou, *Bad Blood*; Norah O'Donnell, 'The Theranos Deception: How a Company with a Bloodtesting Machine That Could Never Perform as Touted Went from Billion- Dollar Baby to Complete Bust', *60 Minutes*, 4 January 2018.
4 Elizabeth Holmes, 'TEDMED: Healthcare the Leading Cause of Bankruptcy', TEDMED, 2014.
5 See, for example, Mariella Moon, 'Walgreens to Offer Affordable and Needle-Free Blood Tests in More Stores', Engadget, 18 November 2014; Roger Parloff, 'A Singular Board at Theranos', *Fortune*, 12 June 2014.
6 Ludmila Leiva, 'Here Are the Theranos Investors Who Lost Millions', Yahoo! Finance, 5 March 2019.
7 See, for example, 'Forbes Announces Its 33rd Annual Forbes 400 Ranking of the Richest Americans', *Forbes*, 29 September 2014.
8 This is described in more detail in John Carreyrou, *Bad Blood*; Norah O'Donnell, 'The Theranos Deception'.
9 John Carreyrou, 'Hot Startup Theranos Has Struggled with Its Blood-Test Technology; Silicon Valley Lab, Led by Elizabeth Holmes, Is Valued at $9 Billion but Isn't Using Its Technology for All the Tests It Offers', *Wall Street Journal*, 16 October 2015.
10 Christopher Weaver, John Carreyrou and Michael Siconolfi, 'Theranos Is Subject of Criminal Probe by US', *Wall Street Journal*, 18 April 2016; Sheelah Kolhatkar and Caroline Chen, 'Theranos Under Investigation by SEC, US Attorney's Office', *Bloomberg Business*, 18 April 2016.
11 See, for example, John Carreyrou, 'U.S. Files Criminal Charges Against Theranos's Elizabeth Holmes, Ramesh Balwani', *Wall Street Journal*, 15 June 2018; 'US vs Elizabeth Holmes, et al.', United States Attorney's Office, 2020.
12 This is described in more detail in John Carreyrou, *Bad Blood*.
13 It is estimated that typically, more than a million fans watch each All Blacks game, either in person or on TV, as described in 'Annual Report', New Zealand Rugby, 2019.
14 See, for example, John McCrystal, *The Originals*; Richie McCaw, *The Real McCaw*; Dan Carter, *The Autobiography of an All Blacks Legend*; Peter Bills, *The Jersey*; Kieran Read, *Straight 8*.
15 These datasets can be downloaded for free from the Nasa Open Data Portal at https://data.nasa.gov
16 'Edelman Trust Barometer 2020', Edelman, 2020.

17 See for example, Naomi Oreskes, *Why Trust Science?*, Princeton University Press, 2019; Cary Funk, Alec Tyson, Brian Kennedy and Courtney Johnson, 'Science and Scientists Held in High Esteem Across Global Publics', Pew Research Center, 29 September 2020.

18 Rebecca Johannsen and Paul Zak, 'The Neuroscience of Organisational Trust and Business Performance: Findings from United States Working Adults and an Intervention at an Online Retailer', *Frontiers in Psychology*, 11 January 2021.

19 See, for example, Paul Zak and Stephen Knack, 'Trust and Growth', *Economic Journal*, 2001, vol. 111, no. 470, pp. 295–321; Joel Slemrod and Peter Katuščák, 'Do Trust and Trustworthiness Pay Off?', *Journal of Human Resources*, 2005, vol. 40, no. 3, pp. 621–46; Paul Zak, *Trust Factor: The Science of Creating High-Performance Companies*, Amacom, 2018.

20 See, for example, Michael Kosfeld, Marcus Heinrichs, Paul Zak, Urs Fischbacher and Ernst Fehr, 'Oxytocin Increases Trust in Humans', *Nature*, 2005, vol. 435, pp. 673–76; Paul Zak, Robert Kurzban and William Matzner, 'Oxytocin Is Associated with Human Trustworthiness', *Hormones and Behavior*, 2005, vol. 48, no. 5, pp. 522–7; Paul Zak, Angela Stanton and Sheila Ahmadi, 'Oxytocin Increases Generosity in Humans', *PLOS One*, 2007, vol. 2, no. 11, article 1128.

21 See, for example, Aleeca Bell, Elise Erickson and Sue Carter, 'Beyond Labor: The Role of Natural and Synthetic Oxytocin in the Transition to Motherhood', *Journal of Midwifery and Women's Health*, 2014, vol. 59, no. 1, pp. 35–42; James Rilling and Larry Young, 'The Biology of Mammalian Parenting and Its Effect on Offspring Social Development', *Science*, 2014, vol. 345, no. 6198, pp. 771–6; Francis McGlone and Susannah Walker, 'Four Health Benefits of Hugs – And Why They Feel So Good', *The Conversation*, 17 May 2021.

22 See, for example, Christina Grape, Maria Sandgren, Lars-Olof Hansson, Mats Ericson and Töres Theorell, 'Does Singing Promote Well-Being?: An Empirical Study of Professional and Amateur Singers During a Singing Lesson', *Integrative Psychological and Behavioral Science*, 2003, vol. 38, no. 1, pp. 65–74; Roman Wittig, Catherine Crockford, Tobias Deschner, Kevin Langergraber, Toni Ziegler and Klaus Zuberbühler, 'Food Sharing Is Linked to Urinary Oxytocin Levels and Bonding in Related and Unrelated Wild Chimpanzees', *Proceedings of the Royal Society B: Biological Sciences*, 2014, vol. 281, no. 1778, article 20133096; Alan Harvey, 'Links Between the Neurobiology of Oxytocin and Human Musicality', *Frontiers in Human Neuroscience*, 2020, vol. 14, article 350; Courtney King, Anny Gano and Howard Becker, 'The Role of Oxytocin in Alcohol and Drug Abuse', *Brain Research*, 2020, vol. 1736, article 146761.

23 See, for example, Philippe Richard, Françoise Moos and Marie-José Freund-Mercier, 'Central Effects of Oxytocin', *Physiological Reviews*, 1991, vol. 71, no. 2, pp. 331–70; Thomas Baumgartner, Markus Heinrichs, Aline Vonlanthen, Urs Fischbacher and Ernst Fehr, 'Oxytocin Shapes the Neural Circuitry of Trust and Trust Adaptation in Humans', *Neuron*, 2008, vol. 58, no. 4, pp. 639–50; Waguih IsHak, Maria Kahloon and Hala Fakhry, 'Oxytocin Role in Enhancing Well-Being: A Literature Review', *Journal of Affective Disorders*, 2011, vol. 130, no. 1–2, pp. 1–9; Liran Samuni, Anna Preis, Roger Mundry, Tobias Deschner, Catherine Crockford and Roman Wittig, 'Oxytocin Reactivity During Intergroup Conflict in Wild Chimpanzees', *PNAS*, 2017, vol. 114, no. 2, pp. 268–73; Guilherme Brockington, Ana Gomes Moreira, Maria Buso, Sérgio Gomes da Silva, Edgar Altszyler, Ronald Fischer and Jorge Moll, 'Storytelling Increases Oxytocin and Positive Emotions and Decreases Cortisol and Pain in Hospitalized Children', *PNAS*, 2021, vol. 118, no. 22, article 2018409118.

24 Author interview with Peter Keen on 20

November 2012.

25 See, for example: Matt Slater, 'Olympics Cycling: Marginal Gains Underpin Team GB Dominance', BBC Sport, 8 August 2012; 'Annual Report', British Cycling, 2019.

26 See, for example, Matt Lawton, 'British Cycling and UK Anti-Doping Face Questions Over Traces of Steroid in Prominent Rider's 2010 Test', *The Times*, 27 March 2021; 'List of Doping Cases in Cycling', Wikipedia.

27 A description of the programme can be found at 'Character Animation', School of Film/Video, CalArts.

28 See, for example, Jim Korkis, 'The Birth of Animation Training', Animation World Network, 23 September 2004; Sam Kashner, 'The Class That Roared', *Vanity Fair*, March 2014.

29 Peter Hartlaub, 'The Secret of Pixar's Magic Can Be Found at CalArts, Where Legendary Old-School Animators from Disney's Golden Era Passed on Their Knowledge – and Passion – to Younger Generations', SF Gate, 17 September 2003.

30 Peter Hartlaub, 'The Secret of Pixar's Magic Can Be Found at CalArts'.

31 Frank Thomas and Ollie Johnston, *Disney Animation: The Illusion of Life*, Abbeville Press, 1981.

32 Susan King, 'Walt Disney Animation Studios Turns 90 in Colorful Fashion', *Los Angeles Times*, 10 December 2013.

33 Sam Kashner, 'The Class That Roared'.

34 This is described in more detail in Leslie Iwerks, *The Pixar Story*, Buena Vista Pictures Distribution, 2007; David Price, 2009, *The Pixar Touch: The Making of a Company*, Alfred A. Knopf, 2008; Ed Catmull, *Creativity Inc.: Overcoming the Unseen Forces That Stand in the Way of True Inspiration*, Bantam Press, 2014.

35 This is described in more detail in Leslie Iwerks, *The Pixar Story*; David Price, *The Pixar Touch*; Ed Catmull, *Creativity Inc.*

36 These figures are taken from 'Toy Story (1995)', The Numbers.

37 Associated Press, 'Disney to Buy Pixar for $7.4 Billion', *New York Times*, 24 January 2006.

38 Author interview with Catherine Mallyon on 26 August 2014.

39 See, for example, Yael Lapidot, Ronit Kark and Boas Shamir, 'The Impact of Situational Vulnerability on the Development and Erosion of Followers' Trust in Their Leader', *Leadership Quarterly*, 2007, vol. 18, no. 1, pp. 16–34; Ann-Marie Nienaber, Marcel Hofeditz and Philipp Daniel Romeike, 'Vulnerability and Trust in Leader–Follower Relationships', *Personnel Review*, 2015, vol. 44, no. 4, pp. 567–91.

40 See, for example, Gene Kranz, *Failure Is Not an Option: Mission Control from Mercury to Apollo 13 and Beyond*, Simon & Schuster, 2000; Paul Sean Hill, *Mission Control Management: The Principles of High Performance and Perfect Decision-Making Learned from Leading at NASA*, Nicholas Brealey Publishing, 2018.

41 See, for example, Steve Peters, *The Chimp Paradox: The Mind Management Programme for Confidence, Success and Happiness*, Vermilion, 2011; Joe Friel, *The Cyclist's Training Bible: The World's Most Comprehensive Training Guide*, VeloPress, 2018; Alan Murchison, *The Cycling Chef: Recipes for Getting Lean and Fuelling the Machine*, Bloomsbury, 2021.

42 See, for example, Tomoki Kitawaki, 'The Synergy of EMG Waveform During Bicycle Pedaling Is Related to Elemental Force Vector Waveform', *Journal of Science and Cycling*, 2019, vol. 8, no. 2, pp. 3–4; Borja Martinez-Gonzalez, 'The Sleep of Professional Cyclists During a 5-Day UCI Europe Tour Road Cycling Race', *Journal of Science and Cycling*, 2019, vol. 8, no. 2, pp. 20–1; Masahiro Fukuda, 'Easy to Use Accurate Measuring System for Cycling Pedaling Motion Using a Small LED and a Smartphone', *Journal of Science and Cycling*, 2019, vol. 8, no. 2, pp. 59–60.

43 See, for example, John Massie and Martin Delatycki, 'Cystic Fibrosis Carrier Screening', *Paediatric Respiratory Reviews*, 2013, vol. 14, no. 4, pp. 270–5; Stuart Elborn, 'Cystic

Fibrosis', *Lancet*, 2016, vol. 388, no. 10059, pp. 2519–31.

44 See, for example, Warren Warwick, 'Cystic Fibrosis Sweat Test for Newborns', *JAMA*, 1966, vol. 198, no. 1, pp. 59–62; Warren Warwick and Leland Hansen, 'The Silver Electrode Method for Rapid Analysis of Sweat Chloride', *Pediatrics*, 1965, vol. 36, pp. 261–4; Leland Hansen, Mary Buechele, Joann Koroshec and Warren Warwick, 'Sweat Chloride Analysis by Chloride Ion-Specific Electrode Method Using Heat Stimulation', *American Journal of Clinical Pathology*, 1968, vol. 49, no. 6, pp. 834–41.

45 This is described in more detail in Preston Campbell, 'Warren Warwick: A Pioneer in CF Care and Research', Cystic Fibrosis Foundation, 19 February 2016; 'Research – What the CF?', Cystic Fibrosis Trust.

46 This is described in more detail in 'CF Basic Research Centers', Cystic Fibrosis Foundation.

47 See, for example, 'Patient Registry Annual Data Report', Cystic Fibrosis Foundation, 2019.

48 See, for example, Michael Boyle, Kathryn Sabadosa, Hebe Quinton, Bruce Marshall and Michael Schechter, 'Key Findings of the US Cystic Fibrosis Foundation's Clinical Practice Benchmarking Project', *BMJ Quality and Safety*, 2014, vol. 23, no. S1, pp. i15– i22; Bruce Marshall and Eugene Nelson, 'Accelerating Implementation of Biomedical Research Advances: Critical Elements of a Successful 10 Year Cystic Fibrosis Foundation Healthcare Delivery Improvement Initiative', *BMJ Quality and Safety*, 2014, vol. 23, no. S1, pp. i95–i103; Bruce Marshall, 'Survival Trending Upward but What Does This Really Mean?', Cystic Fibrosis Foundation, 16 November 2017.

49 This is explained in more detail in Bruce Fallick, Charles Fleischman and James Rebitzer, 'Job-Hopping in Silicon Valley: Some Evidence Concerning the Microfoundations of a High-Technology Cluster', *Review of Economics and Statistics*, 2006, vol. 88, no. 3, pp. 472–81; Eric Taub, 'US High Tech Said to Slip', *New York Times*, 25 June 2008.

50 See, for example, 'Explosive Growth', Britannica; 'Silicon Valley Employment Trends Through 2016', Silicon Valley Institute for Regional Studies, 2017; George Avalos, 'Silicon Valley Job Market Bounces Back Strongly, Inflation Soars: Report', *Mercury News*, 15 February 2022.

51 This is explained in more detail in Conner Forrest, 'How Buck's of Woodside Became the "Cheers" of Silicon Valley', TechRepublic, 4 July 2014; Jamis MacNiven, *Breakfast at Buck's: Tales from the Pancake Guy*, Liverwurst Press, 2004; Adam Fisher, *Valley of Genius: The Uncensored History of Silicon Valley*, Twelve, 2018.

52 This is explained in more detail in Michael Lewis, *The New New Thing: A Silicon Valley Story*, Coronet, 2000; Adam Fisher, *Valley of Genius*.

53 See, for example, John Sandelin, 'Co-Evolution of Stanford University & the Silicon Valley: 1950 to Today', presentation, 2004; Jeff Chu, 'Stanford University's Unique Economic Engine', *Fast Company*, 1 October 2010.

54 See, for example, Melanie Warner, 'Inside the Silicon Valley Money Machine', *Fortune*, 26 October 1998; Bruce Schulman, *Making the American Century: Essays on the Political Culture of Twentieth Century America*, Oxford University Press, 2014; Tom Nicholas, *VC: An American History*, Harvard University Press, 2020.

55 As described in more detail in Michael Hiltzik, *Dealers of Lightning: Xerox PARC and the Dawn of the Computer Age*, HarperBusiness, 1999; Tom Nicholas, *VC: An American History*.

56 Michael Malone, *The Big Score: The Billion Dollar Story of Silicon Valley*, Doubleday, 1985.

57 See, for example, Mohamed Atalla, Emmanuel Tannenbaum and E. Scheibner, 'Stabilization of Silicon Surfaces by Thermally Grown

Oxides', *Bell System Technical Journal*, 1959, vol. 38, no. 3, pp. 749–83; Marcian Hoff, Stanley Mazor and Federico Faggin, 'Memory System for a Multi-Chip Digital Computer', *IEEE Solid-State Circuits Magazine*, 1974, vol. 1, no. 1, pp. 46–54; Thomas Wadlow, 'The Xerox Alto Computer', *BYTE*, September 1981, pp. 58–68; John Markoff, 'Searching for Silicon Valley', *New York Times*, 16 April 2009.

58 'Top 30 US Companies in the S&P 500 Index', Disfold, 2021.

59 This is described in more detail in Adam Fisher, *Valley of Genius*; Michael Malone, 'The Twitter Revolution: The Brains Behind the Web's Hottest Networking Tool', *Wall Street Journal*, 18 April 2009.

60 Adam Fisher, *Valley of Genius*.

習慣7　風通しが良いこと

1 Dylan Jones, *David Bowie: A Life*, Windmill Books, 2017.

2 See, for example, 'The 500 Greatest Albums of All Time', *NME*, 25 October 2013; Joe Lynch, 'David Bowie Influenced More Musical Genres than Any Other Rock Star', *Billboard*, 14 January 2016; Nolan Feeney, 'Four Ways David Bowie Influenced Musicians Today', *Time*, 11 January 2016; Robin Reiser, 'One Year Gone, David Bowie Is Still the Most Influential Musician Ever', *Observer*, 10 January 2017; '500 Greatest Albums of All Time', *Rolling Stone*, 22 September 2020; Rob Sheffield, 'Thanks, Starman: Why David Bowie Was the Greatest Rock Star Ever', *Rolling Stone*, 11 January 2016.

3 BBC Radio 2, *David Bowie's "Heroes" 40th Anniversary*, 2017.

4 BBC Radio 2, *David Bowie's "Heroes" 40th Anniversary*.

5 BBC Radio 2, *David Bowie's "Heroes" 40th Anniversary*.

6 You can buy a set of these cards from Brian Eno's website: https://enoshop. co.uk

7 BBC Radio 2, *David Bowie's "Heroes" 40th Anniversary*.

8 Dylan Jones, *David Bowie: A Life*.

9 Jon Fingas, 'RIM: A Brief History from Budgie to BlackBerry 10', Engadget, 28 January 2013.

10 As shown in Research in Motion's annual reports from 2001 to 2007.

11 Juliette Garside, 'BlackBerry: How Business Went Sour', *Guardian*, 13 August 2013.

12 'App-Centric iPhone Model Is Overrated: RIM CEO', *Independent*, 17 November 2010; Jay Yarow, 'All the Dumb Things RIM's CEOs Said While Apple and Android Ate Their Lunch', *Business Insider*, 16 September 2011.

13 Jacquie McNish and Sean Silcoff, *Losing the Signal: The Untold Story Behind the Extraordinary Rise and Spectacular Fall of BlackBerry*, Flatiron Books, 2015.

14 This is described in more detail in Jacquie McNish and Sean Silcoff, *Losing the Signal*; and the story of Monitor Group's eventual demise is described in Steve Denning, 'What Killed Michael Porter's Monitor Group? The One Force That Really Matters', *Forbes*, 20 November 2012.

15 Brian Chen, 'Apple Registers Trademark for: There's an App for That', *Wired*, 11 October 2010; Jonathan Geller, 'Open Letter to BlackBerry Bosses: Senior RIM Exec Tells All as Company Crumbles Around Him', BGR, 30 January 2011; Xavier Lanier, 'Developers Face Challenges Gearing Up for Playbook', GottaBe Mobile, 27 February 2011.

16 David Crow, 'BlackBerry Hangs Up on Handset Business', *Financial Times*, 28 September 2016; Lisa Eadicicco, 'The Company Keeping BlackBerry Phones Alive Will Stop Selling Them Later This Year, Marking the Final Nail in the Coffin for the Once-Dominant Phone Brand', *Business Insider*, 4 February 2020.

17 Caroline Valetkevitch, 'Key Dates and Milestones in the S&P 500's History'.

18 Scott Anthony, Patrick Viguerie and Andrew Waldeck, 'Corporate Longevity: Turbulence Ahead for Large Organisations', Innosight, spring 2016.

19 See, for example, 'Strategic Readiness and Transformation Survey: Are Business Leaders Caught in a Confidence Bubble?', Innosight, June 2017; Mark Bertolini, David Duncan and Andrew Waldeck, 'Knowing When to Reinvent: Detecting Marketplace "Fault Lines" Is the Key to Build the Case for Preemptive Change', *Harvard Business Review*, December 2015, pp. 90–101; Anthony, Viguerie, Schwartz and Van Landeghem, '2018 Corporate Longevity Forecast'.

20 'Strategic Readiness and Transformation Survey: Are Business Leaders Caught in a Confidence Bubble?', Innosight.

21 See, for example, Thucydides, *History of the Peloponnesian War*, Guild Publishing, 1990; Dante Alighieri, 'Divine Comedy', Foligno, 11 April 1472; Francis Bacon, *Novum Organum*, 1620; Arthur Schopenhauer, *Die Welt als Wille und Vorstellung*, Routledge, 1844; Leo Tolstoy, *What Is Art?*, Macmillan, 1897; Peter Wason, 'On the Failure to Eliminate Hypotheses in a Conceptual Task', *Quarterly Journal of Experimental Psychology*, 1960, vol. 12, no. 3, pp. 129–40; Peter Wason, 'Reasoning About a Rule', *Quarterly Journal of Experimental Psychology*, 1968, vol. 20, no. 3, pp. 273–81; Peter Wason and Diana Shapiro, 'Natural and Contrived Experience in a Reasoning Problem', *Quarterly Journal of Experimental Psychology*, 1971, vol. 23, no. 1, pp. 63–71.

22 See, for example, William Hart, Dolores Albarracín, Alice Eagly, Inge Brechan, Matthew Lindberg and Lisa Merrill, 'Feeling Validated Versus Being Correct: A Meta-analysis of Selective Exposure to Information', *Psychological Bulletin*, 2009, vol. 135, no. 4, pp. 555–88; Glinda Cooper and Vanessa Meterko, 'Cognitive Bias Research in Forensic Science: A Systematic Review', *Forensic Science International*, 2019, vol. 297, pp. 35–46; Kajornvut Ounjai, Shunsuke Kobayashi, Muneyoshi Takahashi, Tetsuya Matsuda and Johan Lauwereyns, 'Active Confirmation Bias in the Evaluative Processing of Food Images', *Scientific Reports*, 2018, vol. 8, article 16864.

23 See, for example, 'Dick Cheney's Suite Demands', Smoking Gun, 22 March 2006; Jason Wiles, 'The Missing Link: Scientist Discovers That Evolution Is Missing from Arkansas Classrooms', *Arkansas Times*, 24 March 2006.

24 This is described in more detail in Joyce Ehrlinger, Wilson Readinger and Bora Kim, 'Decision-Making and Cognitive Biases', in *Encyclopaedia of Mental Health*, ed. Howard Friedman, Academic Press, 2016; Uwe Peters, 'What Is the Function of Confirmation Bias?', *Erkenntnis*, 2022, vol. 87, no. 3, pp. 1351–76.

25 Author interview with Peter Keen on 20 November 2012.

26 Chris Boardman, *Triumphs and Turbulence: My Autobiography*, Ebury Press, 2016.

27 Author interview with Timothy Jones on 3 February 2014.

28 The changes made are described in more detail in Graham Henry, *Final Word*; Peter Bills, *The Jersey*.

29 Dan Carter, *The Autobiography of an All Blacks Legend*.

30 Johnson and McConnell, *Behind the Silver Fern*.

31 Richie McCaw, *The Real McCaw*.

32 Richie McCaw, *The Real McCaw*.

33 See, for example, 'Football: Barca Coach Likes What He Sees with All Blacks', *New Zealand Herald*, 1 February 2016; Gregor Paul, 'Rugby: All Blacks Learn from Marines', *New Zealand Herald*, 26 May 2017; Ben Smith, 'How an NBA GM Inspired the All Blacks Lethal Counter Attack', Rugby- Pass, 30 August 2018; 'All Blacks Try Life in Fast Lane at McLaren's F1 Garage', *Stuff*, 8 November 2018.

34 See 'List of New Zealand National Rugby Union Players', Wikipedia; and '2015 Rugby World Cup Final', Wikipedia, to see how New

Zealand moved experienced and inexperienced players in and out of a match.

35 See, for example, James Laylin, *Nobel Laureates in Chemistry: 1901–1992*, American Chemical Society / Chemical Heritage Foundation, 1993; Robert Root-Bernstein, Maurine Bernstein and Helen Garnier, 'Correlations Between Avocations, Scientific Style, Work Habits, and Professional Impact of Scientists', *Creativity Research Journal*, 1995, vol. 8, no. 2, pp. 115–37; Robert Root-Bernstein and Maurine Bernstein, 'Artistic Scientists and Scientific Artists: The Link Between Polymathy and Creativity', in *Creativity: From Potential to Realization*, ed. Robert Sternberg, E. Grigorenko and J. Singer, Ringgold, 2004; Albert Rothenberg, 'Family Background and Genius II: Nobel Laureates in Science', *Canadian Journal of Psychiatry*, 2005, vol. 50, no. 14, pp. 918–25; Robert Root-Bernstein, 'Arts and Crafts as Adjuncts to STEM Education to Foster Creativity in Gifted and Talented Students', *Asia Pacific Education Review*, 2015, vol. 16, no. 2, pp. 203–12.

36 Michael Bond, 'Clever Fools: Why a High IQ Doesn't Mean You're Smart', *New Scientist*, 28 October 2009; New Scientist, *The Brain: Everything You Need to Know*, John Murray, 2018.

37 See, for example, Lewis Terman, *Mental and Physical Traits of a Thousand Gifted Children: Genetic Studies of Genius, Volume 1*, Stanford University Press, 1925; Reva Jenkins-Friedman, 'Myth: Cosmetic Use of Multiple Selection Criteria!', *Gifted Child Quarterly*, 1982, vol. 26, no. 1, pp. 24–6; Carole Holahan and Robert Sears, *The Gifted Group in Later Maturity*, Stanford University Press, 1995; Daniel Goleman, '75 Years Later, Study Still Tracking Geniuses', *New York Times*, 7 March 1995.

38 Robert Root-Bernstein, 'Arts Foster Scientific Success: Avocations of Nobel, National Academy, Royal Society, and Sigma Xi Members', *Journal of Psychology of Science and Technology*, 2008, vol. 1, no. 2, pp. 51–63.

39 See, for example, Bernard Schlessinger and June Schlessinger, *The Who's Who of Nobel Prize Winners, 1901–1990*, Oryx Press, 1991; Paul Feltovich, Rand Spiro and Richard Coulson, 'Issues of Expert Flexibility in Contexts Characterized by Complexity and Change', in *Expertise in Context: Human and Machine*, ed. Paul Feltovich, Kenneth Ford and Robert Hoffman, American Association for Artificial Intelligence, 1997; Fernand Gobet, *Understanding Expertise: A Multi-disciplinary Approach*, Red Globe Press, 2016.

40 This is described in more detail in their profiles at www.nobelprize.org

41 Sheldon Richmond, '*The Aesthetic Dimension of Science: The Sixteenth Nobel Conference* ed. by Dean W. Curtin (review)', *Leonardo*, 1984, vol. 17, no. 2, p. 129.

42 Dorothy Hodgkin and Guy Dodson, *The Collected Works of Dorothy Crowfoot Hodgkin*, Interline, 1994.

43 Santiago Ramón y Cajal, *Precepts and Counsels on Scientific Investigation: Stimulants of the Spirit*, Pacific Press, 1951.

44 Robert Root-Bernstein, Maurine Bernstein and Helen Garnier, 'Identification of Scientists Making Long-Term, High-Impact Contributions, with Notes on Their Methods of Working', *Creativity Research Journal*, 1993, vol. 6, no. 4, pp. 329–43.

45 See, for example, Tim Harford, 'A Powerful Way to Unleash Your Natural Creativity', TED Talk, 2018; Kep Kee Loh and Stephen Wee Hun Lim, 'Positive Associations Between Media Multitasking and Creativity', *Computers in Human Behavior Reports*, 2020, vol. 1, article 100015.

46 See, for example, David Archibald, *Charles Darwin: A Reference Guide to His Life and Works*, Rowman and Littlefield, 2018; Eva Amsen, 'Leonardo da Vinci's Scientific Studies, 500 Years Later', *Forbes*, 2 May 2019.

47 Root-Bernstein, Bernstein and Gernier, 'Correlations Between Avocations, Scientific Style, Work Habits, and Professional Impact of Scientists'.

48 See, for example, Will Dahlgreen, 'Why Are

Nobel Prize Winners Getting Older?', BBC, 7 October 2016; 'List of Nobel Laureates by University Affiliation', Wikipedia.

習慣8　幅広い専門知識を集める

1 See, for example, *Astronaut Fact Book*, Nasa, 2013; 'Astronaut Selection Timeline', Nasa, 23 September 2021.
2 'Human Exploration of Mars Design Reference Architecture 5.0', Nasa, July 2009.
3 See 'Building a Winning Team for Missions to Mars', opening speech at the American Association for the Advancement of Science Annual Meeting, 2019, which is on YouTube.
4 This is explained in more detail in 'Critical Team Composition Issues for Long-Distance and Long-Duration Space Exploration: A Literature Review, an Operational Assessment, and Recommendations for Practice and Research', Nasa, 1 February 2015; 'Training "The Right Stuff": An Assessment of Team Training Needs for Long-Duration Spaceflight Crews', Nasa Johnson Space Center Technical Manuscript 2015-218589, 2015.
5 Adam Hadhazy, 'How NASA Selected the 2013 Class of Astronauts: What Is "The Right Stuff" for a Trip to Mars?', *Popular Science*, 31 January 2013.
6 Biographies of the current Nasa astronauts are at www.nasa.gov
7 Adam Hadhazy, 'How NASA Selected the 2013 Class of Astronauts'.
8 See, for example, Kelly Slack, Al Holland and Walter Sipes, 'Selecting Astronauts: The Role of Psychologists', presentation at the 122nd Annual Convention of the American Psychological Association, 8 August 2014; 'An Astronaut's Guide to Applying to Be an Astronaut', Nasa, 2 March 2020.
9 See, for example, Henry Dethloff, *Suddenly, Tomorrow Came: The NASA History of the Johnson Space Center*, Dover Publications, 2012; J.D. Barrett, A.W. Holland and W.B. Vessey, 'Identifying the "Right Stuff": An Exploration- Focused Astronaut Job Analysis', Annual Conference of the Society for Industrial and Organizational Psychology, 2015; Lauren Blackwell Landon, Kelly Slack and Jamie Barrett, 'Teamwork and Collaboration in Long-Duration Space Missions: Going to Extremes', *American Psychologist*, 2018, vol. 73, no. 4, pp. 563–75.
10 See, for example, the Conference Board annual CEO surveys over the last fifty years at https://conference-board.org; and PwC annual CEO surveys over the last twenty years at www.ceosurvey.pwc
11 See, for example, Peter Cappelli, 'Your Approach to Hiring Is All Wrong: Outsourcing and Algorithms Won't Get You the People You Need', *Harvard Business Review*, May–June 2019, pp. 49–58; 'Employee Tenure in 2018', US Bureau of Labor Statistics, 2018; 'Companies with the Most and Least Loyal Employees', PayScale.
12 Shane McFeely and Ben Wigert, 'This Fixable Problem Costs U.S. Businesses $1 Trillion', Gallup, 13 March 2019.
13 See, for example, Fay Hansen, 'What Is the Cost of Employee Turnover?', *Compensation and Benefits Review*, 1997, vol. 29, no. 5, pp. 17–18; Matthew O'Connell and Mei-Chuan Kung, 'The Cost of Employee Turnover', *Industrial Management*, 2007, vol. 49, no. 1, pp. 14–19.
14 See, for example, Elizabeth Chambers, Mark Foulon, Helen Handfield- Jones, Steven Hankin and Edward Michaels, 'The War for Talent', *McKinsey Quarterly*, 1998, no. 3, pp. 44–57; 'This Year in Employee Engagement', Jiordan Castle, 2016; Jim Clifton, 'The World's Broken Workplace', Gallup, 13 June 2017; Scott Keller and Mary Meaney, 'Attracting and Retaining the Right Talent', McKinsey and Company, 24 November 2017.
15 See, for example, 'Recruiting and Selection Procedures: Personnel Policies Forum Survey

No. 146', Bureau of National Affairs, May 1988; Robert Dipboye, *Selection Interviews: Process Perspectives*, South-Western, 1992; Laura Graves and Ronald Karren, 'The Employee Selection Interview: A Fresh Look at an Old Problem', *Human Resource Management*, 1996, vol. 35, no. 2, pp. 163–80; Frank Schmidt, 'The Role of General Cognitive Ability and Job Performance: Why There Cannot Be a Debate', *Human Performance*, 2002, vol. 15, no. 1–2, pp. 187–210.

16 See, for example, 'Recruiting and Selection Procedures', Bureau of National Affairs.

17 See, for example, Akhil Amar, 'Lottery Voting: A Thought Experiment', *University of Chicago Legal Forum*, 1995, vol. 1995, no. 1, pp. 193–204; Frank Schmidt and John Hunter, 'The Validity and Utility of Selection Methods in Personnel Psychology: Practical and Theoretical Implications of 85 Years of Research Findings', *Psychological Bulletin*, 1998, vol. 124, no. 2, pp. 262–74; Frank Schmidt, 'The Role of General Cognitive Ability and Job Performance'; Alia Wong, 'Lotteries May Be the Fairest Way to Fix Elite-College Admissions', *Atlantic*, 1 August 2018.

18 Andrew Jebb, Louis Tay, Ed Diener and Shigehiro Oishi, 'Happiness, Income Satiation and Turning Points Around the World', *Nature Human Behaviour*, 2018, vol. 2, pp. 33–8.

19 See, for example, Ryan Howell and Colleen Howell, 'The Relation of Economic Status to Subjective Well-Being in Developing Countries: A Meta-analysis', *Psychological Bulletin*, 2008, vol. 134, no. 4, pp. 536–60; Timothy Judge, Ronald Piccolo, Nathan Podsakoff, John Shaw and Bruce Rich, 'The Relationship Between Pay and Job Satisfaction: A Meta-analysis of the Literature', *Journal of Vocational Behavior*, 2010, vol. 77, no. 2, pp. 157–67; Lori Goler, Janelle Gale, Brynn Harrington and Adam Grant, 'Why People Really Quit Their Jobs', *Harvard Business Review*, 11 January 2018; Peakon, 'The 9-Month Warning: Understanding Why People Quit – Before It's Too Late', Heartbeat, 2019.

20 'Usual Weekly Earnings of Wage and Salary Workers', US Bureau of Labor Statistics, 19 July 2020; Lawrence Mishel and Jessica Schieder, 'CEO Compensation Surged in 2017', Economic Policy Institute, 16 August 2018.

21 Frank Schmidt and John Hunter, 'The Validity and Utility of Selection Methods in Personnel Psychology'.

22 See, for example, Peter Bills, *The Jersey*; Robert van Royen, 'Black Fern Kendra Cocksedge the First Woman to Win NZ Rugby's Top Player Award', *Stuff*, 14 December 2018; Thomas Airey, 'Eight Samoans in All Blacks World Cup Squad', *Samoa Observer*, 28 August 2019.

23 See, for example, Mark Brown, 'RSC to Reflect Diversity of Britain with Summer 2019 Season', *Guardian*, 10 September 2018; 'Diversity Data Report', Royal Shakespeare Company, 2019.

24 This is described in more detail in Graham Henry, *Final Word*; Adam Hadazy, 'How NASA Selected the 2013 Class of Astronauts'.

25 See, for example, 'Pret A Manger Staff Help Choose the New Recruits', *Personnel Today*, 23 April 2002; Peter Moore, 'Pret A Manger – Behind the Scenes at the "Happy Factory"', *Guardian*, 14 April 2015; Jody Hoffer Gittell, *The Southwest Airlines Way: Using the Power of Relationships to Achieve High Performance*, McGraw Hill, 2003; Julie Weber, 'How Southwest Airlines Hires Such Dedicated People', *Harvard Business Review*, 2 December 2015; Julian Richer, *The Richer Way: How to Get the Best out of People*, Random House Business, 2020.

26 This is explained in more detail in Laszlo Bock, *Work Rules! Insights from Inside Google That Will Transform How You Live and Lead*, John Murray, 2015.

27 See 'Annual Equality Report 2019', Royal College of Art.

28 This is explained in more detail in Andrew Hodges, *Alan Turing: The Enigma*, Vintage, 2014.

29 The full interview with Joan Joslin can be found at https://bletchleypark. org.uk; the tests and recruitment processes used are described in more detail in Sinclair McKay, *Bletchley Park Brainteasers: Over 100 Puzzles, Riddles and Enigmas Inspired by the Greatest Minds of World War II*, Headline, 2017.

30 Gordon Welchman, *The Hut Six Story: Breaking the Enigma Codes*, M. & M. Baldwin, 1982.

31 Sinclair McKay, *Bletchley Park Brainteasers.*

32 Christopher Smith, *The Hidden History of Bletchley Park: A Social and Organisational History, 1939–1945*, Palgrave Macmillan, 2015; a full list of everyone who worked at Bletchley Park can be found at https:// bletch leypark.org.uk/roll-of-honour

33 See, for example, Tom Chivers, 'Could You Have Been a Codebreaker at Bletchley?', *Daily Telegraph*, 10 October 2014.

34 Sinclair McKay, *Bletchley Park Brainteasers.*

35 Harry Hinsley and Alan Stripp, *Codebreakers: The Inside Story of Bletchley Park*, Oxford University Press, 1993.

36 Sinclair McKay, *Bletchley Park Brainteasers.*

37 Hinsley and Stripp, *Codebreakers.*

38 Ralph Erskine and Michael Smith, *The Bletchley Park Codebreakers: How Ultra Shortened the War and Led to the Birth of the Computer*, Biteback, 2011.

39 See, for example, 'College Strategic Plan 2016–21', Royal College of Art; 'Societies Programme', Eton College.

40 Eton's last one was John Gurdon in 1951.

41 A number of books have later been written by some of the people who've worked with them. See, for example, Dr Charles Pellerin, *How NASA Builds Teams: Mission Critical Soft Skills for Scientists, Engineers, and Project Teams*, Wiley, 2009; Dr Steve Peters, *The Chimp Paradox*; Dr Ceri Evans, *Perform Under Pressure: Change the Way You Feel, Think and Act Under Pressure*, Thorsons, 2019.

42 See, for example, 'Building a Winning Team for Missions to Mars'; 'The Problems of Flying to Mars', *The Economist*, 23 February 2019; Rhys Blakely, 'Class Clowns Find Their Calling on Eight-Month Journey to Mars', *The Times*, 16 February 2019.

43 See, for example, Philip Norman, *Shout! The True Story of the Beatles*, Pan, 2011; Khoi Tu, *Superteams: The Secrets of Stellar Performance of Seven Le - gendary Teams*, Portfolio Penguin, 2012.

44 See, for example, Hunaid Hasan and Tasneem Fatema Hasan, 'Laugh Yourself Into a Healthier Person: A Cross Cultural Analysis of the Effects of Varying Levels of Laughter on Health', *International Journal of Medical Sciences*, 2009, vol. 6, no. 4, pp. 200–11; Ramon Mora-Ripoll, 'Potential Health Benefits of Simulated Laugher: A Narrative Review of the Literature and Recommendations for Future Research', *Complementary Therapies in Medicine*, 2011, vol. 19, no. 3, pp. 170–7.

45 Michael Seth Starr, *Ringo: With a Little Help*, Backbeat, 2016.

46 Michael Seth Starr, *Ringo.*

47 Clive Thompson, 'If You Liked This, You're Sure to Love That', *New York Times*, 21 November 2008.

48 See, for example, James Bennett and Stan Lanning, 'The Netflix Prize', Proceedings of KDD Cup and Workshop, San Jose, 12 August 2007; Eliot Van Buskirk, 'How the Netflix Prize Was Won', *Wired*, 22 September 2009; Blake Hallinan and Ted Striphas, 2014, 'Recommended for You: The Netflix Prize and the Production of Algorithmic Culture,' *New Media and Society*, 2016, vol. 18, no. 1, pp. 117–37.

49 Clive Thompson, 'If You Liked This, You're Sure to Love That'; Dan Jackson, 'The Netflix Prize: How a $1 Million Contest Changed Binge-Watching Forever', Thrillist, 7 July 2017.

50 Eliot Van Buskirk, 'How the Netflix Prize Was Won'.

51 See, for example, James Surowiecki, *The*

Wisdom of Crowds: Why the Many Are Smarter than the Few, Abacus, 2005; Scott Page, *The Diversity Bonus: How Great Teams Pay Off in the Knowledge Economy*, Princeton University Press, 2017; David Shenk, *The Genius in All of Us: Why Everything You've Been Told About Genetics, Talent, and IQ Is Wrong*, Icon Books, 2010; Professor Tim Spector, *Identically Different: Why You Can Change Your Genes*, Weidenfeld & Nicolson, 2013.

52 Author interview with Paul Thompson on 18 November 2018, at Leaders in Sport, see: Alex Hill, 'Summit Session: Are You Radically Traditional?', Radically Traditional, 14 February 2019.

53 See, for example, Laszlo Bock, 'Here's Google's Secret to Hiring the Best People', *Wired*, 7 April 2015; Laszlo Bock, *Work Rules!*.

54 Jillian D'Onfro, 'The Unconventional Way Google Snagged a Team of Engineers Microsoft Desperately Wanted', *Business Insider India*, 6 April 2015; Rob Minto, 'The Genius Behind Google's Browser', *Financial Times*, 27 March 2009.

55 'Number of Full-Time Alphabet Employees from 2007 to 2021', Statista, 27 July 2011.

習慣9　拡大ではなく改善を目指す

1 Chris Boardman, *Triumphs and Turbulence*; Donald McRae, 'London 2012 Olympics: Peter Keen Ruthless in Pursuit of British Medals', *Guardian*, 27 July 2010.

2 Chris Boardman, *Triumphs and Turbulence*.

3 Chris Boardman, *Triumphs and Turbulence*.

4 'Annual Report', British Cycling, 2019; 'Great Britain Cycling Team Squad', British Cycling.

5 Matt Slater, 'Olympics Cycling: Marginal Gains Underpin Team GB Dominance'.

6 Angela Monaghan, 'Nokia: The Rise and Fall of a Mobile Phone Giant', *Guardian*, 3 September 2013; Jorma Ollila and Harri Saukkomaa, *Against All Odds: Leading Nokia from Near Catastrophe to Global Success*, Maven House, 2016.

7 Timo Vuori and Quy Huy, 'Distributed Attention and Shared Emotions in the Innovation Process: How Nokia Lost the Smartphone Battle', *Administrative Science Quarterly*, 2016, vol. 61, no. 1, pp. 9–51.

8 Vuori and Huy, 'Distributed Attention and Shared Emotions in the Innovation Process'.

9 Yves Doz and Keeley Wilson, *Ringtone: Exploring the Rise and Fall of Nokia in Mobile Phones*, Oxford University Press, 2017.

10 Juha-Antti Lamberg, Sandra Lubinaitė, Jari Ojala and Henrikki Tikkanen, 'The Curse of Agility: The Nokia Corporation and the Loss of Market Dominance in Mobile Phones, 2003–2013', *Business History*, 2021, vol. 63, no. 4, pp. 574–605.

11 Doz and Wilson, *Ringtone*.

12 These figures were calculated using Nokia's annual reports, and a full list of its products is at 'List of Nokia Products', Wikipedia.

13 See, for example, Juliette Garside and Charles Arthur, 'Microsoft Buys Nokia Handset Business for €5.4bn', *Guardian*, 3 September 2013; Alex Hern, 'Nokia Returns to the Phone Market as Microsoft Sells Brand', *Guardian*, 18 May 2016.

14 Author interview with Timothy Jones on 3 February 2014.

15 'Main Points of Longevity for Japanese Companies', Bank of Korea, 2008; Takashi Shimizu, 'The Longevity of the Japanese Big Businesses', *Annals of Business Administrative Science*, 2002, vol. 1, no. 3, pp. 39–46; Bryan Lufkin, 'Why So Many of the World's Oldest Companies Are in Japan', BBC, 12 February 2020.

16 Nasa has 155 facilities in total, which it has either inherited from the US Air Force, the US Army, or has built itself, 'NASA Facilities', Wikipedia.

17 This is described in more detail in Doz and Wilson, *Ringtone*.

18 Doz and Wilson, *Ringtone*.

19 Doz and Wilson, *Ringtone*.

20 Cyrus Ramezani, Luc Soenen and Alan Jung, 'Growth, Corporate Profitability, and Value Creation', *Financial Analysts Journal*, 2002, vol. 58, no. 6, pp. 56–67.
21 Ramezani, Soenen and Jung, 'Growth, Corporate Profitability, and Value Creation'; Leigh Buchanan, 'Life After the Inc. 500: Fortune, Flameout, and Self Discovery', *Inc.*, September 2012.
22 Max Marner, Bjoern Lasse Herrmann, Ertan Dogrultan and Ron Berman, 'The Startup Genome Report Extra on Premature Scaling: A Deep Dive Into Why Most High Growth Startups Fail', Startup Genome, 2012.
23 Marner, Herrmann, Dogrultan and Berman, 'The Startup Genome Report Extra on Premature Scaling'.
24 Marner, Herrmann, Dogrultan and Berman, 'The Startup Genome Report Extra on Premature Scaling'.
25 Marner, Herrmann, Dogrultan and Berman, 'The Startup Genome Report Extra on Premature Scaling'.
26 See, for example, Robin Dunbar, *Grooming, Gossip, and the Evolution of Language*, Faber & Faber, 1996; Hirotani Kudo and Robin Dunbar, 'Neocortex Size and Social Network Size in Primates', *Animal Behaviour*, 2001, vol. 62, no. 4, pp. 711–22; Robin Dunbar, 'Why Humans Aren't Just Great Apes', *Issues in Ethnology and Anthropology*, 2008, vol. 3, no. 3, pp. 15–33; Robin Dunbar, Pádraig Mac Carron and Susanne Shultz, 'Primate Social Group Sizes Exhibit a Regular Scaling Pattern with Natural Attractors', *Biology Letters*, 2018, vol. 14, no. 1, article 20170490; Robin Dunbar and Richard Sosis, 'Optimising Human Community Sizes', *Evolution and Human Behavior*, 2018, vol. 39, no. 1, pp. 106–11.
27 Robin Dunbar, 'Coevolution of Neocortical Size, Group Size and Language in Humans', *Behavioral and Brain Sciences*, 1993, vol. 16, no. 4, pp. 681–94.
28 This process is explained in more detail on www.hutterites.org; Gianmarco Alberti, 'Modeling Group Size and Scalar Stress by Logistic Regression from an Archaeological Perspective', *PLOS One*, 2014, vol. 9, no. 3, article 91510.
29 Robin Dunbar, *Grooming, Gossip, and the Evolution of Language*.
30 See, for example, Kudo and Dunbar, 'Neocortex Size and Social Network Size in Primates'; Catherine Markham and Laurence Gesquiere, 'Costs and Benefits of Group Living in Primates: An Energetic Perspective', *Philosophical Transactions of the Royal Society B: Biological Sciences*, 2017, vol. 372, no. 1727, article 20160239 ; Ethan Pride, 'Optimal Group Size and Seasonal Stress in Ring-Tailed Lemurs (*Lemur catta*)', *Behavioral Ecology*, 2005, vol. 16, no. 3, pp. 550–60; Katja Rudolph, Claudia Fichtel, Dominic Schneider, Michael Heistermann, Flavia Koch and Rolf Daniel, 'One Size Fits All? Relationships Among Group Size, Health, and Ecology Indicate a Lack of an Optimal Group Size in a Wild Lemur Population', *Behavioral Ecology and Sociobiology*, 2019, vol. 73, article 132.
31 See, for example, 'The Future of Jobs: Employment, Skills and Workforce Strategy for the Fourth Industrial Revolution', World Economic Forum, January 2016; Gary Hamel and Michele Zanini, 'The $3 Trillion Prize for Busting Bureaucracy (and How to Claim It)', Humanistic Management Network, 2016, Research Paper Series, no. 28/16; Gary Hamel and Michele Zanini, 'The End of Bureaucracy: How a Chinese Appliance Maker Is Reinventing Management for the Digital Age', *Harvard Business Review*, November–December 2018, pp. 50–9.
32 David Hounshell and John Kenly-Smith, *Science and Corporate Strategy: DuPont R and D, 1902–1980*, Cambridge University Press, 1988.
33 A more detailed description of Gore's journey is given in 'Culture Press Kit', Gore.
34 Douglas McGregor, *The Human Side of Enterprise*, McGraw Hill, 1960.
35 Alan Deutschman, 'The Fabric of Creativity: At W.L. Gore, Innovation Is More than Skin

Deep: The Culture Is as Imaginative as the Products', *Fast Company*, 4 January 2004.

36 Gary Hamel, 'W.L. Gore: Lessons from a Management Revolutionary', *Wall Street Journal*, 18 March 2010; Gary Hamel, 'W.L. Gore: Lessons from a Management Revolutionary, Part 2', *Wall Street Journal*, 2 April 2010.

37 Gary Hamel, 'W.L. Gore: Lessons from a Management Revolutionary'; Gary Hamel, 'W.L. Gore: Lessons from a Management Revolutionary, Part 2'.

38 Gary Hamel, 'W.L. Gore: Lessons from a Management Revolutionary'.

39 Gary Hamel, 'W.L. Gore: Lessons from a Management Revolutionary'; Gary Hamel, 'W.L. Gore: Lessons from a Management Revolutionary, Part 2'.

40 Simon Caulkin, 'Gore-Tex Gets Made Without Managers', *Guardian*, 2 November 2008.

41 Gary Hamel, 'W.L. Gore: Lessons from a Management Revolutionary'; Gary Hamel, 'W.L. Gore: Lessons from a Management Revolutionary, Part 2'.

42 'America's Largest Private Companies', *Forbes*.

43 'Best Workplaces for Innovators,' *Fast Company*, 2021.

44 See, for example, 'Annual Report and Consolidated Financial Statements', Eton College, 2020; 'Annual Report', Royal Academy of Music, 2020; 'Annual Accounts', Royal College of Art, 2020.

45 See, for example, Matt Trueman, 'RSC's Matilda: The Musical a Hit on Broadway', *Guardian*, 12 April 2013; 'Spinoff 2022', Nasa, 2022; 'NASA Spinoff Technologies', Wikipedia.

46 'List of Fatal Accidents and Incidents Involving Commercial Aircraft in the United States', Wikipedia.

47 'Resource Management on the Flight Deck', Nasa Conference Publication.

48 See, for example, Robert Helmreich and John Wilhelm, 'Outcomes of Crew Resource Management Training', *International Journal of Aviation Psychology*, 1991, vol. 1, no. 4, pp. 287–300; Paul O'Connor, Justin Campbell, Jennifer Newon, John Melton, Eduardo Salas and Katherine Wilson, 'Crew Resource Management Training Effectiveness: A Meta-analysis and Some Critical Needs', *International Journal of Aviation Psychology*, 2008, vol. 18, no. 4, pp. 353–68.

49 Graham Henry, *Final Word*; Thomas Johnson, Andrew Martin, Farah Palmer, Geoffrey Watson and Phil Ramsey, 'Collective Leadership: A Case Study of the All Blacks', *Asia-Pacific Management and Business Application*, 2012, vol. 1, no. 1, pp. 53–67.

50 See, for example, Maria Krysan, Kristin Moore and Nicholas Zill, 'Identifying Successful Families: An Overview of Constructs and Selected Measures', US Department of Health and Human Services, 9 May 1990.

51 See, for example, Jane Jacobs, *The Death and Life of Great American Cities*, Random House, 1961; Hildebrand Frey, *Designing the City: Towards a More Sustainable Urban Form*, E. & F.N. Spon, 1999; Brian Edwards, *The European Perimeter Block: The Scottish Experience of Courtyard Housing*, Taylor & Francis, 2004; Barrie Shelton, *Learning from the Japanese City: Looking East in Urban Design*, Routledge, 2012.

52 'Why Eton Is So Special', *Country Life*, 20 September 2007.

53 See, for example, Gregor Timlin and Nic Rysenbry, 'Design for Dementia', Royal College of Art, 2010; 'Redesigning the Emergency Ambulance: Improving Mobile Emergency Healthcare', Helen Hamlyn Centre for Design, Royal College of Art, 2011

習慣10　すべてを見通す

1 Robert May, 'How Many Species Are There on Earth?' *Science*, 1988, vol. 241, no. 4872, pp. 1441–9; Leslie Hannah, 'Marshall's Trees and the Global Forest: Were Giant Redwoods Different?', LSE Research Online Documents on Economics 20363, 1997.

2 Howard McCurdy, *Inside NASA: High Technology and Organizational Change in the U.S. Space Program*, Johns Hopkins University Press, 1993.

3 Howard McCurdy, *Inside NASA*.

4 'NASA Pocket Statistics: 1990 Edition', Nasa, 1990.

5 Howard McCurdy, *Inside NASA*.

6 Howard McCurdy, *Inside NASA*.

7 Andrew Dunar and Stephen Waring, *Power to Explore: A History of the Marshall Space Flight Center*, CreateSpace, 1999.

8 Edward Tufte, *Visual Explanations: Images and Quantities, Evidence and Narrative*, Graphics Press, 1997; Joseph Hall, '*Columbia* and *Challenger*: Organizational Failure at NASA', *Space Policy*, 2016, vol. 37, part 3, pp. 127–33.

9 Joseph Hall, 'Columbia and Challenger'.

10 Diane Vaughan, *The Challenger Launch Decision: Risky Technology, Culture, and Deviance at NASA*, University of Chicago Press, 1996.

11 'Report to the President by the Presidential Commission on the Space Shuttle Challenger Accident', Nasa, 6 June 1986.

12 Howard McCurdy, *Faster, Better, Cheaper: Low-Cost Innovation in the U.S. Space Program*, Johns Hopkins University Press, 2001; Ariana Eunjung Cha, 'At NASA, Concerns on Contractors', *Washington Post*, 17 February 2003.

13 Julianne Mahler, *Organizational Learning at NASA: The Challenger and Columbia Accidents*, Georgetown University Press, 2009.

14 Julianne Mahler, *Organizational Learning at NASA*.

15 'Culture Change at NASA', Wayne Hale's Blog, 22 January 2010.

16 Stephen Johnson, 'Success, Failure, and NASA Culture', *ASK*, 1 September 2008; Behavioral Safety Technology, 'Interim Assessment of the NASA Culture Change Effort', Nasa, 16 February 2005.

17 Keith Darce, 'Ground Control: NASA Attempts a Cultural Shift', *Seattle Times*, 24 April 2005.

18 Dunar and Waring, *Power to Explore*.

19 Anna Haislip, 'Failure Leads to Success', *Colorado Daily*, 21 February 2007.

20 The work done by the Standish Group can be seen at www.standishgroup. com; Jorge Dominguez, 'The Curious Case of the CHAOS Report 2009', July 2009, Project Smart.

21 Peter Bills, *The Jersey*.

22 See, for example, Shane Lopez and Michelle Louis, 'The Principles of Strengths-Based Education', *Journal of College and Character*, 2009, vol. 10, no. 4; Janis Birkeland, 'Positive Development and Assessment', *Smart and Sustainable Built Environment*, 2014, vol. 3, no. 1, pp. 4–22; Mette Jacobsgaard and Irene Norlund, 'The Impact of Appreciative Inquiry on International Development', *AI Practitioner*, 2001, vol. 13, no. 3, pp.4–8.

23 Geoffrey Murray, *Vietnam Dawn of a New Market*, Palgrave Macmillan, 1997; Spencer Tucker, *The Encyclopedia of the Vietnam War: A Political, Social, and Military History*, ABC-CLIO, 1998.

24 Richard Pascale, Jerry Sternin and Monique Sternin, *The Power of Positive Deviance: How Unlikely Innovators Solve the World's Toughest Problems*, Harvard Business Review, 2010.

25 Marian Zeitlin, Hossein Ghassemi and Mohamed Mansour, *Positive Deviance in Child Nutrition: With Emphasis on Psychological and Behavioural Aspects and Implications for Development*, United Nations University Press, 1990.

26 Pascale, Sternin and Sternin, *The Power of Positive Deviance.*
27 Dennis Sparks, 'From Hunger Aid to School Reform: An Interview with Jerry Sternin', *Journal of Staff Development*, 2004, vol. 25, no. 1, pp. 46–51.
28 Olga Wollinka, Erin Keeley, Barton Burkhalter and Naheed Bashir, 'Hearth Nutrition Model: Applications in Haiti, Vietnam and Bangladesh', published for the US Agency for International Development and World Relief Corporation by the Basic Support for Institutionalizing Child Survival (BASICS) Project, 1997; Monique Sternin, Jerry Sternin and David Marsh, 'Designing a Community-Based Nutrition Program Using the Hearth Model and the Positive Deviance Approach – A Field Guide', Save the Children, 1998; Monique Sternin, Jerry Sternin and David Marsh, *Scaling Up Poverty Alleviation and Nutrition Program in Vietnam*, Routledge, 1999.
29 Sternin, Sternin and Marsh, 'Designing a Community-Based Nutrition Program'.
30 Richard Pascale and Jerry Sternin, 'Your Company's Secret Change Agents', *Harvard Business Review*, May 2005, pp. 72–81.
31 Pascale, Sternin and Sternin, *The Power of Positive Deviance.*
32 Pascale, Sternin and Sternin, *The Power of Positive Deviance.*
33 Dennis Sparks, 'From Hunger Aid to School Reform'.
34 Monique Sternin, Jerry Sternin and David Marsh, 'Rapid, Sustained Childhood Malnutrition Alleviation Through a Positive Deviance Approach in Rural Vietnam: Preliminary Findings', in 'Hearth Nutrition Model', ed. Wollinka, Keeley, Burkhalter and Bashir, 1997; Agnes Mackintosh, David Marsh and Dirk Schroeder, 'Sustained Positive Deviant Child Care Practices and Their Effects on Child Growth in Vietnam', *Food and Nutrition Bulletin*, 2002, vol. 23, no. 4, pp. 16–25.
35 Dennis Sparks, 'From Hunger Aid to School Reform'.
36 Daniel Kahneman and Amos Tversky, 'Choices, Values, and Frames', *American Psychologist*, 1984, vol. 39, no. 4, pp. 341–50; Irwin Levin, Sandra Schneider and Gary Gaeth, 'All Frames Are Not Created Equal: A Typology and Critical Analysis of Framing Effects', *Organizational Behavior and Human Decision Processes*, 1998, vol. 76, no. 2, pp. 149–88; Nathan Novemsky and Daniel Kahneman, 'The Boundaries of Loss Aversion', *Journal of Marketing Research*, 2005, vol. 42, no. 2, pp. 119–28; Eldad Yechiam and Guy Hochman, 'Losses as Modulators of Attention: Review and Analysis of the Unique Effects of Losses Over Gains', *Psychological Bulletin*, 2013, vol. 139, no. 2, pp. 497–518.
37 Marcel Detienne and Jean-Pierre Vernant, *Cunning Intelligence in Greek Culture and Society*, University of Chicago Press, 1991; James Scott, *Seeing Like a State: How Certain Schemes to Improve the Human Condition Have Failed,* Yale University Press, 1998; Cheryl De Ciantis, 'Gods and Myths in the Information Age', *Agir*, 2005, no. 20–21, pp. 179–86.
38 Peter Frisk, 'Marginal Gains: Alcohol on Bike Tyres, and Electrically Heated Shorts', peterfrisk.com, 20 March 2019.
39 Peter Lovatt, 'Dance Psychology: The Science of Dance and Dancers', Dr Dance Presents: Norfolk, 2018; Marily Oppezzo and Daniel Schwartz, 'Give Your Ideas Some Legs: The Positive Effect of Walking on Creative Thinking', *Journal of Experimental Psychology: Learning, Memory, and Cognition*, 2014, vol. 40, no. 4, pp. 1142–52.
40 Nicholas Kohn, Paul Paulus and YunHee Choi, 'Building on the Ideas of Others: An Examination of the Idea Combination Process', *Journal of Experimental Social Psychology*, 2011, vol. 47, no. 3, pp. 554–61; Runa Korde and Paul Paulus, 'Alternating Individual and Group Idea Generation: Finding the Elusive Synergy', *Journal of Experimental Social Psychology*, 2017, vol. 70, pp. 177–90; Simone Ritter and Nel Mostert,

'How to Facilitate a Brainstorming Session: The Effect of Idea Generation Techniques and of Group Brainstorm After Individual Brainstorm', *Creative Industries Journal*, 2018, vol. 11, no. 3, pp. 263–77.

41 Author interview with Clive Grinyer on 27 March 2019.

42 Sara Kraemer, Pascale Carayon and Ruth Duggan, 'Red Team Performance for Improved Computer Security', *Proceedings of the Human Factors and Ergonomics Society Annual Meeting*, 2004, vol. 48, no. 14, pp. 1605–9; *Red Teaming Handbook*, 3rd Edition, UK Ministry of Defence, 2021.

43 Colin Powell, *My American Journey*, Ballantine Books, 1995; Oren Harari, 'Quotations from Chairman Powell: A Leadership Primer', *Management Review*, 1996, vol. 85, no. 12, pp. 34–7.

44 Daniel Kahneman, *Thinking Fast and Slow*, Penguin, 2011.

45 Adrian Furnham and Hua Chu Boo, 'A Literature Review of the Anchoring Effect', *Journal of Socio-Economics*, 2011, vol. 40, no. 1, pp. 35–42.

46 See, for example, Nicholas Epley and Thomas Gilovich, 'Putting Adjustment Back in the Anchoring and Adjustment Heuristic: Differential Processing of Self-Generated and Experimenter-Provided Anchors', *Psychological Science*, 2001, vol. 12, no. 5, pp. 391–6; Adam Galinsky and Thomas Mussweiler, 'First Offers as Anchors: The Role of Perspective-Taking and Negotiator Focus', *Journal of Personality and Social Psychology*, 2001, vol. 81, no. 4, pp. 657–69.

47 Andrew Gelman and Deborah Nolan, *Teaching Statistics: A Bag of Tricks*, 2nd Edition, Oxford University Press, 2017.

48 Jerry Markham, *A Financial History of the United States*, M.E. Sharpe, 2002; Claudio Feser, *Serial Innovators: Firms That Change the World*, Wiley, 2011; Gavin Braithwaite-Smith, 'The Cost of a Car in the Year You Were Born', Motoring Research, 13 May 2020.

49 Robert McNamara, *In Retrospect: The Tragedy and Lessons of Vietnam*, Vintage, 1996; Keir Martin, 'Robert McNamara and the Limits of "Bean Counting"', *Anthropology Today*, 2010, vol. 26, no. 3, pp. 16–19.

50 Colin Powell, *My American Journey*; Ralph White, 'Misperception of Aggression in Vietnam', *Journal of International Affairs*, 1967, vol. 21, no. 1, pp. 123–40; 'NLF and PAVN Battle Tactics', Wikipedia.

51 Andrew Natsios, 'The Clash of the Counter-Bureaucracy and Development', Center for Global Development, 1 July 2010.

52 Colin Powell, *My American Journey*.

53 'Vietnam War U.S. Military Fatal Casualty Statistics', US National Ar - chives, 2019; Douglas Dacy, *Foreign Aid, War and Economic Development: South Vietnam 1955–1975*, Cambridge University Press, 1986.

54 Amos Tversky and Daniel Kahneman, 'Belief in the Law of Small Numbers', *Psychological Bulletin*, 1971, vol. 76, no. 2, pp. 105–10; Richard Nisbett and Eugene Borgida, 'Attribution and the Psychology of Prediction', *Journal of Personality and Social Psychology*, 1975, vol. 32, no. 5, pp. 932–43; Gelman and Nolan, *Teaching Statistics: A Bag of Tricks*; Howard Wainer and Harris Zwerling, 'Evidence That Smaller Schools Do Not Improve Student Achievement', *Phi Delta Kappan*, 2006, vol. 88, no. 4, pp. 300–3.

55 Such as 'Sample Size Calculator', Calculator.net

56 Jack Hopkins, 'The Eradication of Smallpox: Organizational Learning and Innovation in International Health Administration', *Journal of Developing Areas*, 1988, vol. 22, no. 3, pp. 321–32.

57 Jack Hopkins, 'The Eradication of Smallpox'; Donald Henderson, 'How Smallpox Showed the Way', *World Health*, December 1989, pp. 19–21.

58 Molecular Interventions, 'Interview with D.A. Henderson: Acting Globally, Thinking Locally', *Molecular Interventions*, 2003, vol. 3, no. 5, pp. 242–7.

59 Donald Henderson and Petra Klepac, 'Lessons

from the Eradication of Smallpox: An Interview with D.A. Henderson', *Philosophical Transactions of the Royal Society B: Biological Sciences*, 2013, vol. 368, mo. 1623, article 20130113.

60 Robert Coram, *Boyd: The Fighter Pilot Who Changed the Art of War*, Back Bay, 2004; Tim Brown, *Change by Design: How Design Thinking Transforms Organizations and Inspires Innovation*, Harper Business, 2009.

習慣11　偶然の出会いのための時間を用意する

1 Mikel Harry and Richard Schroeder, *Six Sigma: The Breakthrough Management Strategy Revolutionizing the World's Top Companies*, Bantam, 2000.

2 Bill Smith, 'Making War on Defects', *IEEE Spectrum*, 1993, vol. 30, no. 9, pp. 43–50.

3 Peter Pande, Robert Neuman and Roland Cavanagh, *The Six Sigma Way: How GE, Motorola and Other Top Companies Are Honing Their Performance*, McGraw Hill, 2000.

4 Pande, Neuman and Cavanagh, *The Six Sigma Way*.

5 Associated Press, 'Motorola Suspends Dividend Amid $3.6 Billion Loss', *New York Times*, 3 February 2009.

6 Michael Raynor and Mumtaz Ahmed, *The Three Rules: How Exceptional Companies Think*, Penguin, 2013; Michael Raynor and Mumtaz Ahmed, 'Three Rules for Making a Company Truly Great', *Harvard Business Review*, April 2013.

7 Raynor and Ahmed, 'Three Rules for Making a Company Truly Great'.

8 Raynor and Ahmed, 'Three Rules for Making a Company Truly Great'.

9 Stated in General Electric's annual report, 2001.

10 Raynor and Ahmed, *The Three Rules*.

11 'Innovation and Growth: Rationale for an Innovation Strategy', OECD, 2007; this view is supported by other research such as: Nathan Rosenberg, 'Innovation and Economic Growth', OECD, 27 September 2004; Rana Maradana, Rudra Pradhan, Saurav Dash, Kunal Gaurav, Manu Jayakumar and Debaleena Chatterjee, 'Does Innovation Promote Economic Growth? Evidence from European Countries', *Journal of Innovation and Entrepreneurship*, 2017, vol. 6, article 1; James Broughel and Adam Thierer, 'Technological Innovation and Economic Growth: A Brief Report on the Evidence', Mercatus Research Center, George Mason University, 2019.

12 'Innovation and Growth', OECD.

13 Robert Slater, *Jack Welch and the GE Way: Management Insights and Leadership Secrets of the Legendary CEO*, McGraw Hill Education, 1998.

14 Brian Hindo, 'At 3M, a Struggle Between Efficiency and Creativity', Bloomberg, 11 June 2007.

15 Dennis Carey, Brian Dumaine, Michael Useem and Rodney Zemmel, *Go Long: Why Long-Term Thinking Is Your Best Short-Term Strategy*, Wharton School Press, 2018.

16 Carey, Dumaine, Useem and Zemmel, *Go Long*.

17 Brian Hindo, 'At 3M, a Struggle Between Efficiency and Creativity'.

18 '3M Shelves Six Sigma in R&D', *Design News*, 10 December 2007.

19 Brian Hindo, 'At 3M, a Struggle Between Efficiency and Creativity'.

20 David Gelles, Natalie Kitroeff, Jack Nicas and Rebecca Ruiz, 'Boeing Was "Go, Go, Go" to Beat Airbus with the 737 Max', *New York Times*, 23 March 2019.

21 Gelles, Kitroeff, Nicas and Ruiz, 2019, 'Boeing Was "Go, Go, Go" to Beat Airbus'.

22 'Final Committee Report: The Design, Development and Certification of the Boeing 737 Max', The House Committee on Transportation and Infrastructure, September 2020.

23 Dominic Gates and Mike Baker, 'Engineers Say Boeing Pushed to Limit Safety Testing in Race to Certify Planes, Including 737 MAX',

Seattle Times, 5 May 2019; 'Boeing's Troubles Cost the Aerospace Industry $4bn a Quarter', *The Economist*, 22 August 2019.

24 Raynor and Ahmed, *The Three Rules*; Raynor and Ahmed, 'Three Rules for Making a Company Truly Great'.

25 As shown in their annual reports.

26 Yasuhiro Monden, *Toyota Management System: Linking the Seven Key Functional Areas*, Routledge, 2019.

27 Author interview with Timothy Jones on 3 February 2014.

28 Jeffrey Miller and Thomas Vollmann, 'The Hidden Factory', *Harvard Business Review*, September 1985; Sadi Assaf, Abdulaziz Bubshait, Sulaiman Atiyah and Mohammed Al-Shahri, 'The Management of Construction Company Overhead Costs', *International Journal of Project Management*, 2001, vol. 19, no. 5, pp. 295–303; Mary Ellen Biery, 'A Sure-Fire Way to Boost the Bottom Line', *Forbes*, 12 January 2014; Hamel and Zanini, 'The $3 Trillion Prize for Busting Bureaucracy'.

29 As shown in their annual reports.

30 For a more detailed list of the RCA's recent student projects, see 'Research Projects', Royal College of Art.

31 Some examples of the Helen Hamlin Centre's collaborative projects, and other AcrossRCA projects can be seen at 'Research Projects', Royal College of Art and the AcrossRCA website.

32 Author interview with Paul Thompson on 18 November 2018, at Leaders in Sport, see: Alex Hill, 'Summit Session: Are You Radically Traditional?'.

33 'Start-up Companies', Royal College of Art.

34 United Nations Development Programme, 'Human Development Indices and Indicators: A Statistical Update', Human Development Reports, 1 January 2018; 'GDP and Its Breakdown at Current Prices in US Dollars', United Nations, 2019; 'World Economic Outlook Database', International Monetary Fund, 2022.

35 'What Next for the Start-Up Nation?', *The Economist*, 21 January 2012; David Yin, 'Secrets to Israel's Innovative Edge: Part I', *Forbes*, 5 June 2016; 'Main Science and Technology Indicators', OECD, March 2022.

36 David Yin, 'Secrets to Israel's Innovative Edge'.

37 A full list of all the companies can be found at 'Israeli-Founded Unicorns', TechAviv.

38 Dan Senor and Saul Singer, *Start-Up Nation: The Story of Israel's Economic Miracle*, Twelve, 2009.

39 'International Migration Database', OECD Statistics, 2022.

40 Senor and Singer, *Start-Up Nation*.

41 Richard Behar, 'Inside Israel's Secret Startup Machine', *Forbes*, 11 May 2016; Reed Miller, 'Intuition Robotics Is Trying to Build a Market for Robotic Companions, Launches ElliQ in US', Medtech Insight, 14 April 2022.

42 Senor and Singer, *Start-Up Nation*.

43 Dominic Rushe, 'Google Buys Waze Map App for $1.3bn', *Guardian*, 11 June 2013.

44 Parmy Olson, 'Why Google's Waze Is Trading User Data with Local Governments', *Forbes*, 7 July 2014; Nicole Kobie, 'How Your Phone Data Saves London's Transport from Chaos', *Wired*, 10 December 2018.

45 Rebecca Greenfield, 'Google Won the War for Waze by Letting It Stay out of Silicon Valley', *Atlantic*, 11 June 2013.

46 This is described in more detail at 'History Timeline: Post-it Notes', Post-it.

47 Don Peppers, 'The Downside of Six Sigma', LinkedIn, 5 May 2016.

48 Brian Hindo, 'At 3M, a Struggle Between Efficiency and Creativity'.

49 Ekaterina Olshannikova, Thomas Olsson, Jukka Huhtamäki, Susanna Paasovaara and Hannu Kärkkäinen, 'From Chance to Serendipity: Knowledge Workers' Experiences of Serendipitous Social Encounters', *Advances in Human-Computer Interaction*, 2020, vol. 2020, article 1827107; Yuki Noguchi, 'How a Bigger Lunch Table at Work Can Boost Productivity', NPR, 20 May 2015; Claire Cain Miller, 'When Chance Encounters at the

Water Cooler Are Most Useful', *New York Times*, 4 September 2021.
50 Walter Isaacson, *Steve Jobs*.
51 'Pixar Headquarters and the Legacy of Steve Jobs', Office Snapshots, 16 July 2019.
52 Ed Catmull, *Creativity Inc.*
53 Author interview with Timothy Jones on 3 February 2014.
54 Ed Catmull, *Creativity Inc.*
55 Ed Catmull, *Creativity Inc.*

習慣12　共に食事を

1 Leonard Wong, Thomas Kolditz, Raymond Millen and Terence Potter, 'Why They Fight: Combat Motivation in the Iraq War', US Army War College, Strategic Studies Institute, 2003.
2 Wong, Kolditz, Millen and Potter, 'Why They Fight'.
3 Wong, Kolditz, Millen and Potter, 'Why They Fight'.
4 Wong, Kolditz, Millen and Potter, 'Why They Fight'.
5 Wong, Kolditz, Millen and Potter, 'Why They Fight'.
6 Wong, Kolditz, Millen and Potter, 'Why They Fight'.
7 Wong, Kolditz, Millen and Potter, 'Why They Fight'.
8 Wong, Kolditz, Millen and Potter, 'Why They Fight'.
9 Wong, Kolditz, Millen and Potter, 'Why They Fight'.
10 Wong, Kolditz, Millen and Potter, 'Why They Fight'.
11 Wong, Kolditz, Millen and Potter, 'Why They Fight'.
12 See, for example: Stanley Gully, Apama Joshi, Kara Incalcaterra, Matthew Beaubien, 'Meta-analysis of Team-Efficacy, Potency, and Performance: Interdependence and Level of Analysis as Moderators of Observed Relationships', *Journal of Applied Psychology*, 2002, vol. 87, no. 5, pp. 819–32; Christopher Parker, Boris Baltes, Scott Young, Joseph Huff, Robert Altmann, Heather LaCost and Joanne Roberts, 'Relationships Between Psychological Climate Perceptions and Work Outcomes: A Meta-analytic Review', *Journal of Organizational Behavior*, 2003, vol. 24, no. 4, pp. 389– 416; Khoa Tran, Phuong Nguyen, Thao Dang and Tran Ton, 'The Impacts of the High-Quality Workplace Relationships on Job Performance: A Perspective on Staff Nurses in Vietnam', *Behavioral Sciences*, 2018, vol. 8, no. 12, article 109.
13 Parker, Baltes, Young, Huff, Altmann, Lacost and Roberts, 'Relationships between Psychological Climate Perceptions And Work Outcomes'.
14 Bill Shankly, *Shankly: My Story*, Arthur Barker, 1976.
15 John Keith, *Paisley: Smile on Me and Guide My Hand*, Trinity Mirror Sport Media, 2014.
16 Harry Harris, *The Boss: Jurgen Klopp, Liverpool and the New Anfield Boot Room*, Empire Publications, 2020.
17 Andrey Chegodaev, 'Klopp Opens Up on How Being Young Dad Taught Him Most Important Thing About Football', *Tribuna*, 24 September 2019.
18 James Marshment, 'Becoming a Young Father Has Helped My Career, Says Jurgen Klopp', *TEAMTalk*, 24 May 2017.
19 Jack Lusby, 'Klopp Reveals New Anfield "Boot Room" – "It's the Best Pub in Liverpool!"', This Is Anfield, 31 March 2022.
20 'Mark Lawrenson Compares Liverpool Manager Jurgen Klopp to the Legend ary Bill Shankly', BBC Sport, 27 June 2020.
21 Harry Harris, *The Boss*.
22 Gursher Chabba, '"He's Like a Father to Me": Alisson Opens Up About His Relationship with Klopp', *Tribuna*, 23 March 2022.
23 Laura Trott and Jason Kenny, *The Inside Track*, Michael O'Mara, 2016.
24 Victoria Pendleton, *Between the Lines: The Autobiography*, HarperSport, 2012.

25 Trott and Kenny, *The Inside Track*.
26 William Fotheringham, 'Behind the Scenes of British Cycling's Olympic Boot Camp', *Guardian*, 24 December 2011.
27 Author interview with Peter Keen on 20 November 2012.
28 Interview on 17 June 2015.
29 Robin Dunbar, 'Breaking Bread: The Functions of Social Eating', *Adaptive Human Behavior and Physiology*, 2017, vol. 3, pp. 198–211.
30 Robin Dunbar, 'Breaking Bread'.
31 See, for example, James Curley and Eric Kenerne, 'Genes, Brains and Mammalian Social Bonds', *Trends in Ecology & Evolution*, 2005, vol. 20, no. 10, pp. 561–7; Richard Depue and Jeannine Morrone-Strupinsky, 'A Neurobehavioral Model of Affiliative Bonding: Implications for Conceptualizing a Human Trait of Affiliation', *Behavioral and Brain Sciences*, 2005, vol. 28, no. 3, pp. 313–50; Anna Machin and Robin Dunbar, 'The Brain Opioid Theory of Social Attachment: A Review of the Evidence', *Behaviour*, 2011, vol. 148, no. 9–10, pp. 985–1025.
32 Robin Dunbar, 'Breaking Bread'.
33 Cody Delistraty, 'The Importance of Eating Together', *Atlantic*, 18 July 2014; 'Who Are the School Truants?', OECD, Pisa in Focus, no. 35, 2014.
34 Shannon Robson, Mary Beth McCullough, Samantha Rez, Marcus Munafo and Gemma Taylor, 'Family Meal Frequency, Diet, and Family Functioning: A Systematic Review with Meta-analyses', *Journal of Nutrition Education and Behavior*, 2020, vol. 52, no. 5, pp. 553–64.
35 See, for example, Roberto Ferdman, 'The Most American Thing There Is: Eating Alone', *Washington Post*, 18 August 2015; Harry Benson and Steve McKay, 'Happy Eaters', Marriage Foundation: Marriage Week UK, 13–19 May 2019; Esteban Ortiz-Ospina and Max Roser, 'Marriages and Divorces', Our World in Data, 2020; Robson, McCullough, Rez, Munafo and Taylor, 'Family Meal Frequency, Diet, and Family Functioning'.
36 Roberto Ferdman, 'The Most American Thing There Is: Eating Alone'.
37 Steve Serby, 'Defensive Coordinator Patrick Graham Has Been Giants' MVP Thus Far', *New York Post*, 11 November 2020.
38 Baxter Holmes, 'Michelin Restaurants and Fabulous Wines: Inside the Secret Team Dinners That Have Built the Spurs' Dynasty', ESPN, 25 July 2020.
39 Baxter Holmes, 'Michelin Restaurants and Fabulous Wines'.
40 Ira Boudway, 'The Five Pillars of Popovich', Bloomberg, 10 January 2018.
41 Ira Boudway, 'The Five Pillars of Popovich'.
42 Jack McCallum, 'Pop Art', *Sports Illustrated*, 29 April 2013.
43 Dunbar, MacCarron and Shultz, 'Primate Social Group Sizes Exhibit a Regular Scaling Pattern with Natural Attractors'; Robin Dunbar and Matt Spoors, 'Social Networks, Support Cliques, and Kinship', *Human Nature*, 1995, vol. 6, no. 3, pp. 273–90; Alistair Sutcliffe, Robin Dunbar, Jens Binder and Holly Arrow, 'Relationships and the Social Brain: Integrating Psychological and Evolutionary Perspectives', *British Journal of Psychology*, 2012, vol. 103, no. 2, pp. 149–68; Maxwell Burton-Chellew and Robin Dunbar, 'Romance and Reproduction Are Socially Costly', *Evolutionary Behavioral Sciences*, 2015, vol. 9, no. 4, pp. 229–41; Kudo and Dunbar, 'Neocortex Size and Social Network Size in Primates'.
44 George Miller, 'The Magical Number Seven, Plus or Minus Two: Some Limits on Our Capacity for Processing Information', *Psychological Review*, 1956, vol. 63, no. 2, pp. 81–97; Richard Hackman, *Leading Teams: Setting the Stage for Great Performances*, Harvard Business Review Press, 2002; Nicolas Fay, Simon Garrod and Jean Carletta, 'Group Discussion as Interactive Dialogue or as Serial Monologue: The Influence of Group Size', *Psychological Science*, 2000, vol. 11, no. 6, pp.

481–6.
45 Fay, Garrod and Carletta, 'Group Discussion as Interactive Dialogue or as Serial Monologue'.
46 George Miller, 'The Magical Number Seven, Plus or Minus Two'.
47 Robert Sommer, 'Leadership and Group Geography', *Sociometry*, 1961, vol. 24, no. 1, pp. 99–110.
48 Antony Clayton, *London's Coffee Houses: A Stimulating Story*, Historical Publications, 2003; 'The Internet in a Cup: Coffee Fuelled the Information Exchanges of the 17th and 18th Centuries', *The Economist*, 18 December 2003.
49 'We're Not Taking Enough Lunch Breaks. Why That's Bad for Business', NPR, 5 March 2015.
50 Ken Kniffin, Brian Wansink, Carol Devine and Jeffery Sobal, 'Eating Together at the Firehouse: How Workplace Commensality Relates to the Performance of Firefighters', *Human Performance*, 2015, vol. 28, no. 4, pp. 281–306.
51 Kniffin, Wansick, Devine and Sobal, 'Eating Together at the Firehouse'.
52 Ed Catmull, *Creativity Inc.*
53 Charles Duhigg, 'What Google Learned from Its Quest to Build the Perfect Team', *New York Times*, 25 February 2016.
54 Charles Duhigg, *Smarter, Faster, Better: The Secrets of Being Productive*, William Heinemann, 2016.
55 Charles Duhigg, *Smarter, Faster, Better.*

結論　ホームを守る

1 This is described in more detail in John Alexander, 'Mark Peters Always Confident Henry Was the Right Man for the Job', *Stuff*, 19 October 2011; Graham Henry, *Final Word.*
2 This is described in more detail in Graham Henry, *Final Word.*
3 'Reconditioning a Mistake – Henry', *New Zealand Herald*, 6 December 2007.
4 James Kerr, *Legacy: What the All Blacks Can Teach Us About the Business of Life*, Constable, 2013.
5 'List of New Zealand National Rugby Union Players', Wikipedia.
6 See, for example, 'Football: Barca Coach Likes What He Sees with All Blacks'; Gregor Paul, 'Rugby: All Blacks Learn from Marines'; Ben Smith, 'How an NBA GM Inspired the All Blacks Lethal Counter Attack'; 'All Blacks Try Life in Fast Lane at McLaren's F1 Garage.
7 'Columbia Crew Survival Investigation Report', Nasa, 2008.
8 Behavioral Safety Technology Report, 'Interim Assessment of the NASA Culture Change Effort'; Stephen Johnson, 'Success, Failure, and NASA Culture'.